新 수학의 바이블

新

수학의

바이블

풀이집

수학Ⅱ

新 수학의 바이블 수학Ⅱ 풀이집

201712 제5판 1쇄 202407 제5판 13쇄

펴낸이 정선욱 **펴낸곳** 이투스에듀(주) 서울시 서초구 남부순환로 2547

고객센터 1599-3225 **등록번호** 제2007-000035호 **ISBN** 979-11-6123-426-7(53410)

예제 01 그래프에서의 함수의 극한　　　p.21

01-**1**

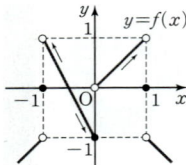

위의 그래프에서

(1) $x \to -1+$ 일 때 $f(x)$의 값은 1에 한없이 가까워집니다.

즉, $x \to -1+$ 일 때 $f(x) \to 1$

$\therefore \lim\limits_{x \to -1+} f(x) = 1$

(2) $x \to 0-$ 일 때 $f(x)$의 값은 -1에 한없이 가까워집니다.

즉, $x \to 0-$ 일 때 $f(x) \to -1$

$\therefore \lim\limits_{x \to 0-} f(x) = -1$

(3) $x \to 1-$ 일 때 $f(x)$의 값은 1에 한없이 가까워집니다.

즉, $x \to 1-$ 일 때 $f(x) \to 1$

$\therefore \lim\limits_{x \to 1-} f(x) = 1$

정답 (1) 1　(2) -1　(3) 1

01-**2**

$x - 1 = t$로 놓으면

$x \to 0-$ 일 때 $t \to -1-$ 이므로

$\lim\limits_{x \to 0-} f(x-1) = \lim\limits_{t \to -1-} f(t) = 1$

$x + 1 = z$로 놓으면

$x \to -1+$ 일 때 $z \to 0+$ 이므로

$\lim\limits_{x \to -1+} f(x+1) = \lim\limits_{z \to 0+} f(z) = 1$

$\therefore \lim\limits_{x \to 0-} f(x-1) + \lim\limits_{x \to -1+} f(x+1)$

$\qquad = 1 + 1 = 2$

정답 2

01-**3**

$\dfrac{1}{x} = t$로 놓으면 $x \to -\infty$일 때 $t \to 0-$ 이므로

$$\lim\limits_{x \to -\infty} f\left(\dfrac{1}{x}\right) = \lim\limits_{t \to 0-} f(t) = 2$$

$1 + \dfrac{1}{x} = z$로 놓으면 $x \to \infty$일 때 $z \to 1+$ 이므로

$$\lim\limits_{x \to \infty} f\left(1 + \dfrac{1}{x}\right) = \lim\limits_{z \to 1+} f(z) = 1$$

$$\therefore \lim\limits_{x \to -\infty} f\left(\dfrac{1}{x}\right) + \lim\limits_{x \to \infty} f\left(1 + \dfrac{1}{x}\right) = 2 + 1 = 3$$

정답 3

예제 02 함수의 극한의 존재성　　　p.23

02-**1**

$\lim\limits_{x \to -1} f(x)$의 값이 존재하므로

$\lim\limits_{x \to -1+} f(x) = \lim\limits_{x \to -1-} f(x)$

$\lim\limits_{x \to -1+} (x^2 + a^2) = \lim\limits_{x \to -1-} (ax + 7)$

$1 + a^2 = -a + 7$

$a^2 + a - 6 = 0$

$(a+3)(a-2) = 0$

$\therefore a = -3 \; (\because a < 0)$

정답 -3

02-**2**

$\lim\limits_{x \to 2} f(x) = 3$이므로 $\lim\limits_{x \to 2+} f(x) = \lim\limits_{x \to 2-} f(x) = 3$

따라서

$\lim\limits_{x \to 2+} f(x) = \lim\limits_{x \to 2+} (x^2 + a) = 4 + a = 3$

$\therefore a = -1$

$\lim\limits_{x \to 2-} f(x) = \lim\limits_{x \to 2-} (x^2 - x + b) = 4 - 2 + b = 3$

$\therefore b = 1$

정답 $a = -1, \ b = 1$

02-3

$\lim\limits_{x\to 1} f(x)$의 값이 존재하므로

$$\lim\limits_{x\to 1+} f(x) = \lim\limits_{x\to 1-} f(x)$$

$$\lim\limits_{x\to 1+}(x^2+ax+1) = \lim\limits_{x\to 1-}(\sqrt{1-x}+b)$$

$$\therefore a+2=b$$

따라서 $a^2+b^2=a^2+(a+2)^2=2(a+1)^2+2$이므로 a^2+b^2은 $a=-1$, $b=1$ $(\because b=a+2)$일 때 최솟값 2 를 가집니다.

보충 설명 $b=a+2$이므로 $a^2+b^2=2(a+1)^2+2$로 변형하면 이는 a에 대한 이차함수이고 최고차항의 계수가 양수이므로 $2(a+1)^2+2$는 $a=-1$일 때 최 솟값 2를 가집니다.

이때, $b=a+2=-1+2=1$이므로 a^2+b^2은 $a=-1$, $b=1$일 때 최솟값 2를 가집니다.

정답 2

예제 03 $\dfrac{0}{0}$ 꼴의 극한값의 계산   p.35

03-1

(1) $\lim\limits_{x\to 0} \dfrac{(x-1)^3+1}{x}$

$= \lim\limits_{x\to 0} \dfrac{(x^3-3x^2+3x-1)+1}{x}$

$= \lim\limits_{x\to 0} \dfrac{x^3-3x^2+3x}{x}$

$= \lim\limits_{x\to 0}(x^2-3x+3)=3$

(2) $\lim\limits_{x\to 1} \dfrac{\sqrt{x+3}-(x+1)}{x-1}$

$= \lim\limits_{x\to 1} \dfrac{\{\sqrt{x+3}-(x+1)\}\{\sqrt{x+3}+(x+1)\}}{(x-1)\{\sqrt{x+3}+(x+1)\}}$

$= \lim\limits_{x\to 1} \dfrac{(x+3)-(x+1)^2}{(x-1)\{\sqrt{x+3}+(x+1)\}}$

$= \lim\limits_{x\to 1} \dfrac{-x^2-x+2}{(x-1)\{\sqrt{x+3}+(x+1)\}}$

$= \lim\limits_{x\to 1} \dfrac{-(x+2)(x-1)}{(x-1)(\sqrt{x+3}+x+1)}$

$= \lim\limits_{x\to 1} \dfrac{-(x+2)}{\sqrt{x+3}+x+1}$

$= -\dfrac{3}{4}$

(3) $\lim\limits_{x\to 3} \dfrac{\sqrt{x+1}-2}{x^2-4x+3}$

$= \lim\limits_{x\to 3} \dfrac{(\sqrt{x+1}-2)(\sqrt{x+1}+2)}{(x-1)(x-3)(\sqrt{x+1}+2)}$

$= \lim\limits_{x\to 3} \dfrac{x-3}{(x-1)(x-3)(\sqrt{x+1}+2)}$

$= \lim\limits_{x\to 3} \dfrac{1}{(x-1)(\sqrt{x+1}+2)}$

$= \dfrac{1}{8}$

다른 풀이 (1) $\lim\limits_{x\to 0} \dfrac{(x-1)^3+1}{x}$

$= \lim\limits_{x\to 0} \dfrac{(x-1)^3+1^3}{x}$

$= \lim\limits_{x\to 0} \dfrac{\{(x-1)+1\}\{(x-1)^2-(x-1)+1\}}{x}$

$= \lim\limits_{x\to 0}\{(x-1)^2-(x-1)+1\}=3$

정답 (1) 3 (2) $-\dfrac{3}{4}$ (3) $\dfrac{1}{8}$

03-2

(1) $\lim\limits_{x\to a} \dfrac{x^3-ax^2+a^2x-a^3}{x^3-a^3}$

$= \lim\limits_{x\to a} \dfrac{(x-a)(x^2+a^2)}{(x-a)(x^2+ax+a^2)}$

$= \lim\limits_{x\to a} \dfrac{x^2+a^2}{x^2+ax+a^2}$

$= \dfrac{2a^2}{3a^2} = \dfrac{2}{3} \ (\because a\neq 0)$

(2) $\lim\limits_{x\to a} \dfrac{x\sqrt{a+1}-a\sqrt{x+1}}{x-a}$

$= \lim\limits_{x\to a} \dfrac{(x\sqrt{a+1}-a\sqrt{x+1})(x\sqrt{a+1}+a\sqrt{x+1})}{(x-a)(x\sqrt{a+1}+a\sqrt{x+1})}$

$= \lim\limits_{x\to a} \dfrac{x^2(a+1)-a^2(x+1)}{(x-a)(x\sqrt{a+1}+a\sqrt{x+1})}$

$= \lim\limits_{x\to a} \dfrac{(x-a)(x+a+ax)}{(x-a)(x\sqrt{a+1}+a\sqrt{x+1})}$

$$=\lim_{x \to a} \frac{x+a+ax}{x\sqrt{a+1}+a\sqrt{x+1}}$$

$$=\frac{2a+a^2}{2a\sqrt{a+1}}=\frac{a+2}{2\sqrt{a+1}} \ (\because a>0)$$

정답 (1) $\dfrac{2}{3}$ (2) $\dfrac{a+2}{2\sqrt{a+1}}$

03-**3**

주어진 이차함수 $f(x)$에 대하여 $f(0)=f(5)=0$이
고 $y=f(x)$의 그래프가 아래로 볼록하므로

$$f(x)=ax(x-5) \ (a>0)$$

이때,

$$\lim_{x \to 1} \frac{f(x-1)}{x-1}=\lim_{x \to 1} \frac{a(x-1)(x-6)}{x-1}$$

$$=\lim_{x \to 1} a(x-6)$$

$$=-5a=-10$$

이므로 $a=2$

$$\therefore f(x)=2x(x-5)$$

(1) $f(x)=2x(x-5)$에서

$f(x+4)=2(x+4)(x-1)$이므로

$$\lim_{x \to 1} \frac{f(x+4)}{x^2-1}$$

$$=\lim_{x \to 1} \frac{2(x+4)(x-1)}{(x+1)(x-1)}$$

$$=\lim_{x \to 1} \frac{2(x+4)}{x+1}=\frac{2 \times 5}{2}=5$$

(2) $f(x)=2x(x-5)$에서

$f(x+3)=2(x+3)(x-2)$이므로

$$\lim_{x \to 2} \frac{f(x+3)}{\sqrt{x+2}-2}$$

$$=\lim_{x \to 2} \frac{2(x+3)(x-2)}{\sqrt{x+2}-2}$$

$$=\lim_{x \to 2} \frac{2(x+3)(x-2)(\sqrt{x+2}+2)}{(\sqrt{x+2}-2)(\sqrt{x+2}+2)}$$

$$=\lim_{x \to 2} \frac{2(x+3)(x-2)(\sqrt{x+2}+2)}{x-2}$$

$$=\lim_{x \to 2} 2(x+3)(\sqrt{x+2}+2)$$

$$=2 \times 5 \times 4=40$$

정답 (1) 5 (2) 40

예제 04 $\dfrac{\infty}{\infty}$ 꼴의 극한값의 계산 p.37

04-**1**

(1) $\displaystyle\lim_{x \to \infty} \frac{6x^2-5x+1}{3x^2+2x-1}=\lim_{x \to \infty} \frac{6-\dfrac{5}{x}+\dfrac{1}{x^2}}{3+\dfrac{2}{x}-\dfrac{1}{x^2}}$

$$=2$$

(2) $\displaystyle\lim_{x \to \infty} \frac{\sqrt{x^2+3}-2x}{4x}=\lim_{x \to \infty} \frac{\sqrt{1+\dfrac{3}{x^2}}-2}{4}$

$$=-\frac{1}{4}$$

(3) $-x=t$로 놓으면 $x \to -\infty$일 때 $t \to \infty$이므로

$$\lim_{x \to -\infty} \frac{\sqrt{2x^2-1}}{x+1}=\lim_{t \to \infty} \frac{\sqrt{2t^2-1}}{-t+1}$$

$$=\lim_{t \to \infty} \frac{\sqrt{2-\dfrac{1}{t^2}}}{-1+\dfrac{1}{t}}$$

$$=-\sqrt{2}$$

다른 풀이 (3) $\displaystyle\lim_{x \to -\infty} \frac{\sqrt{2x^2-1}}{x+1}=\lim_{x \to -\infty} \frac{\dfrac{\sqrt{2x^2-1}}{x}}{\dfrac{x+1}{x}}$

$$=\lim_{x \to -\infty} \frac{\dfrac{\sqrt{2x^2-1}}{x}}{1+\dfrac{1}{x}}$$

이때, $x<0$이므로

$$\frac{\sqrt{2x^2-1}}{x}=\frac{\sqrt{2x^2-1}}{-\sqrt{x^2}}=-\sqrt{\frac{2x^2-1}{x^2}}$$

($\because x<0$일 때, $\sqrt{x^2}=-x$이므로 $x=-\sqrt{x^2}$)

$$\therefore \lim_{x \to -\infty} \frac{\sqrt{2x^2-1}}{x+1}=\lim_{x \to -\infty} \frac{-\sqrt{\dfrac{2x^2-1}{x^2}}}{1+\dfrac{1}{x}}$$

$$=\lim_{x \to -\infty} \frac{-\sqrt{2-\dfrac{1}{x^2}}}{1+\dfrac{1}{x}}$$

$$=-\sqrt{2}$$

정답 (1) 2 (2) $-\dfrac{1}{4}$ (3) $-\sqrt{2}$

04-2

(1) $\displaystyle\lim_{x\to\infty} \frac{2x+3}{\sqrt{4x^2+x}+\sqrt{x^2-2x}}$

$\displaystyle =\lim_{x\to\infty} \frac{2+\dfrac{3}{x}}{\sqrt{4+\dfrac{1}{x}}+\sqrt{1-\dfrac{2}{x}}}$

$\displaystyle =\frac{2}{2+1}=\frac{2}{3}$

(2) $-x=t$로 놓으면 $x\to-\infty$일 때 $t\to\infty$이므로

$\displaystyle \lim_{x\to-\infty}\frac{x+1}{\sqrt{x^2+x}-x}$

$\displaystyle =\lim_{t\to\infty}\frac{-t+1}{\sqrt{t^2-t}+t}$

$\displaystyle =\lim_{t\to\infty}\frac{-1+\dfrac{1}{t}}{\sqrt{1-\dfrac{1}{t}}+1}$

$\displaystyle =-\frac{1}{2}$

(3) $\displaystyle\lim_{x\to\infty}\frac{\sqrt{1+x}-\sqrt{1+x^2}}{\sqrt{1+x^2}+x}$

$\displaystyle =\lim_{x\to\infty}\frac{\sqrt{\dfrac{1}{x^2}+\dfrac{1}{x}}-\sqrt{\dfrac{1}{x^2}+1}}{\sqrt{\dfrac{1}{x^2}+1}+1}$

$\displaystyle =-\frac{1}{2}$

정답 (1) $\dfrac{2}{3}$ (2) $-\dfrac{1}{2}$ (3) $-\dfrac{1}{2}$

04-3

α, β가 이차방정식 $x^2-x-1=0$의 두 실근이므로

$\alpha+\beta=1$, $\alpha\beta=-1$

주어진 식의 분자, 분모를 유리화하여 정리하면

$\displaystyle\lim_{x\to\infty}\frac{\sqrt{x+\alpha^2}-\sqrt{x+\beta^2}}{\sqrt{4x+\alpha}-\sqrt{4x+\beta}}$

$\displaystyle =\lim_{x\to\infty}\frac{(\alpha^2-\beta^2)(\sqrt{4x+\alpha}+\sqrt{4x+\beta})}{(\alpha-\beta)(\sqrt{x+\alpha^2}+\sqrt{x+\beta^2})}$

$\displaystyle =\lim_{x\to\infty}\frac{(\alpha+\beta)(\sqrt{4x+\alpha}+\sqrt{4x+\beta})}{\sqrt{x+\alpha^2}+\sqrt{x+\beta^2}}$

$\displaystyle =\lim_{x\to\infty}\frac{\sqrt{4x+\alpha}+\sqrt{4x+\beta}}{\sqrt{x+\alpha^2}+\sqrt{x+\beta^2}}$ $(\because \alpha+\beta=1)$

$\displaystyle =\lim_{x\to\infty}\frac{\sqrt{4+\dfrac{\alpha}{x}}+\sqrt{4+\dfrac{\beta}{x}}}{\sqrt{1+\dfrac{\alpha^2}{x}}+\sqrt{1+\dfrac{\beta^2}{x}}}$

$=2$

정답 2

예제 05 $\infty-\infty$, $\infty\times0$ 꼴의 극한값의 계산 p.39

05-1

(1) $\displaystyle\lim_{x\to\infty}(\sqrt{4x^2+3x}-2x)$

$\displaystyle =\lim_{x\to\infty}\frac{(\sqrt{4x^2+3x}-2x)(\sqrt{4x^2+3x}+2x)}{\sqrt{4x^2+3x}+2x}$

$\displaystyle =\lim_{x\to\infty}\frac{3x}{\sqrt{4x^2+3x}+2x}$

$\displaystyle =\lim_{x\to\infty}\frac{3}{\sqrt{4+\dfrac{3}{x}}+2}=\frac{3}{4}$

(2) $\displaystyle\lim_{x\to\infty}x(\sqrt{x^2+4}-\sqrt{x^2+1})$

$\displaystyle =\lim_{x\to\infty}\frac{x(\sqrt{x^2+4}-\sqrt{x^2+1})(\sqrt{x^2+4}+\sqrt{x^2+1})}{\sqrt{x^2+4}+\sqrt{x^2+1}}$

$\displaystyle =\lim_{x\to\infty}\frac{3x}{\sqrt{x^2+4}+\sqrt{x^2+1}}$

$\displaystyle =\lim_{x\to\infty}\frac{3}{\sqrt{1+\dfrac{4}{x^2}}+\sqrt{1+\dfrac{1}{x^2}}}=\frac{3}{2}$

(3) $\displaystyle\lim_{x\to3}\frac{1}{x-3}\left(\frac{1}{x+1}-\frac{1}{4}\right)$

$\displaystyle =\lim_{x\to3}\left\{\frac{1}{x-3}\times\frac{-(x-3)}{4(x+1)}\right\}$

$\displaystyle =\lim_{x\to3}\frac{-1}{4(x+1)}=-\frac{1}{16}$

정답 (1) $\dfrac{3}{4}$ (2) $\dfrac{3}{2}$ (3) $-\dfrac{1}{16}$

05-**2**

(1) $[x]=x-h\ (0\leq h<1)$로 놓으면

$$\lim_{x\to\infty}(\sqrt{4x^2+[x]+3}-2x)$$

$$=\lim_{x\to\infty}(\sqrt{4x^2+x-h+3}-2x)$$

$$=\lim_{x\to\infty}\frac{x-h+3}{\sqrt{4x^2+x-h+3}+2x}$$

$$=\lim_{x\to\infty}\frac{1-\dfrac{h-3}{x}}{\sqrt{4+\dfrac{1}{x}-\dfrac{h-3}{x^2}}+2}$$

$$=\frac{1}{4}$$

(2) $-x=t$로 놓으면 $x\to-\infty$일 때 $t\to\infty$이므로

$$\lim_{x\to-\infty}(3x+1+\sqrt{9x^2+4x+1})$$

$$=\lim_{t\to\infty}(-3t+1+\sqrt{9t^2-4t+1})$$

$$=\lim_{t\to\infty}\frac{(-3t+1)^2-(9t^2-4t+1)}{-3t+1-\sqrt{9t^2-4t+1}}$$

$$=\lim_{t\to\infty}\frac{-2t}{-3t+1-\sqrt{9t^2-4t+1}}$$

$$=\lim_{t\to\infty}\frac{-2}{-3+\dfrac{1}{t}-\sqrt{9-\dfrac{4}{t}+\dfrac{1}{t^2}}}$$

$$=\frac{1}{3}$$

보충 설명 (1) $[x]$는 x보다 크지 않은 최대의 정수이므로

$$[x]=x-h\ (0\leq h<1)$$

로 놓을 수 있습니다.

예를 들어, $[3.6]=3$, $[-0.3]=-1$이므로

$$[3.6]=3.6-0.6,\ [-0.3]=-0.3-0.7$$

입니다.

(2) $-x=t$로 놓지 않고 계산할 때, $x<0$이므로 $\sqrt{x^2}=-x$임에 주의해야 합니다. 따라서

$$\lim_{x\to-\infty}(3x+1+\sqrt{9x^2+4x+1})$$

$$=\lim_{x\to-\infty}\frac{2x}{3x+1-\sqrt{9x^2+4x+1}}$$

$$=\lim_{x\to-\infty}\frac{\dfrac{2x}{x}}{\dfrac{3x}{x}+\dfrac{1}{x}-\dfrac{\sqrt{9x^2+4x+1}}{x}}$$

$$=\lim_{x\to-\infty}\frac{2}{3+\dfrac{1}{x}-\dfrac{\sqrt{9x^2+4x+1}}{-\sqrt{x^2}}}$$

$$=\lim_{x\to-\infty}\frac{2}{3+\dfrac{1}{x}+\sqrt{9+\dfrac{4}{x}+\dfrac{1}{x^2}}}$$

$$=\frac{1}{3}$$

입니다.

정답 (1) $\dfrac{1}{4}$ (2) $\dfrac{1}{3}$

05-**3**

$\lim_{x\to\infty}\{\sqrt{x^2+2x+3}-(ax+b)\}$는 $a<0$일 경우 $\infty+\infty$ 꼴이 되어 발산하고, $a=0$일 경우 양의 무한대로 발산하므로 $a>0$입니다. 따라서

$$\lim_{x\to\infty}\{\sqrt{x^2+2x+3}-(ax+b)\}$$

$$=\lim_{x\to\infty}\frac{(x^2+2x+3)-(ax+b)^2}{\sqrt{x^2+2x+3}+(ax+b)}$$

$$=\lim_{x\to\infty}\frac{(1-a^2)x^2+(2-2ab)x+(3-b^2)}{\sqrt{x^2+2x+3}+(ax+b)}$$

$$=\lim_{x\to\infty}\frac{(1-a^2)x+2-2ab+\dfrac{3-b^2}{x}}{\sqrt{1+\dfrac{2}{x}+\dfrac{3}{x^2}}+a+\dfrac{b}{x}}$$

$$=0$$

이므로

$$1-a^2=0,\ 2-2ab=0$$

$$\therefore a=1\ (\because a>0),\ b=1$$

$$\therefore \lim_{x\to\infty}x\{\sqrt{x^2+2x+3}-(ax+b)\}$$

$$=\lim_{x\to\infty}x\{\sqrt{x^2+2x+3}-(x+1)\}$$

$$=\lim_{x\to\infty}\frac{2x}{\sqrt{x^2+2x+3}+(x+1)}$$

$$=\lim_{x\to\infty}\frac{2}{\sqrt{1+\dfrac{2}{x}+\dfrac{3}{x^2}}+1+\dfrac{1}{x}}$$

$$=1$$

정답 1

06-1

(1) 주어진 함수의 극한이 존재하고, $x \to 2$일 때
(분모)$\to 0$이므로 (분자)$\to 0$입니다.

즉, $\lim\limits_{x \to 2}(\sqrt{x^2+a}-b)=\sqrt{4+a}-b=0$

$\therefore b=\sqrt{4+a}$ ...... ㉠

㉠을 주어진 식에 대입하면

$\lim\limits_{x \to 2}\dfrac{\sqrt{x^2+a}-b}{x-2}$

$=\lim\limits_{x \to 2}\dfrac{\sqrt{x^2+a}-\sqrt{4+a}}{x-2}$

$=\lim\limits_{x \to 2}\dfrac{x^2-4}{(x-2)(\sqrt{x^2+a}+\sqrt{4+a})}$

$=\lim\limits_{x \to 2}\dfrac{(x+2)(x-2)}{(x-2)(\sqrt{x^2+a}+\sqrt{4+a})}$

$=\lim\limits_{x \to 2}\dfrac{x+2}{\sqrt{x^2+a}+\sqrt{4+a}}$

$=\dfrac{4}{2\sqrt{4+a}}=\dfrac{2}{\sqrt{4+a}}=\dfrac{2}{5}$

$\sqrt{4+a}=5$ $\therefore a=21$

㉠에서 $b=\sqrt{4+21}=5$

(2) 주어진 함수의 극한이 0이 아닌 실수이고, $x \to 2$
일 때 (분자)$\to 0$이므로 (분모)$\to 0$입니다.

즉, $\lim\limits_{x \to 2}(x^2-b)=4-b=0$

$\therefore b=4$ ...... ㉠

㉠을 주어진 식에 대입하면

$\lim\limits_{x \to 2}\dfrac{x^2-(a+2)x+2a}{x^2-b}$

$=\lim\limits_{x \to 2}\dfrac{x^2-(a+2)x+2a}{x^2-4}$

$=\lim\limits_{x \to 2}\dfrac{(x-a)(x-2)}{(x+2)(x-2)}$

$=\lim\limits_{x \to 2}\dfrac{x-a}{x+2}=\dfrac{2-a}{4}=3$

$\therefore a=-10$

보충 설명   (2)에서 $\lim\limits_{x \to a}\dfrac{f(x)}{g(x)}=\alpha$ $(\alpha \neq 0)$일 때,

$\lim\limits_{x \to a}f(x)=0$이면

$\lim\limits_{x \to a}g(x)=\lim\limits_{x \to a}\left\{f(x) \div \dfrac{f(x)}{g(x)}\right\}$

$=\lim\limits_{x \to a}f(x) \div \lim\limits_{x \to a}\dfrac{f(x)}{g(x)}$

$=0 \div \alpha=0$

입니다.

정답   (1) $a=21$, $b=5$ (2) $a=-10$, $b=4$

06-2

$\lim\limits_{x \to 0}\dfrac{\sqrt{1+x}-ax-1}{x^2}$

$=\lim\limits_{x \to 0}\dfrac{\{\sqrt{1+x}-(ax+1)\}\{\sqrt{1+x}+(ax+1)\}}{x^2\{\sqrt{1+x}+(ax+1)\}}$

$=\lim\limits_{x \to 0}\dfrac{(1+x)-(ax+1)^2}{x^2(\sqrt{1+x}+ax+1)}$

$=\lim\limits_{x \to 0}\dfrac{-a^2x^2-(2a-1)x}{x^2(\sqrt{1+x}+ax+1)}$

$=\lim\limits_{x \to 0}\dfrac{-a^2x-2a+1}{x(\sqrt{1+x}+ax+1)}$ ...... ㉠

주어진 함수의 극한이 존재하고, $x \to 0$일 때
(분모)$\to 0$이므로 (분자)$\to 0$입니다.

즉, $\lim\limits_{x \to 0}(-a^2x-2a+1)=-2a+1=0$

$\therefore a=\dfrac{1}{2}$ ...... ㉡

㉡을 ㉠에 대입하면

$\lim\limits_{x \to 0}\dfrac{-\dfrac{1}{4}x}{x\left(\sqrt{1+x}+\dfrac{1}{2}x+1\right)}$

$=\lim\limits_{x \to 0}\dfrac{-\dfrac{1}{4}}{\sqrt{1+x}+\dfrac{1}{2}x+1}$

$=-\dfrac{1}{8}=b$

$\therefore b=-\dfrac{1}{8}$

$\therefore a+b=\dfrac{1}{2}-\dfrac{1}{8}=\dfrac{3}{8}$

정답   ③

06-3

절댓값 기호를 제거하기 위하여 분자와 분모에 $|x-a|+|a-4|$를 곱하면

$$\lim_{x \to 4} \frac{|x-a|-|a-4|}{x-4}$$

$$=\lim_{x \to 4} \frac{(x-a)^2-(a-4)^2}{(x-4)(|x-a|+|a-4|)}$$

$$=\lim_{x \to 4} \frac{(x-4)(x-2a+4)}{(x-4)(|x-a|+|a-4|)}$$

$$=\lim_{x \to 4} \frac{x-2a+4}{|x-a|+|a-4|}$$

$$=\frac{2(4-a)}{2|a-4|}$$

$$=\frac{4-a}{|a-4|}=b$$

(i) $a<4$, 즉 $a=1, 2, 3$일 때,

$$\frac{4-a}{|a-4|}=\frac{4-a}{-(a-4)}=1=b$$

(ii) $a>4$, 즉 $a=5, 6, 7, 8, 9$일 때,

$$\frac{4-a}{|a-4|}=\frac{4-a}{a-4}=-1=b$$

그런데 b가 자연수이므로 조건을 만족시키지 않습니다.

(i), (ii)에서 $a=1, 2, 3$이고 $b=1$이므로 a^2+b^2의 최댓값은 $a=3$, $b=1$일 때 $3^2+1^2=10$

정답 10

예제 07 다항함수에서의 극한   p.43

07-1

다항함수 $f(x)$에 대하여

$$\lim_{x \to \infty} \frac{f(x)-x}{x^2+x+3}=2$$

이므로 함수 $f(x)-x$는 이차함수이고 최고차항의 계수는 2입니다. 따라서 $f(x)$ 역시 이차함수이고 최고차항의 계수는 2입니다.

또한 $\lim_{x \to 2} \dfrac{f(x)}{x^2-2x}=1$에서 $x \to 2$일 때 (분모)$\to 0$이

므로 (분자)$\to 0$입니다. 즉, $\lim_{x \to 2} f(x)=0$이므로 이 차함수 $f(x)$는 $x-2$를 인수로 가집니다. 따라서

$$f(x)=2(x-2)(x+a) \ (a는 \ 상수)$$

로 놓을 수 있으므로

$$\lim_{x \to 2} \frac{f(x)}{x^2-2x}=\lim_{x \to 2} \frac{2(x-2)(x+a)}{x(x-2)}$$

$$=\lim_{x \to 2} \frac{2(x+a)}{x}$$

$$=\frac{2(2+a)}{2}=1$$

$$\therefore a=-1$$

따라서 $f(x)=2(x-1)(x-2)$이므로

$$f(3)=2 \times 2 \times 1=4$$

정답 4

07-2

조건 ㈎에서 함수 $f(x)-x^3$은 최고차항의 계수가 -2인 이차함수입니다. 즉,

$$f(x)-x^3=-2x^2+ax+b \ (a, b는 \ 상수)$$

로 놓을 수 있으므로

$$f(x)=x^3-2x^2+ax+b \qquad \cdots\cdots \ ㉠$$

또한 조건 ㈏에서 $\lim_{x \to 1} \dfrac{f(x)}{x-1}=2$이고, $x \to 1$일 때 (분모)$\to 0$이므로 (분자)$\to 0$입니다.

즉, $\lim_{x \to 1} f(x)=\lim_{x \to 1} (x^3-2x^2+ax+b)$

$$=1-2+a+b=0$$

$$\therefore b=-a+1 \qquad \cdots\cdots \ ㉡$$

㉡을 ㉠에 대입하면

$$f(x)=x^3-2x^2+ax+b$$

$$=x^3-2x^2+ax-a+1$$

$$=(x-1)(x^2-x+a-1)$$

이므로

$$\lim_{x \to 1} \frac{f(x)}{x-1}=\lim_{x \to 1} \frac{(x-1)(x^2-x+a-1)}{x-1}$$

$$=\lim_{x \to 1} (x^2-x+a-1)$$

$$=1-1+a-1=2$$

$$\therefore a=3$$

©에서 $b=-3+1=-2$

$\therefore f(x)=x^3-2x^2+3x-2$

$\therefore f(-1)=(-1)^3-2\times(-1)^2$

$\qquad\qquad\qquad +3\times(-1)-2$

$\qquad\quad =-8$

정답 ②

07-3

$\dfrac{1}{x}=t$로 놓으면 $x\to +0$일 때 $t\to\infty$이므로

$$\lim_{x\to+0}\frac{x^3f\left(\dfrac{1}{x}\right)-1}{x^3+x}=\lim_{t\to\infty}\frac{\dfrac{1}{t^3}f(t)-1}{\dfrac{1}{t^3}+\dfrac{1}{t}}$$

$$=\lim_{t\to\infty}\frac{f(t)-t^3}{1+t^2}=2$$

따라서 함수 $f(t)-t^3$은 최고차항의 계수가 2인 이차함수입니다. 즉,

$\qquad f(t)-t^3=2t^2+at+b$ (a, b는 상수)

로 놓을 수 있으므로

$\qquad f(t)=t^3+2t^2+at+b$

$\qquad \therefore f(x)=x^3+2x^2+ax+b$ $\qquad$ ...... ㉠

또한 $\lim\limits_{x\to 1}\dfrac{f(x)}{x^2-1}=\dfrac{3}{2}$에서 $x\to 1$일 때 (분모)$\to 0$

이므로 (분자)$\to 0$입니다.

즉, $\lim\limits_{x\to 1}f(x)=\lim\limits_{x\to 1}(x^3+2x^2+ax+b)$

$\qquad\qquad =1+2+a+b=0$

$\qquad \therefore b=-a-3$ $\qquad$ ...... ㉡

㉡을 ㉠에 대입하면

$\qquad f(x)=x^3+2x^2+ax+b$

$\qquad\quad =x^3+2x^2+ax-a-3$

$\qquad\quad =(x-1)(x^2+3x+a+3)$

이므로

$\lim\limits_{x\to 1}\dfrac{f(x)}{x^2-1}$

$=\lim\limits_{x\to 1}\dfrac{(x-1)(x^2+3x+a+3)}{x^2-1}$

$=\lim\limits_{x\to 1}\dfrac{(x-1)(x^2+3x+a+3)}{(x+1)(x-1)}$

$=\lim\limits_{x\to 1}\dfrac{x^2+3x+a+3}{x+1}$

$=\dfrac{a+7}{2}=\dfrac{3}{2}$

$\therefore a=-4$

㉡에서 $b=-(-4)-3=1$

$\therefore f(x)=x^3+2x^2-4x+1$

$\therefore \lim\limits_{x\to 2}f(x)=\lim\limits_{x\to 2}(x^3+2x^2-4x+1)$

$\qquad\qquad =8+2\times 4-4\times 2+1=9$

정답 9

예제 08 수렴하는 형태로의 변형   p.45

08-1

$\lim\limits_{x\to -1}\dfrac{f(x)}{x+1}=3$이므로

(1) $\lim\limits_{x\to -1}\dfrac{f(x)}{x^2-1}=\lim\limits_{x\to -1}\left\{\dfrac{f(x)}{x+1}\times\dfrac{1}{x-1}\right\}$

$\qquad =\lim\limits_{x\to -1}\dfrac{f(x)}{x+1}\times\lim\limits_{x\to -1}\dfrac{1}{x-1}$

$\qquad =3\times\left(-\dfrac{1}{2}\right)=-\dfrac{3}{2}$

(2) $\lim\limits_{x\to -1}\dfrac{x^3+1}{f(x)}=\lim\limits_{x\to -1}\dfrac{(x+1)(x^2-x+1)}{f(x)}$

$\qquad =\lim\limits_{x\to -1}\dfrac{x^2-x+1}{\dfrac{f(x)}{x+1}}$

$\qquad =\dfrac{\lim\limits_{x\to -1}(x^2-x+1)}{\lim\limits_{x\to -1}\dfrac{f(x)}{x+1}}$

$\qquad =\dfrac{3}{3}=1$

(3) $\lim\limits_{x\to -1}\dfrac{f(x)}{x+1}=3$에서

$\lim\limits_{x\to -1-}\dfrac{f(x)}{x+1}=\lim\limits_{x\to -1+}\dfrac{f(x)}{x+1}=3$이고,

함수 $\dfrac{f(x)}{\sqrt{x^2-1}}$는 $x<-1$ 또는 $x>1$에서 정의되

므로 $x \to -1-$일 때의 극한을 생각할 수 있습니다.

$$\therefore \lim_{x \to -1-} \frac{f(x)}{\sqrt{x^2-1}}$$

$$= \lim_{x \to -1-} \frac{f(x)\sqrt{x^2-1}}{x^2-1}$$

$$= \lim_{x \to -1-} \frac{f(x)\sqrt{x^2-1}}{(x+1)(x-1)}$$

$$= \lim_{x \to -1-} \left\{ \frac{f(x)}{x+1} \times \frac{1}{x-1} \times \sqrt{x^2-1} \right\}$$

$$= \lim_{x \to -1-} \frac{f(x)}{x+1} \times \lim_{x \to -1-} \frac{1}{x-1}$$
$$\times \lim_{x \to -1-} \sqrt{x^2-1}$$

$$= 3 \times \left(-\frac{1}{2}\right) \times 0$$

$$= 0$$

정답 $(1)\ -\dfrac{3}{2}$ $(2)\ 1$ $(3)\ 0$

08-2

$\lim\limits_{x \to 1} \dfrac{f(x)}{x-1} = 3$이므로

(1) $\lim\limits_{x \to 1} \dfrac{x+f(x)-1}{x^2-f(x)-1}$

$$= \lim_{x \to 1} \frac{x-1+f(x)}{x^2-1-f(x)}$$

$$= \lim_{x \to 1} \frac{\dfrac{x-1}{x-1} + \dfrac{f(x)}{x-1}}{\dfrac{x^2-1}{x-1} - \dfrac{f(x)}{x-1}}$$

$$= \lim_{x \to 1} \frac{1 + \dfrac{f(x)}{x-1}}{x+1 - \dfrac{f(x)}{x-1}}$$

$$= \frac{\lim\limits_{x \to 1} 1 + \lim\limits_{x \to 1} \dfrac{f(x)}{x-1}}{\lim\limits_{x \to 1}(x+1) - \lim\limits_{x \to 1} \dfrac{f(x)}{x-1}}$$

$$= \frac{1+3}{2-3}$$

$$= -4$$

(2) $\lim\limits_{x \to 1} \dfrac{\sqrt{x}-1+f(x)}{x^3-1}$

$$= \lim_{x \to 1} \frac{\dfrac{\sqrt{x}-1}{x-1} + \dfrac{f(x)}{x-1}}{\dfrac{x^3-1}{x-1}}$$

$$= \frac{\lim\limits_{x \to 1} \dfrac{\sqrt{x}-1}{x-1} + \lim\limits_{x \to 1} \dfrac{f(x)}{x-1}}{\lim\limits_{x \to 1} \dfrac{x^3-1}{x-1}}$$

$$= \frac{\lim\limits_{x \to 1} \dfrac{(\sqrt{x}-1)(\sqrt{x}+1)}{(x-1)(\sqrt{x}+1)} + \lim\limits_{x \to 1} \dfrac{f(x)}{x-1}}{\lim\limits_{x \to 1} \dfrac{(x-1)(x^2+x+1)}{x-1}}$$

$$= \frac{\lim\limits_{x \to 1} \dfrac{x-1}{(x-1)(\sqrt{x}+1)} + \lim\limits_{x \to 1} \dfrac{f(x)}{x-1}}{\lim\limits_{x \to 1}(x^2+x+1)}$$

$$= \frac{\lim\limits_{x \to 1} \dfrac{1}{\sqrt{x}+1} + 3}{3}$$

$$= \frac{\dfrac{1}{2}+3}{3}$$

$$= \frac{7}{6}$$

정답 $(1)\ -4$ $(2)\ \dfrac{7}{6}$

08-3

$\lim\limits_{x \to 1} \dfrac{f(x)}{x-1} = 4$이고 $x \to 1$일 때 (분모)$\to 0$이므로

(분자)$\to 0$입니다.

즉, $x \to 1$일 때 $f(x) \to 0$이므로

$f(x) = t$로 놓으면 $x \to 1$일 때 $t \to 0$ ...... ㉠

$$\therefore \lim_{x \to 1} \frac{f(f(x))}{x^3-1}$$

$$= \lim_{x \to 1} \frac{f(f(x))}{(x-1)(x^2+x+1)}$$

$$= \lim_{x \to 1} \left\{ \frac{f(f(x))}{f(x)} \times \frac{f(x)}{x-1} \times \frac{1}{x^2+x+1} \right\}$$

$$= \lim_{x \to 1} \frac{f(f(x))}{f(x)} \times \lim_{x \to 1} \frac{f(x)}{x-1}$$
$$\times \lim_{x \to 1} \frac{1}{x^2+x+1}$$
$$= \lim_{t \to 0} \frac{f(t)}{t} \times 4 \times \frac{1}{3} \ (\because \ \text{㉠})$$
$$= 3 \times 4 \times \frac{1}{3} = 4$$

정답 4

예제 09 합성함수의 극한   p.47

09-1

(1) $f(x)=t$로 놓으면 $y=f(x)$의 그래프에서

$x \to 0+$일 때 $t \to 1-$이므로
$$\lim_{x \to 0+} g(f(x)) = \lim_{t \to 1-} g(t) = 2 \quad \cdots\cdots \ \text{㉠}$$

$x \to 0-$일 때 $t=1$ (상수)이므로
$$\lim_{x \to 0-} g(f(x)) = g(1) = 2 \quad \cdots\cdots \ \text{㉡}$$

㉠, ㉡에서 우극한과 좌극한이 같으므로
$$\lim_{x \to 0} g(f(x)) = 2$$

(2) $g(x)=t$로 놓으면 $y=g(x)$의 그래프에서

$x \to 1+$일 때 $t \to 0+$이므로
$$\lim_{x \to 1+} f(g(x)) = \lim_{t \to 0+} f(t) = 1 \quad \cdots\cdots \ \text{㉠}$$

$x \to 1-$일 때 $t=2$ (상수)이므로
$$\lim_{x \to 1-} f(g(x)) = f(2) = 1 \quad \cdots\cdots \ \text{㉡}$$

㉠, ㉡에서 우극한과 좌극한이 같으므로
$$\lim_{x \to 1} f(g(x)) = 1$$

(3) $\lim_{x \to 1} f(x) = 0$이므로
$$g(\lim_{x \to 1} f(x)) = g(0) = 1$$

정답 (1) 2 (2) 1 (3) 1

09-2

$f(x)=t$로 놓으면

$x \to -1-$일 때 $t \to 1-$이므로
$$\lim_{x \to -1-} f(f(x)) = \lim_{t \to 1-} f(t) = 0$$

$x \to 0$일 때 $t \to -1+$이므로
$$\lim_{x \to 0} f(f(x)) = \lim_{t \to -1+} f(t) = 0$$
$$\therefore \ \lim_{x \to -1-} f(f(x)) + \lim_{x \to 0} f(f(x)) = 0+0=0$$

정답 0

09-3

ㄱ. $f(x)=t$로 놓으면

$x \to 1-$일 때 $t=-1$ (상수)이므로
$$\lim_{x \to 1-} g(f(x)) = g(-1) = 0$$

$g(x)=z$로 놓으면

$x \to 1+$일 때 $z \to 1+$이므로
$$\lim_{x \to 1+} f(g(x)) = \lim_{z \to 1+} f(z) = 0$$
$$\therefore \ \lim_{x \to 1-} g(f(x)) = \lim_{x \to 1+} f(g(x)) = 0 \ (참)$$

ㄴ. $|g(x)|+1=t$로 놓으면

$x \to 0$일 때 $t \to 1+$이므로
$$\lim_{x \to 0} f(|g(x)|+1) = \lim_{t \to 1+} f(t) = 0 \ (참)$$

ㄷ. $\lim_{x \to -1+} \{f(x)+g(x)\}$
$$= \lim_{x \to -1+} f(x) + \lim_{x \to -1+} g(x)$$
$$= -1+1 = 0 \quad \cdots\cdots \ \text{㉠}$$
$$\lim_{x \to -1-} \{f(x)+g(x)\}$$
$$= \lim_{x \to -1-} f(x) + \lim_{x \to -1-} g(x)$$
$$= 1+(-1) = 0 \quad \cdots\cdots \ \text{㉡}$$

㉠, ㉡에서 우극한과 좌극한이 같으므로
$$\lim_{x \to -1} \{f(x)+g(x)\} = 0$$
$$\therefore \ f(\lim_{x \to -1} \{f(x)+g(x)\})$$
$$= f(0) = -1 \ (참)$$

따라서 옳은 것은 ㄱ, ㄴ, ㄷ입니다.

보충 설명 ㄷ에서 $\lim_{x \to -1} f(x)$와 $\lim_{x \to -1} g(x)$의 값은 모두 존재하지 않지만, 그렇다고 해서 $\lim_{x \to -1} \{f(x)+g(x)\}$의 값이 존재하지 않는다고 말할 수는 없습니다.

$\lim_{x \to -1+} f(x)$와 $\lim_{x \to -1+} g(x)$의 값이 각각 존재하므로 $\lim_{x \to -1+} \{f(x)+g(x)\}$의 값을 구할 수 있고, 같은 방

법으로 $\lim\limits_{x \to -1-}\{f(x)+g(x)\}$의 값도 구할 수 있습니다.

이때, 우극한 $\lim\limits_{x \to -1+}\{f(x)+g(x)\}$와 좌극한 $\lim\limits_{x \to -1-}\{f(x)+g(x)\}$의 값이 같으면 그 값이 $\lim\limits_{x \to -1}\{f(x)+g(x)\}$의 값입니다.

정답 ㄱ, ㄴ, ㄷ

예제 10 함수의 극한에 대한 참과 거짓 판단 p.49

10-1

ㄱ. [반례] $f(x)=x$, $g(x)=\dfrac{1}{x}$이면

$$\lim_{x \to 0}f(x)g(x)=\lim_{x \to 0}\left(x \times \dfrac{1}{x}\right)=1$$

이지만 $\lim\limits_{x \to 0}g(x)=\lim\limits_{x \to 0}\dfrac{1}{x}$의 값은 존재하지 않습니다. (거짓)

ㄴ. [반례] $f(x)=x^2$, $g(x)=\dfrac{1}{x}$이면

$$\lim_{x \to 0}f(x)=\lim_{x \to 0}x^2=0,$$

$$\lim_{x \to 0}f(x)g(x)=\lim_{x \to 0}\left(x^2 \times \dfrac{1}{x}\right)$$
$$=\lim_{x \to 0}x=0$$

이지만 $\lim\limits_{x \to 0}g(x)=\lim\limits_{x \to 0}\dfrac{1}{x}$의 값은 존재하지 않습니다. (거짓)

ㄷ. $\lim\limits_{x \to a}g(x)=\alpha$, $\lim\limits_{x \to a}\dfrac{f(x)}{g(x)}=\beta$ (α, β는 실수)라고 하면

$$\lim_{x \to a}f(x)=\lim_{x \to a}\left\{g(x) \times \dfrac{f(x)}{g(x)}\right\}$$
$$=\lim_{x \to a}g(x) \times \lim_{x \to a}\dfrac{f(x)}{g(x)}$$
$$=\alpha\beta \ (\text{참})$$

따라서 옳은 것은 ㄷ입니다.

정답 ㄷ

10-2

ㄱ. $\lim\limits_{x \to a}\{f(x)+g(x)\}=L$,
$\lim\limits_{x \to a}\{f(x)-g(x)\}=M$
(L, M은 실수)이라고 하면

$$\lim_{x \to a}f(x)$$
$$=\lim_{x \to a}\dfrac{f(x)+g(x)+f(x)-g(x)}{2}$$
$$=\dfrac{1}{2}\left[\lim_{x \to a}\{f(x)+g(x)\} + \lim_{x \to a}\{f(x)-g(x)\}\right]$$
$$=\dfrac{L+M}{2}$$

$$\lim_{x \to a}g(x)$$
$$=\lim_{x \to a}\dfrac{f(x)+g(x)-\{f(x)-g(x)\}}{2}$$
$$=\dfrac{1}{2}\left[\lim_{x \to a}\{f(x)+g(x)\} - \lim_{x \to a}\{f(x)-g(x)\}\right]$$
$$=\dfrac{L-M}{2} \ (\text{참})$$

ㄴ. [반례] $f(x)=x+\dfrac{1}{x}$, $g(x)=\dfrac{1}{x}$이면

$$\lim_{x \to 0}\{f(x)-g(x)\}=\lim_{x \to 0}x=0$$이지만

$\lim\limits_{x \to 0}f(x)$, $\lim\limits_{x \to 0}g(x)$의 값은 존재하지 않습니다.

(거짓)

ㄷ. [반례]

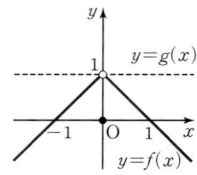

$$f(x)=\begin{cases} -|x|+1 & (x \neq 0) \\ 0 & (x=0) \end{cases}, \ g(x)=1$$이면

임의의 실수 x에 대하여 $f(x)<g(x)$이지만

$$\lim_{x \to 0}f(x)=\lim_{x \to 0}g(x)=1 \ (\text{거짓})$$

따라서 옳은 것은 ㄱ입니다.

정답 ㄱ

10-3

ㄱ. $\lim\limits_{x \to a} f(x) = L$($L$은 실수)이라고 하면

$$\lim_{x \to a}\{f(x)\}^2 = \lim_{x \to a}\{f(x) \times f(x)\}$$
$$= \lim_{x \to a} f(x) \times \lim_{x \to a} f(x) = L^2$$

이므로 $\lim\limits_{x \to a}\{f(x)\}^2$의 값도 존재합니다. (참)

ㄴ. 주어진 명제의 대우를 이용합니다. 즉,

'$\lim\limits_{x \to a} f(x)$의 값이 존재하면 $\lim\limits_{x \to a}|f(x)|$의 값도
존재한다.'

의 참, 거짓을 판단하면 됩니다.

$\lim\limits_{x \to a} f(x) = L$($L$은 실수)이라 하고 $f(x) = t$로
놓으면 $x \to a$일 때 $t \to L$이므로

$$\lim_{x \to a}|f(x)| = \lim_{t \to L}|t| = |L|$$

따라서 $\lim\limits_{x \to a}|f(x)|$의 값도 존재합니다. (참)

ㄷ. [반례] $f(x) = \begin{cases} 1 & (x \geq 1) \\ x+1 & (x < 1) \end{cases}$ 일 때,

$f(x) = t$로 놓으면 $x \to 0+$일 때 $t \to 1+$이므로

$$\lim_{x \to 0+}(f \circ f)(x) = \lim_{x \to 0+}f(f(x))$$
$$= \lim_{t \to 1+}f(t)$$
$$= \lim_{t \to 1+}1 = 1 \qquad \cdots\cdots \text{㉠}$$

$x \to 0-$일 때 $t \to 1-$이므로

$$\lim_{x \to 0-}(f \circ f)(x) = \lim_{x \to 0-}f(f(x))$$
$$= \lim_{t \to 1-}f(t)$$
$$= \lim_{t \to 1-}(t+1) = 2$$
$$\cdots\cdots \text{㉡}$$

㉠, ㉡에서 $\lim\limits_{x \to 0+}(f \circ f)(x) \neq \lim\limits_{x \to 0-}(f \circ f)(x)$
이므로 $\lim\limits_{x \to 0}(f \circ f)(x)$의 값은 존재하지 않지만
$\lim\limits_{x \to 0}f(x) = \lim\limits_{x \to 0}(x+1) = 1$입니다. (거짓)

따라서 옳은 것은 ㄱ, ㄴ입니다.

정답 ㄱ, ㄴ

---

p.50~51

기본 다지기

01-1 (1) 1 (2) -1 (3) -1 (4) 0

2 (1) -1 (2) 1

3 (1) $-\dfrac{27}{7}$ (2) 3 (3) 1 (4) $\dfrac{1}{2}$

4 (1) $\dfrac{1}{4}$ (2) $-\dfrac{1}{2}$ **5** 1

6 (1) $a=2$, $b=-2$ (2) $a=-7$, $b=-4$

7 $\dfrac{5}{2}$ **8** (1) $-\dfrac{13}{4}$ (2) 2 **9** $\dfrac{1}{3}$

10 $\sqrt{2}$

01-1

접근 방법 주어진 함수 $y = f(x)$의 그래프에서 x의
값이 -1 또는 1에 한없이 가까워질 때, $f(x)$의 값
이 어디에 가까워지는지를 그래프를 보면서 판단하
도록 합니다.

상세 풀이 (1) $y = f(x)$의 그래프에서 x의 값이
-1에 한없이 가까워질 때, $f(x)$의 값은 1에
한없이 가까워집니다.

$$\therefore \lim_{x \to -1}f(x) = 1$$

(2) $y = f(x)$의 그래프에서 x의 값이 1보다 작은
값을 가지면서 1에 한없이 가까워질 때, $f(x)$
의 값은 -1에 한없이 가까워집니다.

$$\therefore \lim_{x \to 1-}f(x) = -1$$

(3) $f(x) = t$로 놓으면

$x \to 1+$일 때 $t \to 1-$이므로

$$\lim_{x \to 1+}f(f(x)) = \lim_{t \to 1-}f(t) = -1$$

(4) (1)에서 $\lim\limits_{x \to -1}f(x) = 1$이므로

$$f(\lim_{x \to -1}f(x)) = f(1) = 0$$

보충 설명 합성함수의 극한은 우극한과 좌극한을 각
각 찾은 후 그 값이 같은지 비교해서 찾으면 됩니다.
(3)에서는 합성함수의 우극한만을 물었습니다.

정답 (1) 1 (2) -1 (3) -1 (4) 0

01-2

접근 방법 (1) $\lim\limits_{x \to 0} \dfrac{f(x)}{x} = 1$을 이용하기 위하여 분자, 분모를 x로 나눕니다.

(2) $\lim\limits_{x \to \infty} \dfrac{f(x)}{x} = 2$이고 주어진 식의 분자, 분모에 x^2이 있으므로 분자, 분모를 x^2으로 나눕니다.

상세 풀이 (1) $\lim\limits_{x \to 0} \dfrac{f(x)}{x} = 1$이므로

$\lim\limits_{x \to 0} \dfrac{x^2 - f(x)}{x^2 + f(x)}$

$= \lim\limits_{x \to 0} \dfrac{x - \dfrac{f(x)}{x}}{x + \dfrac{f(x)}{x}}$

$= \dfrac{\lim\limits_{x \to 0} x - \lim\limits_{x \to 0} \dfrac{f(x)}{x}}{\lim\limits_{x \to 0} x + \lim\limits_{x \to 0} \dfrac{f(x)}{x}}$

$= \dfrac{0 - 1}{0 + 1}$

$= -1$

(2) $\lim\limits_{x \to \infty} \dfrac{f(x)}{x} = 2$이므로

$\lim\limits_{x \to \infty} \dfrac{x^2 - f(x)}{x^2 + f(x)}$

$= \lim\limits_{x \to \infty} \dfrac{1 - \dfrac{f(x)}{x} \times \dfrac{1}{x}}{1 + \dfrac{f(x)}{x} \times \dfrac{1}{x}}$

$= \dfrac{\lim\limits_{x \to \infty} 1 - \lim\limits_{x \to \infty} \dfrac{f(x)}{x} \times \lim\limits_{x \to \infty} \dfrac{1}{x}}{\lim\limits_{x \to \infty} 1 + \lim\limits_{x \to \infty} \dfrac{f(x)}{x} \times \lim\limits_{x \to \infty} \dfrac{1}{x}}$

$= \dfrac{1 - 2 \times 0}{1 + 2 \times 0}$

$= 1$

보충 설명 (1), (2)에서 주어진 식의 형태는 비슷하지만 (1)은 $\dfrac{0}{0}$ 꼴의 극한이고, (2)는 $\dfrac{\infty}{\infty}$ 꼴의 극한이므로 해결 방법이 다릅니다.

정답 (1) -1 (2) 1

01-3

접근 방법 (1), (2)에서는 분자, 분모를 공통인수로 약분한 후 극한값을 구하고, (3), (4)에서는 근호를 포함한 식을 유리화한 후 극한값을 구합니다.

상세 풀이 (1) $\lim\limits_{x \to -3} \dfrac{x^3 + 27}{x^2 - x - 12}$

$= \lim\limits_{x \to -3} \dfrac{(x+3)(x^2 - 3x + 9)}{(x+3)(x-4)}$

$= \lim\limits_{x \to -3} \dfrac{x^2 - 3x + 9}{x - 4} = -\dfrac{27}{7}$

(2) $\lim\limits_{x \to 1} \dfrac{1}{x-1}\left(3 - \dfrac{3}{x}\right)$

$= \lim\limits_{x \to 1} \left\{ \dfrac{1}{x-1} \times \dfrac{3(x-1)}{x} \right\}$

$= \lim\limits_{x \to 1} \dfrac{3}{x} = 3$

(3) $\lim\limits_{x \to 0} \dfrac{\sqrt{x^2 + 1} + x - 1}{x}$

$= \lim\limits_{x \to 0} \left\{ \dfrac{\sqrt{x^2 + 1} + (x-1)}{x} \times \dfrac{\sqrt{x^2 + 1} - (x-1)}{\sqrt{x^2 + 1} - (x-1)} \right\}$

$= \lim\limits_{x \to 0} \dfrac{(x^2 + 1) - (x-1)^2}{x(\sqrt{x^2 + 1} - x + 1)}$

$= \lim\limits_{x \to 0} \dfrac{2x}{x(\sqrt{x^2 + 1} - x + 1)}$

$= \lim\limits_{x \to 0} \dfrac{2}{\sqrt{x^2 + 1} - x + 1} = 1$

(4) $\lim\limits_{x \to 3} \dfrac{x - 3}{x - \sqrt{18 - x^2}}$

$= \lim\limits_{x \to 3} \left(\dfrac{x - 3}{x - \sqrt{18 - x^2}} \times \dfrac{x + \sqrt{18 - x^2}}{x + \sqrt{18 - x^2}} \right)$

$= \lim\limits_{x \to 3} \dfrac{(x-3)(x + \sqrt{18 - x^2})}{2(x^2 - 9)}$

$= \lim\limits_{x \to 3} \dfrac{(x-3)(x + \sqrt{18 - x^2})}{2(x+3)(x-3)}$

$= \lim\limits_{x \to 3} \dfrac{x + \sqrt{18 - x^2}}{2(x+3)} = \dfrac{1}{2}$

보충 설명 (1)에서 $\lim\limits_{x \to -3} \dfrac{(x+3)(x^2 - 3x + 9)}{(x+3)(x-4)}$의 값은 x의 값이 -3과 다른 값을 가지면서 -3에 한없

이 가까워질 때의 극한이므로 분자, 분모를 $x+3$으로 약분하여 구합니다.

$\lim\limits_{x \to a} \dfrac{f(x)}{g(x)}$ 에서 $\lim\limits_{x \to a} f(x) = \lim\limits_{x \to a} g(x) = 0$, 즉 $\dfrac{0}{0}$ 꼴이 되는 경우에는 인수분해하거나 분자 또는 분모를 유리화한 후 $\dfrac{0}{0}$ 꼴이 되게 하는 식을 약분하여 극한값을 계산합니다.

정답 (1) $-\dfrac{27}{7}$ (2) 3 (3) 1 (4) $\dfrac{1}{2}$

01-4

접근 방법 (1)에서는 $x \to 0$이므로 분자, 분모를 유리화하여 극한값을 구하고, (2)에서는 $x \to \infty$이므로 분모에서 가장 커지는 수인 x로 분자, 분모를 나누어 극한값을 구합니다.

상세 풀이 (1) $\lim\limits_{x \to 0} \dfrac{\sqrt{1+x}-\sqrt{1+4x^2}}{\sqrt{1-x^2}-\sqrt{1-4x}}$

$= \lim\limits_{x \to 0} \dfrac{(x-4x^2)(\sqrt{1-x^2}+\sqrt{1-4x})}{(-x^2+4x)(\sqrt{1+x}+\sqrt{1+4x^2})}$

$= \lim\limits_{x \to 0} \dfrac{(1-4x)(\sqrt{1-x^2}+\sqrt{1-4x})}{(-x+4)(\sqrt{1+x}+\sqrt{1+4x^2})}$

$= \dfrac{1}{4}$

(2) $\lim\limits_{x \to \infty} \dfrac{\sqrt{1+4x}-\sqrt{1+x^2}}{\sqrt{1+4x^2}-\sqrt{1+x}}$

$= \lim\limits_{x \to \infty} \dfrac{\sqrt{\dfrac{1}{x^2}+\dfrac{4}{x}}-\sqrt{\dfrac{1}{x^2}+1}}{\sqrt{\dfrac{1}{x^2}+4}-\sqrt{\dfrac{1}{x^2}+\dfrac{1}{x}}}$

$= -\dfrac{1}{2}$

보충 설명 (1), (2)에서 주어진 식의 형태는 매우 비슷하지만 (1)은 $\dfrac{0}{0}$ 꼴의 극한, (2)는 $\dfrac{\infty}{\infty}$ 꼴의 극한이므로 풀이 방법이 다릅니다.

정답 (1) $\dfrac{1}{4}$ (2) $-\dfrac{1}{2}$

01-5

접근 방법 함수 $f(x)$가 주어진 부등식을 만족시키므로 구하고자 하는 형태로 부등식을 변형하여 극한값을 구합니다.

상세 풀이 부등식 $\dfrac{1}{\sqrt{4x^2+1}} < xf(x) < \dfrac{1}{2x}$ 의 각 변을 양수 x로 나누면

$\dfrac{1}{x\sqrt{4x^2+1}} < f(x) < \dfrac{1}{2x^2}$

위의 부등식의 각 변에 $2x^2+4x+3$을 곱하면

$\dfrac{2x^2+4x+3}{x\sqrt{4x^2+1}} < (2x^2+4x+3)f(x)$

$\qquad\qquad < \dfrac{2x^2+4x+3}{2x^2}$

$(\because 2x^2+4x+3 = 2(x+1)^2+1 > 0)$

이고, 함수의 극한의 대소 관계에 의하여

$\lim\limits_{x \to \infty} \dfrac{2x^2+4x+3}{x\sqrt{4x^2+1}} \leq \lim\limits_{x \to \infty} (2x^2+4x+3)f(x)$

$\qquad\qquad \leq \lim\limits_{x \to \infty} \dfrac{2x^2+4x+3}{2x^2}$

이때,

$\lim\limits_{x \to \infty} \dfrac{2x^2+4x+3}{x\sqrt{4x^2+1}} = \lim\limits_{x \to \infty} \dfrac{2x^2+4x+3}{2x^2} = 1$

이므로

$\lim\limits_{x \to \infty} (2x^2+4x+3)f(x) = 1$

보충 설명 주어진 부등식 $\dfrac{1}{\sqrt{4x^2+1}} < xf(x) < \dfrac{1}{2x}$

에서 $\lim\limits_{x \to \infty} \dfrac{1}{\sqrt{4x^2+1}} = \lim\limits_{x \to \infty} \dfrac{1}{2x} = 0$이므로

$\lim\limits_{x \to \infty} xf(x) = 0$

또한 $\dfrac{1}{x\sqrt{4x^2+1}} < f(x) < \dfrac{1}{2x^2}$ 에서

$\lim\limits_{x \to \infty} \dfrac{1}{x\sqrt{4x^2+1}} = \lim\limits_{x \to \infty} \dfrac{1}{2x^2} = 0$

이므로

$\lim\limits_{x \to \infty} f(x) = 0$

정답 1

01-6

접근 방법 (1) 주어진 함수의 극한이 존재하고, $x \to 0$일 때 (분모)$\to 0$이므로 (분자)$\to 0$입니다.

(2) $\dfrac{1}{x-3}\left(\dfrac{1}{x+a}-\dfrac{1}{b}\right)$에서 $x-3$을 분모로 보면 $\dfrac{1}{x+a}-\dfrac{1}{b}$이 분자입니다. 따라서 $x \to 3$일 때 $(x-3) \to 0$이므로 $\left(\dfrac{1}{x+a}-\dfrac{1}{b}\right) \to 0$임을 이용하여 상수 a, b의 값을 구합니다.

상세 풀이 (1) $\displaystyle\lim_{x \to 0}\dfrac{a\sqrt{x+1}+b}{x}=1$이고

$x \to 0$일 때 (분모)$\to 0$이므로 (분자)$\to 0$입니다. 즉, $\displaystyle\lim_{x \to 0}(a\sqrt{x+1}+b)=a+b=0$

$\therefore b=-a$ $\qquad \cdots\cdots \bigcirc$

$\bigcirc$을 주어진 식에 대입하면

$\displaystyle\lim_{x \to 0}\dfrac{a\sqrt{x+1}+b}{x}$

$=\displaystyle\lim_{x \to 0}\dfrac{a(\sqrt{x+1}-1)}{x}$

$=\displaystyle\lim_{x \to 0}\dfrac{a(\sqrt{x+1}-1)(\sqrt{x+1}+1)}{x(\sqrt{x+1}+1)}$

$=\displaystyle\lim_{x \to 0}\dfrac{ax}{x(\sqrt{x+1}+1)}$

$=\displaystyle\lim_{x \to 0}\dfrac{a}{\sqrt{x+1}+1}=\dfrac{a}{2}=1$

$\therefore a=2$

또한 $\bigcirc$에서 $b=-2$

(2) 주어진 함수의 극한에서 $x-3$을 분모로 보면 $\dfrac{1}{x+a}-\dfrac{1}{b}$이 분자입니다. 이때,

$\displaystyle\lim_{x \to 3}\dfrac{1}{x-3}\left(\dfrac{1}{x+a}-\dfrac{1}{b}\right)=-\dfrac{1}{16}$이고

$x \to 3$일 때 $(x-3) \to 0$이므로

$\left(\dfrac{1}{x+a}-\dfrac{1}{b}\right) \to 0$입니다.

즉, $\displaystyle\lim_{x \to 3}\left(\dfrac{1}{x+a}-\dfrac{1}{b}\right)=\dfrac{1}{3+a}-\dfrac{1}{b}=0$

$\therefore b=3+a$ $\qquad \cdots\cdots \bigcirc$

$\bigcirc$을 주어진 식에 대입하면

$\displaystyle\lim_{x \to 3}\dfrac{1}{x-3}\left(\dfrac{1}{x+a}-\dfrac{1}{b}\right)$

$=\displaystyle\lim_{x \to 3}\dfrac{1}{x-3}\left(\dfrac{1}{x+a}-\dfrac{1}{3+a}\right)$

$=\displaystyle\lim_{x \to 3}\left\{\dfrac{1}{x-3} \times \dfrac{3-x}{(x+a)(3+a)}\right\}$

$=\displaystyle\lim_{x \to 3}\dfrac{-1}{(x+a)(3+a)}$

$=\dfrac{-1}{(3+a)^2}=-\dfrac{1}{16}$

$(3+a)^2=16$에서 $a=-7$ $(\because a<0)$

또한 $\bigcirc$에서 $b=3+(-7)=-4$

보충 설명 (2)에서 $\dfrac{1}{x-3}\left(\dfrac{1}{x+a}-\dfrac{1}{b}\right)$을 정리하여

$\dfrac{1}{x-3} \times \dfrac{b-a-x}{(x+a)b}=\dfrac{b-a-x}{(x-3)(x+a)b}$와 같이 나타낸 후 미정계수를 정할 수도 있습니다.

정답 (1) $a=2$, $b=-2$ (2) $a=-7$, $b=-4$

01-7

접근 방법 분자를 유리화한 후 $x \to 0$일 때 (분모)$\to 0$이므로 (분자)$\to 0$임을 이용하여 상수 a, b의 값을 구합니다.

상세 풀이 $\displaystyle\lim_{x \to 0}\dfrac{\sqrt{1+2x+4x^2}-(ax+1)}{x^2}$

$=\displaystyle\lim_{x \to 0}\dfrac{(1+2x+4x^2)-(ax+1)^2}{x^2(\sqrt{1+2x+4x^2}+ax+1)}$

$=\displaystyle\lim_{x \to 0}\dfrac{(4-a^2)x^2+(2-2a)x}{x^2(\sqrt{1+2x+4x^2}+ax+1)}$

$=\displaystyle\lim_{x \to 0}\dfrac{(4-a^2)x+2-2a}{x(\sqrt{1+2x+4x^2}+ax+1)}$ $\qquad \cdots\cdots \bigcirc$

에서 극한값이 존재하고 $x \to 0$일 때 (분모)$\to 0$이므로 (분자)$\to 0$입니다.

즉, $\displaystyle\lim_{x \to 0}\{(4-a^2)x+2-2a\}=2-2a=0$

$\therefore a=1$ $\qquad \cdots\cdots \bigcirc$

ⓛ을 ⓖ에 대입하면

$$\lim_{x \to 0} \frac{(4-a^2)x+2-2a}{x(\sqrt{1+2x+4x^2}+ax+1)}$$

$$=\lim_{x \to 0} \frac{3x}{x(\sqrt{1+2x+4x^2}+x+1)}$$

$$=\lim_{x \to 0} \frac{3}{\sqrt{1+2x+4x^2}+x+1}$$

$$=\frac{3}{2}=b$$

$$\therefore a+b=1+\frac{3}{2}=\frac{5}{2}$$

[보충 설명] $\dfrac{0}{0}$ 꼴의 부정형이 두 번 반복해서 나왔습니다. 이와 같은 경우에는 분자를 유리화한 후 생각합니다.

정답 $\dfrac{5}{2}$

01-8

[접근 방법] 주어진 극한값을 이용할 수 있도록 식을 변형한 후 함수의 극한의 기본 성질을 이용하여 극한값을 계산합니다.

[상세 풀이] $\lim\limits_{x \to 1} \dfrac{f(x)}{x-1}=6$이므로

(1) 주어진 식의 분자, 분모를 $x-1$로 나누면

$$\lim_{x \to 1} \frac{x+2f(x)-1}{x^2-f(x)-1}$$

$$=\lim_{x \to 1} \frac{(x-1)+2f(x)}{(x^2-1)-f(x)}$$

$$=\lim_{x \to 1} \frac{1+\dfrac{2f(x)}{x-1}}{x+1-\dfrac{f(x)}{x-1}}$$

$$=\frac{\lim\limits_{x \to 1}1+2\lim\limits_{x \to 1}\dfrac{f(x)}{x-1}}{\lim\limits_{x \to 1}(x+1)-\lim\limits_{x \to 1}\dfrac{f(x)}{x-1}}$$

$$=\frac{1+12}{2-6}=-\frac{13}{4}$$

(2) $x+2=t$로 놓으면 $x \to -1$일 때 $t \to 1$이므로

$$\lim_{x \to -1} \frac{f(x+2)}{x^3+1}$$

$$=\lim_{t \to 1} \frac{f(t)}{(t-2)^3+1}$$

$$=\lim_{t \to 1} \frac{f(t)}{\{(t-2)+1\}\{(t-2)^2-(t-2)+1\}}$$

$$=\lim_{t \to 1} \left\{ \frac{f(t)}{t-1} \times \frac{1}{t^2-5t+7} \right\}$$

$$=\lim_{t \to 1} \frac{f(t)}{t-1} \times \lim_{t \to 1} \frac{1}{t^2-5t+7}$$

$$=6 \times \frac{1}{3}=2$$

[다른 풀이] (2) 다항함수 $f(x)$에 대하여

$\lim\limits_{x \to 1} \dfrac{f(x)}{x-1}=6$이고 $x \to 1$일 때 (분모)$\to 0$이므로 (분자)$\to 0$입니다. 즉, $\lim\limits_{x \to 1} f(x)=0$이므로

$$f(x)=(x-1)g(x) \ (g(x)는 다항식)$$

로 놓고 풀 수도 있습니다. 따라서

$$\lim_{x \to 1} \frac{f(x)}{x-1}=\lim_{x \to 1} \frac{(x-1)g(x)}{x-1}$$

$$=\lim_{x \to 1} g(x)=6 \qquad \cdots\cdots ⓖ$$

이므로

$$\lim_{x \to -1} \frac{f(x+2)}{x^3+1}$$

$$=\lim_{x \to -1} \frac{(x+1)g(x+2)}{(x+1)(x^2-x+1)}$$

$$=\lim_{x \to -1} \frac{g(x+2)}{x^2-x+1}$$

$$=\frac{\lim\limits_{x \to -1}g(x+2)}{\lim\limits_{x \to -1}(x^2-x+1)}$$

$$=\frac{\lim\limits_{t \to 1}g(t)}{3}$$

$$(\because x+2=t로 놓으면 x \to -1일 때 t \to 1)$$

$$=\frac{6}{3} \ (\because ⓖ)$$

$$=2$$

정답 (1) $-\dfrac{13}{4}$ (2) 2

01-9

접근 방법 $\lim\limits_{x \to a} f(x) = \infty$, $\lim\limits_{x \to a} f(x)h(x) = \alpha$
(α는 실수)이면 $\lim\limits_{x \to a} h(x) = 0$임을 이용합니다.

상세 풀이 $\lim\limits_{x \to a} f(x) = \infty$이고

$$\lim_{x \to a} \{f(x) - g(x)\} = \lim_{x \to a} f(x) \left\{ 1 - \frac{g(x)}{f(x)} \right\}$$
$$= 2$$

이므로 $\lim\limits_{x \to a} \left\{ 1 - \dfrac{g(x)}{f(x)} \right\} = 0$

$\therefore \lim\limits_{x \to a} \dfrac{g(x)}{f(x)} = 1$

$\therefore \lim\limits_{x \to a} \dfrac{2f(x) - g(x)}{f(x) + 2g(x)}$

$$= \lim_{x \to a} \frac{2 - \dfrac{g(x)}{f(x)}}{1 + 2 \times \dfrac{g(x)}{f(x)}}$$

$$= \frac{\lim\limits_{x \to a} 2 - \lim\limits_{x \to a} \dfrac{g(x)}{f(x)}}{\lim\limits_{x \to a} 1 + 2 \lim\limits_{x \to a} \dfrac{g(x)}{f(x)}}$$

$$= \frac{2 - 1}{1 + 2} = \frac{1}{3}$$

보충 설명 주어진 식을 인수분해하거나 유리화하여 극한값을 구하는 문제보다 주어진 조건과 함수의 극한에 대한 성질을 이용하여 극한값을 구하는 문제가 조금 더 어려우므로 많이 연습해야 합니다.

정답 $\dfrac{1}{3}$

01-10

접근 방법 원과 직선이 접한다는 것은 직선과 원의 중심 사이의 거리가 원의 반지름의 길이와 같다는 뜻입니다. 이를 이용하여 반지름의 길이를 a에 대한 식으로 나타낸 후 원점 O까지의 거리가 최소가 되는 원 위의 점을 찾습니다.

상세 풀이 주어진 원의 반지름의 길이를 r라고 하면 r는 중심 $C\left(a, a + \dfrac{1}{a}\right)$과 직선 $x - y = 0$ 사이의 거리이므로

$$r = \frac{\left| a - \left(a + \dfrac{1}{a}\right) \right|}{\sqrt{1^2 + (-1)^2}} = \frac{\sqrt{2}}{2a} \ (\because a > 0)$$

오른쪽 그림과 같이 원점 O에서 원 위의 점까지의 거리의 최솟값은

$d(a)$
$= \overline{OC} - r$
$$= \sqrt{a^2 + \left(a + \frac{1}{a}\right)^2} - \frac{\sqrt{2}}{2a}$$
$$= \sqrt{2a^2 + 2 + \frac{1}{a^2}} - \frac{\sqrt{2}}{2a}$$

$\therefore \lim\limits_{a \to \infty} \dfrac{d(a)}{a}$

$$= \lim_{a \to \infty} \frac{\sqrt{2a^2 + 2 + \dfrac{1}{a^2}} - \dfrac{\sqrt{2}}{2a}}{a}$$

$$= \lim_{a \to \infty} \left(\sqrt{2 + \frac{2}{a^2} + \frac{1}{a^4}} - \frac{\sqrt{2}}{2a^2} \right)$$

$$= \sqrt{2}$$

보충 설명 원 밖의 한 점 A와 원의 중심 사이의 거리를 d라 하고 원의 반지름의 길이를 r라고 하면, 점 A에서 원 위의 점까지의 거리의 최솟값은 $d - r$이고, 최댓값은 $d + r$입니다.

정답 $\sqrt{2}$

01-11

[접근 방법] 다항식 $f(x)$를 $x-1$로 나누었을 때의 몫이 $f_1(x)$, 나머지가 r이므로
$f(x)=(x-1)f_1(x)+r$가 성립합니다. 이때,
$\displaystyle\lim_{x\to1}\dfrac{f(x)-3}{x^2-1}=2$에서 $\displaystyle\lim_{x\to1}f(x)=3$임을 이용하여
r의 값을 구합니다.

[상세 풀이] 다항식 $f(x)$를 $x-1$로 나누었을 때의
몫이 $f_1(x)$이고 나머지가 r이므로
$$f(x)=(x-1)f_1(x)+r \quad\cdots\cdots\ \text{㉠}$$
이때, $\displaystyle\lim_{x\to1}\dfrac{f(x)-3}{x^2-1}=2$이고 $x\to1$일 때
(분모)$\to0$이므로 (분자)$\to0$입니다.
즉, $\displaystyle\lim_{x\to1}\{f(x)-3\}=0$에서 $\displaystyle\lim_{x\to1}f(x)=3$이므로
$$\lim_{x\to1}f(x)=\lim_{x\to1}\{(x-1)f_1(x)+r\}$$
$$=r=3$$
㉠에서 $f(x)=(x-1)f_1(x)+3$이므로
$$\lim_{x\to1}\dfrac{f(x)-3}{x^2-1}=\lim_{x\to1}\dfrac{(x-1)f_1(x)}{(x+1)(x-1)}$$
$$=\lim_{x\to1}\dfrac{f_1(x)}{x+1}$$
$$=\dfrac{\displaystyle\lim_{x\to1}f_1(x)}{\displaystyle\lim_{x\to1}(x+1)}$$
$$=\dfrac{\displaystyle\lim_{x\to1}f_1(x)}{2}=2$$
따라서 $\displaystyle\lim_{x\to1}f_1(x)=4$이므로
$$\lim_{x\to1}\dfrac{\{f(x)-3\}f_1(x)}{\sqrt{x}-1}$$
$$=\lim_{x\to1}\dfrac{\{f(x)-3\}f_1(x)(\sqrt{x}+1)}{(\sqrt{x}-1)(\sqrt{x}+1)}$$

$$=\lim_{x\to1}\left\{\dfrac{f(x)-3}{x-1}\times f_1(x)(\sqrt{x}+1)\right\}$$
$$=\lim_{x\to1}\left\{\dfrac{(x-1)f_1(x)}{x-1}\times f_1(x)(\sqrt{x}+1)\right\}$$
$$=\lim_{x\to1}\{f_1(x)\}^2(\sqrt{x}+1)$$
$$=\lim_{x\to1}f_1(x)\times\lim_{x\to1}f_1(x)\times\lim_{x\to1}(\sqrt{x}+1)$$
$$=4^2\times2=32$$

[보충 설명] **나눗셈의 관계식**

다항식 A를 다항식 $B(B\ne0)$로 나눈 몫을 Q, 나머지를 R라고 하면 $A=BQ+R$ (단, R의 차수는 B의 차수보다 낮다.)

정답　32

01-12

[접근 방법] $\displaystyle\lim_{x\to1}\dfrac{g(x)-2x}{x-1}$ 의 값이 존재하고 $x\to1$
일 때 (분모)$\to0$이므로 (분자)$\to0$임을 이용하여
$\displaystyle\lim_{x\to1}g(x)$의 값을 정한 후 주어진 등식에서 $f(x)$를
$g(x)$에 대한 식으로 나타냅니다.

[상세 풀이] $\displaystyle\lim_{x\to1}\dfrac{g(x)-2x}{x-1}$ 의 값이 존재하고
$x\to1$일 때 (분모)$\to0$이므로 (분자)$\to0$입니다.
즉, $\displaystyle\lim_{x\to1}\{g(x)-2x\}=0$
$$\therefore \lim_{x\to1}g(x)=\lim_{x\to1}\{g(x)-2x+2x\}$$
$$=\lim_{x\to1}\{g(x)-2x\}+\lim_{x\to1}2x$$
$$=0+2=2 \quad\cdots\cdots\ \text{㉠}$$
또한 $f(x)+x-1=(x-1)g(x)$에서
$$f(x)=(x-1)\{g(x)-1\} \quad\cdots\cdots\ \text{㉡}$$
따라서 ㉠, ㉡에 의하여
$$\lim_{x\to1}\dfrac{f(x)g(x)}{x^2-1}$$
$$=\lim_{x\to1}\dfrac{(x-1)\{g(x)-1\}g(x)}{(x+1)(x-1)}$$
$$=\lim_{x\to1}\dfrac{\{g(x)-1\}g(x)}{x+1}$$

$$\begin{aligned} &= \frac{\lim_{x \to 1}\{g(x)-1\} \times \lim_{x \to 1} g(x)}{\lim_{x \to 1}(x+1)} \\ &= \frac{(2-1) \times 2}{2} = 1 \end{aligned}$$

정답 1

01- 13

접근 방법 $\lim_{x \to 0} f(x)=0$, $\lim_{x \to 1} f(x)=0$이므로 다항함수 $f(x)$는 x, $x-1$을 인수로 가집니다. 따라서 $f(x)=x(x-1)g(x)$ ($g(x)$는 다항식)라 하고 $g(x)$의 차수가 최소가 되도록 하면 되는데, $g(x)$가 상수이면 주어진 조건을 만족시킬 수 없습니다 (보충 설명 참조). 주어진 조건이 2개이므로 $g(x)$를 미정계수가 2개인 다항함수, 즉 $g(x)=ax+b$ ($a \neq 0$)로 놓습니다.

상세 풀이 $\lim_{x \to 0} \dfrac{f(x)}{x}=10$ $\qquad$ ······ ㉠

$\lim_{x \to 1} \dfrac{f(x)}{x-1}=-4$ $\qquad$ ······ ㉡

㉠에서 $x \to 0$일 때 (분모)$\to 0$이므로 (분자)$\to 0$

$\therefore \lim_{x \to 0} f(x)=0$

㉡에서 $x \to 1$일 때 (분모)$\to 0$이므로 (분자)$\to 0$

$\therefore \lim_{x \to 1} f(x)=0$

즉, 다항함수 $f(x)$는 x, $x-1$을 인수로 가지므로

$$f(x)=x(x-1)(ax+b) \ (a \neq 0)$$

라고 하면

$$\begin{aligned} \lim_{x \to 0} \frac{f(x)}{x} &= \lim_{x \to 0} \frac{x(x-1)(ax+b)}{x} \\ &= \lim_{x \to 0}(x-1)(ax+b) \\ &= -b = 10 \end{aligned}$$

$\therefore b=-10$

$$\lim_{x \to 1} \frac{f(x)}{x-1} = \lim_{x \to 1} \frac{x(x-1)(ax+b)}{x-1}$$

$$\begin{aligned} &= \lim_{x \to 1} x(ax+b) \\ &= a+b=-4 \end{aligned}$$

$\therefore a=6$

$$\begin{aligned} \therefore f(x) &= x(x-1)(6x-10) \\ &= 6x^3-16x^2+10x \end{aligned}$$

보충 설명 주어진 조건을 이용하여 x, $x-1$을 인수로 가지고 차수가 최소인 $f(x)$를 구할 때, $f(x)$를 $f(x)=kx(x-1)$로 놓으면 안 됩니다.
$f(x)=x(x-1)g(x)$ ($g(x)$는 다항식)라고 하면 함수 $g(x)$는

$$\begin{aligned} \lim_{x \to 0} \frac{f(x)}{x} &= \lim_{x \to 0} \frac{x(x-1)g(x)}{x} \\ &= \lim_{x \to 0}(x-1)g(x) \\ &= \lim_{x \to 0}(x-1) \times \lim_{x \to 0} g(x) \\ &= -\lim_{x \to 0} g(x)=10 \end{aligned}$$

에서 $\lim_{x \to 0} g(x)=-10$과

$$\begin{aligned} \lim_{x \to 1} \frac{f(x)}{x-1} &= \lim_{x \to 1} \frac{x(x-1)g(x)}{x-1} \\ &= \lim_{x \to 1} xg(x) \\ &= \lim_{x \to 1} x \times \lim_{x \to 1} g(x) \\ &= \lim_{x \to 1} g(x)=-4 \end{aligned}$$

에서 $\lim_{x \to 1} g(x)=-4$를 동시에 만족시켜야 하므로 다항함수 $g(x)$는 상수가 아니라 최소한 일차함수이어야 합니다.

정답 $f(x)=6x^3-16x^2+10x$

01- 14

접근 방법 주어진 등식에서 방정식 $f(x)=0$의 두 근을 α, β라 하고 이차함수를 구하도록 합니다.

상세 풀이 $\lim_{x \to -2} f(x) \neq 0$이면

$\lim_{x \to -2} \dfrac{f(x)-(x+2)}{f(x)+(x+2)}=1 \neq \dfrac{3}{7}$이므로

$$\lim_{x \to -2} f(x)=f(-2)=0$$

방정식 $f(x)=0$의 두 근을 α, β라고 하면 한 근 $\alpha=-2$이므로 $f(x)$를 $f(x)=(x+2)(x-\beta)$ 로 놓을 수 있습니다.

$$\therefore \lim_{x\to-2}\frac{f(x)-(x+2)}{f(x)+(x+2)}$$

$$=\lim_{x\to-2}\frac{(x+2)(x-\beta)-(x+2)}{(x+2)(x-\beta)+(x+2)}$$

$$=\lim_{x\to-2}\frac{(x-\beta)-1}{(x-\beta)+1}$$

$$=\frac{-2-\beta-1}{-2-\beta+1}$$

$$=\frac{-3-\beta}{-1-\beta}=\frac{3}{7}$$

즉, $-21-7\beta=-3-3\beta$이므로 $\beta=-\dfrac{9}{2}$

따라서 $f(x)=(x+2)\left(x+\dfrac{9}{2}\right)$이므로

$$f(2)=(2+2)\left(2+\frac{9}{2}\right)=26$$

정답 26

01-15

접근 방법 조건 ㈐를 이용하여 조건 ㈎의 식을 $f(x)$ 에 대하여 정리합니다.

상세 풀이 ㄱ. 조건 ㈎에서

$x+f(x)=g(x)\{x-f(x)\}$이므로

$f(x)\{1+g(x)\}=x\{g(x)-1\}$ …… ㉠

조건 ㈐에서 $x\to0$일 때 $g(x)\to3$이므로

$x\to0$일 때 $g(x)\ne-1$

따라서 $x\to0$일 때 ㉠에서

$$f(x)=\frac{x\{g(x)-1\}}{1+g(x)}$$

$$\therefore \lim_{x\to0}\frac{f(x)}{x}$$

$$=\lim_{x\to0}\frac{\dfrac{x\{g(x)-1\}}{1+g(x)}}{x}$$

$$=\lim_{x\to0}\frac{g(x)-1}{1+g(x)}$$

$$=\frac{\lim_{x\to0}g(x)-\lim_{x\to0}1}{\lim_{x\to0}1+\lim_{x\to0}g(x)}$$

$$=\frac{3-1}{1+3}\ \left(\because \lim_{x\to0}g(x)=3\right)$$

$$=\frac{1}{2}$$

ㄴ. $\lim_{x\to0}f(x)=\lim_{x\to0}\left\{x\times\dfrac{f(x)}{x}\right\}$

$$=\lim_{x\to0}x\times\lim_{x\to0}\frac{f(x)}{x}=0\times\frac{1}{2}=0$$

ㄷ. $\lim_{x\to0}\dfrac{x^2+f(x)}{x^2-f(x)}=\lim_{x\to0}\dfrac{x+\dfrac{f(x)}{x}}{x-\dfrac{f(x)}{x}}$

$$=\frac{\lim_{x\to0}x+\lim_{x\to0}\dfrac{f(x)}{x}}{\lim_{x\to0}x-\lim_{x\to0}\dfrac{f(x)}{x}}$$

$$=\frac{0+\dfrac{1}{2}}{0-\dfrac{1}{2}}=-1$$

따라서 극한값이 존재하는 것은 ㄱ, ㄴ, ㄷ입니다.

보충 설명 조건 ㈎의 식을 적절히 변형하여 $x\to0$일 때의 $f(x)$를 $g(x)$에 대한 식으로 나타내는 것이 풀이의 핵심입니다.

정답 ㄱ, ㄴ, ㄷ

01-16

접근 방법 삼각형 AOB에 내접하는 원의 반지름의 길이 r와 x 사이의 관계식을 찾아 r를 x에 대한 식으로 나타내어 극한값을 구합니다.

상세 풀이 직각삼각형 AOB의 빗변 AB의 길이는

$$\overline{\text{AB}}=\sqrt{x^2+1}$$

직각삼각형 AOB의 넓이는

$$\frac{1}{2}x$$

삼각형 AOB에 내접하는 원의 반지름의 길이를

r라고 할 때, 삼각형 AOB의 넓이는

$$\frac{1}{2}r(1+x+\sqrt{x^2+1})$$

따라서

$$\frac{1}{2}r(1+x+\sqrt{x^2+1})=\frac{1}{2}x$$

$$\therefore r=\frac{x}{1+x+\sqrt{x^2+1}}$$

이때, 삼각형 AOB에 내접하는 원의 둘레의 길이 l은

$$l=2\pi r=\frac{2\pi x}{1+x+\sqrt{x^2+1}}$$

따라서 점 B가 원점에 한없이 가까이 갈 때, $\dfrac{l}{x}$의 극한값은

$$\lim_{x\to 0+}\frac{l}{x}=\lim_{x\to 0+}\frac{2\pi}{1+x+\sqrt{x^2+1}}=\pi$$

보충 설명 삼각형의 세 변의 길이 a, b, c와 내접원의 반지름의 길이 r 사이의 관계식은 다음 그림에서 쉽게 찾을 수 있습니다.

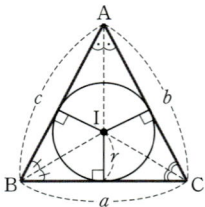

$$\triangle ABC=\frac{1}{2}ab\sin C$$

$$\triangle ABC=\triangle IBC+\triangle ICA+\triangle IAB$$

$$=\frac{1}{2}ra+\frac{1}{2}rb+\frac{1}{2}rc$$

$$=\frac{1}{2}r(a+b+c)$$

$$\therefore \frac{1}{2}ab\sin C=\frac{1}{2}r(a+b+c)$$

정답 π

01-**17**

접근 방법 곡선 $y=\dfrac{1}{x}$ $(x>0)$ 위의 점 P의 좌표를

나타내고, 두 직선이 수직이면 기울기의 곱이 -1임을 이용하여 직선 PQ의 방정식을 구합니다. 두 직선 PQ, OA의 교점 Q의 좌표를 구하고, 점 P가 점 A에 한없이 가까워지므로 점 P의 x좌표 또는 y좌표가 1에 한없이 가까워질 때의 극한값을 구합니다.

상세 풀이 점 P의 좌표를 $\left(p,\dfrac{1}{p}\right)$ $(p>0,\ p\ne 1)$ 이라고 하면 직선 PA의 기울기는

$$\frac{\frac{1}{p}-1}{p-1}=\frac{1-p}{p(p-1)}=-\frac{1}{p}$$

이므로 직선 PA와 수직인 직선 PQ의 기울기는 p입니다.

따라서 직선 PQ의 방정식은

$$y-\frac{1}{p}=p(x-p)$$

$$\therefore y=px-p^2+\frac{1}{p} \qquad \cdots\cdots \ ㉠$$

직선 OA의 방정식은

$$y=x \qquad \cdots\cdots \ ㉡$$

㉠, ㉡의 교점 Q의 x좌표를 구하면

$$px-p^2+\frac{1}{p}=x$$

$$(p-1)x=p^2-\frac{1}{p}=\frac{p^3-1}{p}$$

$$\therefore x=\frac{p^3-1}{p(p-1)}$$

점 P가 점 A에 한없이 가까워지면 $p\to 1$이므로 $p\to 1$일 때 점 Q의 x좌표의 극한은

$$\lim_{p\to 1}x=\lim_{p\to 1}\frac{p^3-1}{p(p-1)}$$

$$=\lim_{p\to 1}\frac{(p-1)(p^2+p+1)}{p(p-1)}$$

$$=\lim_{p\to 1}\frac{p^2+p+1}{p}=3$$

따라서 점 Q의 x좌표는 3에 한없이 가까워지고, 점 Q는 직선 $y=x$ 위의 점이므로 점 Q는 점 $(3,3)$에 한없이 가까워집니다.

보충 설명 다음 그림과 같이 원의 지름의 양 끝점 A, B와 원 위의 점 P에 대하여 $\angle APB=90°$가 항상

성립합니다. 이와 관련하여 위의 문제는 점 A의 주변에서 곡선이 꺾이는 정도가 선분 AQ를 지름으로 하는 원과 비슷하다는 기하학적 의미가 있습니다.

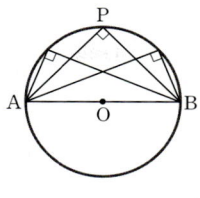

정답 (3, 3)

01-18

접근 방법 삼각형 OAP의 넓이를 현의 성질, 이등변삼각형의 성질을 이용하여 각각 나타내어 보고, 이를 이용하여 현의 길이를 r에 대한 식으로 나타내어 사각형 APRQ의 넓이를 구합니다.

상세 풀이 다음 그림과 같이 $\overline{OA}$와 $\overline{PQ}$의 교점을 T, $\overline{AP}$의 중점을 M이라 하고 $\overline{PT}=h$라고 하면

$$S(r)=hr$$

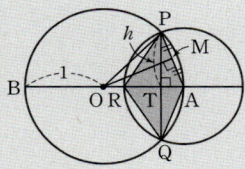

이때, 삼각형 PRA에서 $\overline{PA}=\overline{RA}=r$이고 삼각형 OAM에서

$$\overline{OM}=\sqrt{1-\overline{AM}^2}=\sqrt{1-\left(\frac{r}{2}\right)^2}$$

이므로

$$\triangle OAP=\frac{1}{2}\overline{OA}\times\overline{PT}=\frac{1}{2}\overline{PA}\times\overline{OM}$$

$$\frac{1}{2}\times 1\times h=\frac{1}{2}\times r\times\sqrt{1-\left(\frac{r}{2}\right)^2}$$

$$\therefore h=r\sqrt{1-\left(\frac{r}{2}\right)^2}$$

$$\therefore \lim_{r\to 2-}\frac{S(r)}{\sqrt{2-r}}$$

$$=\lim_{r\to 2-}\frac{hr}{\sqrt{2-r}}$$

$$=\lim_{r\to 2-}\frac{r^2\sqrt{1-\left(\frac{r}{2}\right)^2}}{\sqrt{2-r}}$$

$$=\lim_{r\to 2-}\frac{r^2\sqrt{(2-r)(2+r)}}{2\sqrt{2-r}}$$

$$=\lim_{r\to 2-}\frac{r^2\sqrt{2+r}}{2}=4$$

보충 설명 일반적인 사각형의 넓이는 구하기 쉽지 않지만, 사각형 APRQ는 두 대각선이 서로 직교하므로 오른쪽 그림과 같이 넓이 $S=\frac{1}{2}ab$로 나타낼 수 있습니다.

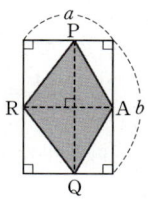

정답 4

01-19

접근 방법 삼각형의 넓이를 구하기 위하여 y축 위의 변을 밑변으로 보면 밑변의 길이는 1이고, 높이는 점 P의 x좌표가 됩니다. 이를 이용하여 삼각형의 넓이 S를 n 또는 m에 대한 식으로 나타내어 조건에 맞는 극한값을 구합니다.

상세 풀이 (1) 선분 AB를 포함하는 직선의 방정식은 $\frac{x}{2}+\frac{y}{3}=1$

삼각형의 변 중 y축 위의 변을 밑변으로 보면 밑변의 길이는 1이고 삼각형의 높이는 선분 AB와 직선 $y=nx+1$의 교점 P의 x좌표와 같으므로

$$\begin{cases} y=nx+1 \\ \dfrac{x}{2}+\dfrac{y}{3}=1 \end{cases}$$ 을 연립하여 풀면 $x=\frac{4}{2n+3}$

따라서 삼각형의 높이는 $\frac{4}{2n+3}$이므로

$$S=\frac{1}{2}\times 1\times\frac{4}{2n+3}=\frac{2}{2n+3}$$

점 P가 점 A에 한없이 가까워지면 직선

$y=nx+1$의 기울기 n은 $-\dfrac{1}{2}$에 한없이 가까워지므로

$$\lim_{P \to A} nS = \lim_{n \to -\frac{1}{2}} \frac{2n}{2n+3} = -\frac{1}{2}$$

(2) (1)과 마찬가지 방법으로 삼각형의 높이는 선분 AB와 직선 $y=mx$의 교점 P의 x좌표와 같으므로

$$\begin{cases} y=mx \\ \dfrac{x}{2}+\dfrac{y}{3}=1 \end{cases}$$ 을 연립하여 풀면 $x=\dfrac{6}{2m+3}$

따라서 삼각형의 높이는 $\dfrac{6}{2m+3}$이므로

$$S = \frac{1}{2} \times 1 \times \frac{6}{2m+3} = \frac{3}{2m+3}$$

점 P가 점 B에 한없이 가까워지면 직선 $y=mx$의 기울기 m은 한없이 커지므로

$$\lim_{P \to B} mS = \lim_{m \to \infty} \frac{3m}{2m+3} = \frac{3}{2}$$

보충 설명 (1)에서는 $n \to -\dfrac{1}{2}$이므로 함수의 극한에 대한 성질을 이용하여 계산합니다. (2)에서는 $m \to \infty$이므로 분자, 분모의 최고차항의 계수의 비가 극한값이 됩니다.

정답 (1) $-\dfrac{1}{2}$ (2) $\dfrac{3}{2}$

예제 01 함수의 연속과 미정계수의 결정 p.65

01-1

함수 $f(x)$가 $x=1$에서 연속이므로

$\lim_{x \to 1} f(x) = f(1)$이 성립합니다.

$$\therefore \lim_{x \to 1} \frac{a\sqrt{x+3}-b}{x-1} = \frac{1}{2} \qquad \cdots\cdots \text{㉠}$$

㉠에서 $x \to 1$일 때, (분모)$\to 0$이고 극한값이 존재하므로 (분자)$\to 0$이어야 합니다.

즉, $\lim_{x \to 1} (a\sqrt{x+3}-b) = 2a-b = 0$

$$\therefore b = 2a$$

$b=2a$를 ㉠에 대입하면

$$\lim_{x \to 1} \frac{a\sqrt{x+3}-2a}{x-1} = \lim_{x \to 1} \frac{a(\sqrt{x+3}-2)}{x-1}$$

$$= \lim_{x \to 1} \frac{a(x-1)}{(x-1)(\sqrt{x+3}+2)}$$

$$= \lim_{x \to 1} \frac{a}{\sqrt{x+3}+2} = \frac{a}{4} = \frac{1}{2}$$

$$\therefore a=2, \ b=4$$

$$\therefore a^2+b^2 = 2^2+4^2 = 20$$

정답 20

01-2

함수 $f(x)$가 모든 실수 x에 대하여 연속이므로 $x=1$에서도 연속이어야 합니다.

즉, $\lim_{x \to 1} f(x) = f(1)$이 성립해야 하므로

$$\lim_{x \to 1} \frac{x^2+(b-1)x-b}{x+a}$$

$$= \lim_{x \to 1} \frac{(x-1)(x+b)}{x+a} = 3a-b \qquad \cdots\cdots \text{㉠}$$

㉠에서 $x \to 1$일 때, $3a \neq b$이므로 0이 아닌 극한값이 존재하고 (분자)$\to 0$이므로 (분모)$\to 0$이어야 합니다.

즉, $\lim_{x \to 1} (x+a) = 1+a = 0$

$$\therefore a = -1$$

$a=-1$을 ㉠에 대입하면

$$\lim_{x \to 1} \frac{(x-1)(x+b)}{x-1} = \lim_{x \to 1} (x+b) = 1+b$$

$1+b = 3a-b$에서 $a=-1$이므로 $b=-2$

$$\therefore a^2+b^2 = (-1)^2+(-2)^2 = 5$$

정답 5

01-3

다항식 $g(x)$를 x^2으로 나눈 몫을 $Q(x)$, 나머지를 $ax+b$ (a, b는 상수)라고 하면

$$g(x) = x^2 Q(x)+ax+b$$

함수 $f(x)$가 $x=0$에서 연속이므로

$\lim_{x \to 0} f(x) = f(0)$이 성립합니다.

$$\therefore \lim_{x \to 0} \frac{x^2 Q(x)+ax+b-3x}{x} = 6 \qquad \cdots\cdots \text{㉠}$$

㉠에서 $x \to 0$일 때, (분모)$\to 0$이고 극한값이 존재하므로 (분자)$\to 0$이어야 합니다.

즉, $\lim_{x \to 0} \{x^2 Q(x)+ax+b-3x\} = b = 0$

$$\therefore b = 0$$

$b=0$을 ㉠에 대입하면

$$\lim_{x \to 0} \frac{x^2 Q(x)+ax-3x}{x}$$

$$= \lim_{x \to 0} \{xQ(x)+a-3\}$$

$$= a-3 = 6$$

$$\therefore a = 9$$

따라서 구하는 나머지는 $9x$입니다.

정답 $9x$

예제 02 연속함수에서 함숫값 정하기 p.67

02-1

$x \neq 2$일 때, $f(x) = \dfrac{x^2+4x+a}{x-2}$ 이고 실수 전체에서 함수 $f(x)$가 연속이므로 $x=2$에서도 연속이어야 합니다.

$$\therefore f(2) = \lim_{x \to 2} f(x) = \lim_{x \to 2} \frac{x^2+4x+a}{x-2}$$

$$\cdots\cdots \text{㉠}$$

㉠에서 $x \to 2$일 때, (분모)$\to 0$이고 극한값이 존재하므로 (분자)$\to 0$이어야 합니다.

즉, $\lim_{x \to 2} (x^2+4x+a) = 12+a = 0$

$$\therefore a = -12$$

$a=-12$를 ㉠에 대입하면

$$f(2)=\lim_{x\to 2}\frac{x^2+4x-12}{x-2}$$
$$=\lim_{x\to 2}\frac{(x+6)(x-2)}{x-2}$$
$$=\lim_{x\to 2}(x+6)=8$$

정답 $a=-12,\ f(2)=8$

02-2

$x\neq -2,\ x\neq 1$일 때, $f(x)=\dfrac{x-3+2\sqrt{x}}{x^2+x-2}$이고

$x>0$인 모든 실수 x에 대하여 함수 $f(x)$가 연속이

므로 $x=1$에서도 연속이어야 합니다.

$$\therefore f(1)=\lim_{x\to 1}f(x)$$
$$=\lim_{x\to 1}\frac{x-3+2\sqrt{x}}{x^2+x-2}$$
$$=\lim_{x\to 1}\frac{(\sqrt{x}+3)(\sqrt{x}-1)}{(x+2)(x-1)}$$
$$=\lim_{x\to 1}\frac{\sqrt{x}+3}{(x+2)(\sqrt{x}+1)}=\frac{2}{3}$$

정답 $\dfrac{2}{3}$

02-3

$x\neq 2$일 때, $f(x)=\dfrac{x^3+ax+b}{(x-2)^2}$이고 모든 실수 x에

대하여 함수 $f(x)$가 연속이므로 $x=2$에서도 연속

이어야 합니다.

$$\therefore f(2)=\lim_{x\to 2}f(x)=\lim_{x\to 2}\frac{x^3+ax+b}{(x-2)^2}$$

$$\cdots\cdots\ ㉠$$

㉠에서 $x\to 2$일 때, (분모)$\to 0$이고 극한값이 존재하

므로 (분자)$\to 0$이어야 합니다.

즉, $\lim\limits_{x\to 2}(x^3+ax+b)=8+2a+b=0$

$$\therefore b=-2a-8$$

$b=-2a-8$을 ㉠에 대입하면

$$f(2)=\lim_{x\to 2}\frac{x^3+ax-2a-8}{(x-2)^2}$$

이때, $\lim\limits_{x\to 2}\dfrac{x^3+ax-2a-8}{(x-2)^2}$의 값이 존재하므로 다

항식 $x^3+ax-2a-8$은 $(x-2)^2$으로 나누어떨어져

야 합니다.

즉, 조립제법을 이용하여 인수분해하면

$$\begin{array}{r|rrrr} 2 & 1 & 0 & a & -2a-8 \\ & & 2 & 4 & 2a+8 \\ \hline 2 & 1 & 2 & a+4 & \boxed{0} \\ & & 2 & 8 & \\ \hline & 1 & 4 & \boxed{a+12} & \end{array}$$

에서 $a+12=0$이어야 하므로

$$x^3+ax-2a-8=(x-2)^2(x+4)$$
$$\therefore f(2)=\lim_{x\to 2}\frac{x^3+ax-2a-8}{(x-2)^2}$$
$$=\lim_{x\to 2}\frac{(x-2)^2(x+4)}{(x-2)^2}$$
$$=\lim_{x\to 2}(x+4)=6$$

정답 6

예제 03 연속과 불연속의 판정 p.69

03-1

(1) $\lim\limits_{x\to 1+}f(x)=\lim\limits_{x\to 1+}\dfrac{x^2-1}{|x-1|}$

$$=\lim_{x\to 1+}\frac{(x+1)(x-1)}{x-1}$$
$$=\lim_{x\to 1+}(x+1)=2$$

$$\lim_{x\to 1-}f(x)=\lim_{x\to 1-}\frac{x^2-1}{|x-1|}$$
$$=\lim_{x\to 1-}\frac{(x+1)(x-1)}{-(x-1)}$$
$$=\lim_{x\to 1-}\{-(x+1)\}=-2$$

즉, $\lim\limits_{x\to 1+}f(x)\neq\lim\limits_{x\to 1-}f(x)$이므로 $\lim\limits_{x\to 1}f(x)$의

값이 존재하지 않습니다.

따라서 함수 $f(x)$는 $x=1$에서 불연속입니다.

(2)(i) $x=1$에서 함숫값은

$$g(1)=[2]-[1]=2-1=1$$

(ii) $1\leq x<\dfrac{3}{2}$일 때, $2\leq 2x<3$이므로

$$[2x]=2,\ [x]=1$$

$$\therefore \lim_{x \to 1+} g(x) = \lim_{x \to 1+} ([2x]-[x])$$
$$= 2-1 = 1$$

$\dfrac{1}{2} \le x < 1$일 때, $1 \le 2x < 2$이므로

$$[2x]=1, \ [x]=0$$
$$\therefore \lim_{x \to 1-} g(x) = \lim_{x \to 1-} ([2x]-[x])$$
$$= 1-0 = 1$$

즉, $\lim_{x \to 1+} g(x) = \lim_{x \to 1-} g(x) = 1$이므로

$$\lim_{x \to 1} g(x) = 1$$

(i), (ii)에서 $\lim_{x \to 1} g(x) = g(1)$이므로 함수 $g(x)$는 $x=1$에서 연속입니다.

정답 (1) 불연속 (2) 연속

03-2

(i) $x=-1$일 때

$$\lim_{x \to -1+} f(x) = 0, \ \lim_{x \to -1-} f(x) = 0$$

이므로 $\lim_{x \to -1} f(x) = 0$

이때, $f(-1) = -1$이므로

$$\lim_{x \to -1} f(x) \ne f(-1)$$

따라서 함수 $f(x)$는 $x=-1$에서의 극한값은 존재하지만 $\lim_{x \to -1} f(x) \ne f(-1)$이므로 $x=-1$에서 불연속입니다.

(ii) $x=0$일 때

$$\lim_{x \to 0+} f(x) = -1, \ \lim_{x \to 0-} f(x) = 1$$

따라서 함수 $f(x)$는 $x=0$에서의 극한값이 존재하지 않으므로 $x=0$에서 불연속입니다.

(iii) $x=1$일 때

$$\lim_{x \to 1+} f(x) = 0, \ \lim_{x \to 1-} f(x) = 0$$

이므로 $\lim_{x \to 1} f(x) = 0$

이때, $f(1) = 1$이므로 $\lim_{x \to 1} f(x) \ne f(1)$

따라서 함수 $f(x)$는 $x=1$에서의 극한값은 존재하지만 $\lim_{x \to 1} f(x) \ne f(1)$이므로 $x=1$에서 불연속입니다.

(i)~(iii)에 의하여 열린구간 $(-2, 2)$에서 함수 $f(x)$는 $x=0$에서의 극한값이 존재하지 않습니다. 즉, $m=1$입니다.

또한 함수 $f(x)$는 $x=-1$, $x=0$, $x=1$에서 불연속이므로 $n=3$입니다.

$$\therefore 10m+n = 10 \times 1 + 3 = 13$$

정답 13

03-3

ㄱ. $\lim_{x \to -1-} f(x) = \lim_{x \to -1-} \dfrac{ax}{x-1} = \dfrac{a \times (-1)}{-1-1} = \dfrac{a}{2}$

$\lim_{x \to -1+} f(x) = \lim_{x \to -1+} \dfrac{a}{1-x} = \dfrac{a}{1+1} = \dfrac{a}{2}$

$a=2b$이므로 $f(-1) = b = \dfrac{a}{2}$

즉, $\lim_{x \to -1} f(x) = f(-1)$이므로 함수 $f(x)$는 $x=-1$에서 연속입니다. (참)

ㄴ. (i) $a>0$일 때, 함수 $y=f(x)$의 그래프는 다음 그림과 같습니다.

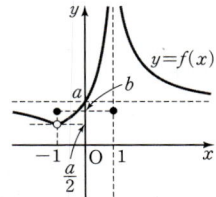

(ii) $a<0$인 경우 (i)의 그래프를 x축에 대하여 대칭이동한 그래프입니다.

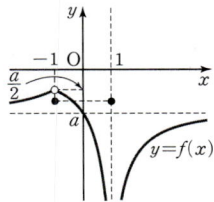

(i), (ii)에서 함수 $y=f(x)$의 그래프는 $x=-1$, $x=1$에서 불연속입니다. (참)

ㄷ. 함수 $f(x)$가 모든 실수에서 연속이 되려면 $x=-1$, $x=1$에서 연속이 되어야 합니다.

$x=1$에서 연속이 되려면 $\lim_{x \to 1} f(x) = f(1)$이 성립해야 하므로 $\lim_{x \to 1+} f(x) = \lim_{x \to 1-} f(x) = b$이어야 합니다. 즉, $\lim_{x \to 1+} f(x) = \lim_{x \to 1+} \dfrac{ax}{x-1}$에서

(분모)→ 0이므로 (분자)→ 0이어야 합니다.

$\lim\limits_{x \to 1+} ax=0$이므로 $a=0$

$a=0$일 때, 함수 $f(x)=0$이므로 모든 실수에서 연속입니다. (참)

따라서 옳은 것은 ㄱ, ㄴ, ㄷ입니다.

정답 ㄱ, ㄴ, ㄷ

예제 04 연속과 불연속의 활용   p.71

04-1

함수 $y=|x^2-4x|$의 그래프는 $y=x^2-4x$의 그래프에서 $y<0$인 부분을 x축에 대하여 대칭이동한 것이므로 다음 그림과 같습니다.

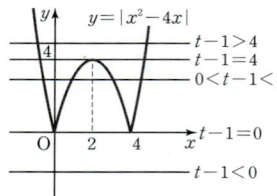

$f(t)$는 $y=|x^2-4x|$의 그래프와 직선 $y=t-1$이 만나는 점의 개수이므로 위치에 따라 다음과 같습니다.

$$f(t)=\begin{cases} 0 & (t<1) \\ 2 & (t=1) \\ 4 & (1<t<5) \\ 3 & (t=5) \\ 2 & (t>5) \end{cases}$$

함수 $y=f(t)$의 그래프를 그리면 오른쪽 그림과 같습니다.

따라서 불연속이 되는 t의 값은 $t=1$, $t=5$입니다.

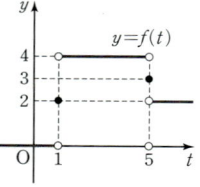

보충 설명 $t-1 \to 4-$일 때, 함수 $y=|x^2-4x|$의 그래프와 직선 $y=t-1$은 서로 다른 네 점에서 만나므로

$\lim\limits_{t \to 5-} f(t)=4$

$t-1 \to 4+$일 때, 함수 $y=|x^2-4x|$의 그래프와 직선 $y=t-1$는 서로 다른 두 점에서 만나므로

$\lim\limits_{t \to 5+} f(t)=2$

따라서 $\lim\limits_{t \to 5-} f(t)=4$이고 $\lim\limits_{t \to 5+} f(t)=2$이므로

$\lim\limits_{t \to 5} f(t)$의 값은 존재하지 않으므로 $f(t)$는 $t=5$에서 불연속입니다.

마찬가지로 $\lim\limits_{t \to 1-} f(t)=0$이고 $\lim\limits_{t \to 1+} f(t)=4$이므로

$\lim\limits_{t \to 1} f(t)$의 값은 존재하지 않으므로 $f(t)$는 $t=1$에서 불연속입니다

따라서 불연속이 되는 t의 값은 $t=1$, $t=5$입니다.

정답 $t=1$, $t=5$

04-2

(i) $0<r<1$일 때

$0<2r<2$이므로 원 C와 x축에 동시에 접하는 원은 없습니다.

$\therefore f(r)=0$

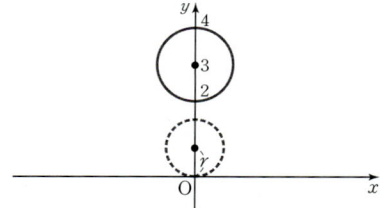

(ii) $r=1$일 때

반지름의 길이가 1이면서 원 C와 x축에 동시에 접하는 원은 점 $(0, 1)$을 중심으로 하는 원 하나뿐입니다.

$\therefore f(r)=1$

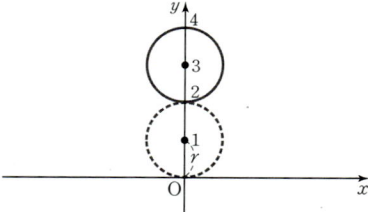

(iii) $1<r<2$일 때

$2<2r<4$이므로 원 C와 x축에 동시에 접하는 원은 원 C에 외접하는 원 2개입니다.

$$\therefore f(r)=2$$

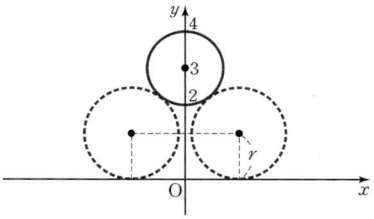

(iv) $r=2$일 때

반지름의 길이가 2이면서 원 C와 x축에 동시에 접하는 원은 원 C에 외접하는 원 2개와 내접하는 원 1개가 있습니다.

$$\therefore f(r)=3$$

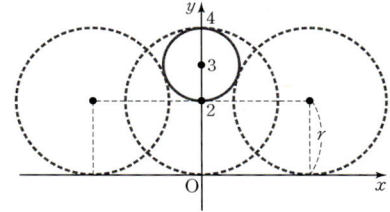

(v) $2<r<4$일 때

$4<2r<8$이므로 원 C와 x축에 동시에 접하는 원은 원 C에 외접하는 원 2개와 내접하는 원 2개가 있습니다.

$$\therefore f(r)=4$$

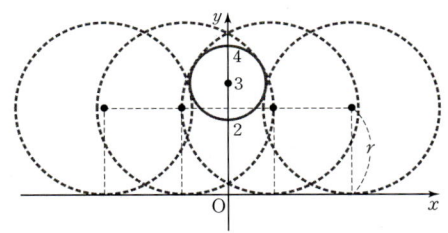

(i)~(v)에 의하여 함수 $f(r)$는

$$f(r)=\begin{cases} 0 & (0<r<1) \\ 1 & (r=1) \\ 2 & (1<r<2) \\ 3 & (r=2) \\ 4 & (2<r<4) \end{cases}$$

이고, 열린구간 $(0,\ 4)$에서 함수 $y=f(r)$의 그래프는 다음 그림과 같습니다.

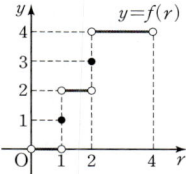

따라서 함수 $f(r)$의 불연속점은 2개이므로 $n=2$이고, $\lim\limits_{r\to 2+}f(r)=4$이므로 $k=4$입니다.

$$\therefore 10n+k=10\times 2+4=24$$

정답 24

04-3

원의 중심 $(1,\ 2)$와 직선 $x-y=0$ 사이의 거리는

$$\dfrac{|1-2|}{\sqrt{1^2+(-1)^2}}=\dfrac{\sqrt{2}}{2}$$

이고, 원의 중심 $(1,\ 2)$와 직선 $x+y=0$ 사이의 거리는

$$\dfrac{|1+2|}{\sqrt{1^2+1^2}}=\dfrac{3\sqrt{2}}{2}$$

입니다. 원의 중심 $(1,\ 2)$와 원점 사이의 거리는 $\sqrt{5}$입니다.

(i) $0<t<\dfrac{\sqrt{2}}{2}$일 때, $f(t)=0$ (그림 참고)

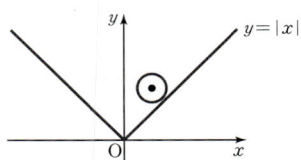

(ii) $t=\dfrac{\sqrt{2}}{2}$일 때, $f(t)=1$ (그림 참고)

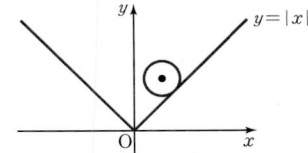

(iii) $\dfrac{\sqrt{2}}{2} < t < \dfrac{3\sqrt{2}}{2}$ 일 때, $f(t)=2$ (그림 참고)

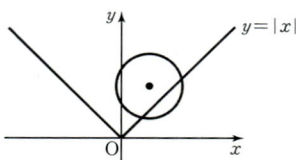

(iv) $t=\dfrac{3\sqrt{2}}{2}$ 일 때, $f(t)=3$ (그림 참고)

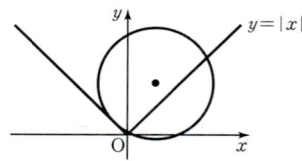

(v) $\dfrac{3\sqrt{2}}{2} < t < \sqrt{5}$일 때, $f(t)=4$ (그림 참고)

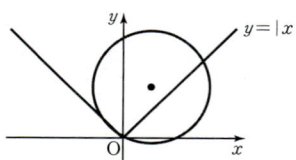

(vi) $t=\sqrt{5}$일 때, $f(t)=3$ (그림 참고)

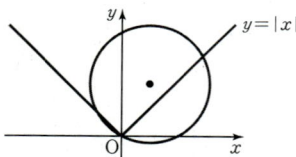

(vii) $t>\sqrt{5}$일 때, $f(t)=2$ (그림 참고)

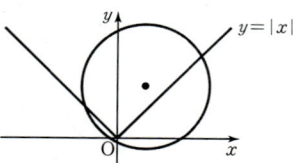

(i)~(vii)에 의하여 함수 $f(t)$의 그래프는

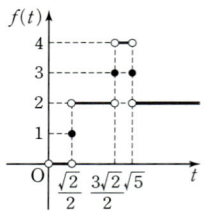

따라서 함수 $f(t)$ 가 $t=\dfrac{\sqrt{2}}{2}$, $\dfrac{3\sqrt{2}}{2}$, $\sqrt{5}$의 세 점에서

불연속이므로 $n=3$이고, $f(n-1)=f(2)=2$이므로

$k=2$

$\therefore n+k=3+2=5$

정답 5

예제 05 두 함수에서의 연속성   p.81

05-1

(1) $\lim\limits_{x \to 0} f(x)=0$이고

$\lim\limits_{x \to 0+} g(x)=1$, $\lim\limits_{x \to 0-} g(x)=0$이므로

$\lim\limits_{x \to 0+} f(x)g(x)=0 \times 1=0$

$\lim\limits_{x \to 0-} f(x)g(x)=0 \times 0=0$

$\therefore \lim\limits_{x \to 0} f(x)g(x)=0$

이때, $f(0)=0$, $g(0)=1$이므로

$f(0)g(0)=0$

$\therefore \lim\limits_{x \to 0} f(x)g(x)=f(0)g(0)$

따라서 함수 $y=f(x)g(x)$는 $x=0$에서 연속입니다.

(2) $\lim\limits_{x \to 1} f(x)=0$, $\lim\limits_{x \to 1+} g(x)=1$이므로

$\lim\limits_{x \to 1+} \dfrac{f(x)}{g(x)} = \dfrac{\lim\limits_{x \to 1+} f(x)}{\lim\limits_{x \to 1+} g(x)}$

$=\dfrac{0}{1}=0$

또한 열린구간 $(0,1)$에서 $f(x)=0$이고

$g(x)=-x+1$이므로

$\lim\limits_{x \to 1-} \dfrac{f(x)}{g(x)} = \lim\limits_{x \to 1-} \dfrac{0}{-x+1}=0$

$\therefore \lim\limits_{x \to 1} \dfrac{f(x)}{g(x)}=0$

이때, $f(1)=0$, $g(1)=1$이므로

$$\frac{f(1)}{g(1)}=\frac{0}{1}=0$$

$$\therefore \lim_{x\to 1}\frac{f(x)}{g(x)}=\frac{f(1)}{g(1)}$$

따라서 함수 $y=\dfrac{f(x)}{g(x)}$는 $x=1$에서 연속입니다.

정답 (1) 연속 (2) 연속

05-2

(1) $\lim\limits_{x\to 2+}f(x)=1$, $\lim\limits_{x\to 2-}f(x)=-1$이고

$\lim\limits_{x\to 2}g(x)=0$이므로

$$\lim_{x\to 2+}f(x)g(x)=1\times 0=0$$
$$\lim_{x\to 2-}f(x)g(x)=(-1)\times 0=0$$
$$\therefore \lim_{x\to 2}f(x)g(x)=0$$

이때, $f(2)=1$, $g(2)=0$이므로

$$f(2)g(2)=0$$
$$\therefore \lim_{x\to 2}f(x)g(x)=f(2)g(2)$$

따라서 함수 $y=f(x)g(x)$는 $x=2$에서 연속입니다.

(2) $\lim\limits_{x\to 1+}f(x)=0$, $\lim\limits_{x\to 1-}f(x)=2$이고

$\lim\limits_{x\to 1}g(x)=1$이므로

$$\lim_{x\to 1+}\frac{f(x)}{g(x)}=\frac{\lim\limits_{x\to 1+}f(x)}{\lim\limits_{x\to 1+}g(x)}$$
$$=\frac{0}{1}=0$$
$$\lim_{x\to 1-}\frac{f(x)}{g(x)}=\frac{\lim\limits_{x\to 1-}f(x)}{\lim\limits_{x\to 1-}g(x)}$$
$$=\frac{2}{1}=2$$
$$\therefore \lim_{x\to 1+}\frac{f(x)}{g(x)}\neq \lim_{x\to 1-}\frac{f(x)}{g(x)}$$

따라서 $\lim\limits_{x\to 1}\dfrac{f(x)}{g(x)}$의 값이 존재하지 않으므로 함수 $y=\dfrac{f(x)}{g(x)}$는 $x=1$에서 불연속입니다.

정답 (1) 연속 (2) 불연속

05-3

x의 값의 범위를 다음과 같이 나누어 주어진 두 함수 $g(x)$, $h(x)$를 각각 구하면

$$g(x)=\begin{cases}-1 & (|x|<1)\\ 0 & (x=1)\\ -1 & (x=-1)\\ \dfrac{1}{x} & (|x|>1)\end{cases}$$

$$h(x)=\begin{cases}1 & (x>0)\\ 0 & (x=0)\\ -1 & (x<0)\end{cases}$$

이때, 함수 $f(x)g(x)$가 연속함수이므로 $x=1$에서도 연속이어야 합니다.

$f(1)g(1)=f(1)\times 0=0$에서

$$\lim_{x\to 1+}f(x)g(x)=\lim_{x\to 1+}f(x)\times \lim_{x\to 1+}g(x)$$
$$=f(1)\times 1=0$$
$$\lim_{x\to 1-}f(x)g(x)=\lim_{x\to 1-}f(x)\times \lim_{x\to 1-}g(x)$$
$$=f(1)\times(-1)=0$$

이어야 하므로 $f(1)=0$

또한 함수 $f(x)h(x)$가 연속함수이므로 $x=0$에서도 연속이어야 합니다.

$f(0)h(0)=f(0)\times 0=0$에서

$$\lim_{x\to 0+}f(x)h(x)=\lim_{x\to 0+}f(x)\times \lim_{x\to 0+}h(x)$$
$$=f(0)\times 1=0$$
$$\lim_{x\to 0-}f(x)h(x)=\lim_{x\to 0-}f(x)\times \lim_{x\to 0-}h(x)$$
$$=f(0)\times(-1)=0$$

이어야 하므로 $f(0)=0$

따라서 인수정리에 의하여 최고차항의 계수가 1인 이차함수 $f(x)$는

$$f(x)=x(x-1)$$
$$\therefore f(5)=5\times 4=20$$

정답 20

예제 06   합성함수에서의 연속성   p.83

06-1

두 함수 $y=f(x)$, $y=g(x)$의 그래프는 다음 그림과 같습니다.

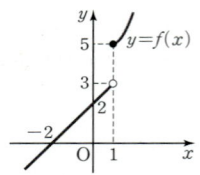 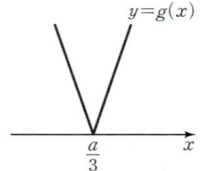

함수 $f(x)$는 $x=1$에서 불연속이고, 함수 $g(x)$는 실수 전체에서 연속이므로 합성함수 $(g \circ f)(x)$가 모든 실수에서 연속이려면 $x=1$에서 연속이어야 합니다. 즉,

$$g(f(1)) = \lim_{x \to 1+} g(f(x)) = \lim_{x \to 1-} g(f(x))$$

이어야 합니다.

$g(f(1)) = g(5) = |15 - a|$ 이고

$$\lim_{x \to 1+} g(f(x)) = \lim_{x \to 1+} g(x^2 + 3x + 1)$$
$$= g(5) = |15 - a|$$
$$\lim_{x \to 1-} g(f(x)) = \lim_{x \to 1-} g(x + 2)$$
$$= g(3) = |9 - a|$$

에서 $|15 - a| = |9 - a|$

$$\therefore a = 12$$

정답 12

06-**2**

함수 $(f \circ g)(x)$가 $x=2$에서의 연속성을 확인하는 세 조건 중 어느 하나라도 만족시키지 않으면 함수 $(f \circ g)(x)$는 $x=2$에서 불연속입니다.

$g(x) = x^2 - 4x + k = (x-2)^2 + k - 4$에서

(i) 함수 $g(x)$는 $x=2$일 때 최솟값 $k-4$를 가집니다.

이때, 함수 $f(x)$는 실수 전체에서 정의되었으므로 함숫값 $f(g(2))$, 즉 $f(k-4)$가 존재합니다. 따라서 함수 $(f \circ g)(x)$는 $x=2$에서 정의되어 있습니다.

(ii) $g(x) = t$로 놓으면

$x \to 2+$ 일 때 $t \to (k-4)+$ 이므로

$$\lim_{x \to 2+} f(g(x)) = \lim_{t \to (k-4)+} f(t)$$

$x \to 2-$ 일 때 $t \to (k-4)+$ 이므로

$$\lim_{x \to 2-} f(g(x)) = \lim_{t \to (k-4)+} f(t)$$

$$\therefore \lim_{x \to 2} f(g(x)) = \lim_{t \to (k-4)+} f(t) \quad \cdots\cdots \ominus$$

이때, 함수 $f(x)$는 실수 전체에서 우극한이 존재하므로 함수 $(f \circ g)(x)$는 극한값 $\lim_{x \to 2} f(g(x))$가 존재합니다.

(iii) 함수 $(f \circ g)(x)$가 $x=2$에서 불연속이려면

$$\lim_{x \to 2} f(g(x)) \neq f(g(2))$$

이어야 합니다.

이때, $f(g(2)) = f(k-4)$이므로 ⊙에 의하여

$$\lim_{t \to (k-4)+} f(t) \neq f(k-4)$$

를 만족시키는 k의 값, 즉 함수 $y = f(x)$의 그래프에서 우극한과 함숫값이 다른 점을 찾으면 됩니다.

함수 $f(x)$는 $x=1$에서 우극한과 함숫값이 다르므로

$$k - 4 = 1 \qquad \therefore k = 5$$

(i)~(iii)에 의하여 $k=5$일 때, 함수 $(f \circ g)(x)$는 $x=2$에서 불연속입니다.

정답 ⑤

06-**3**

함수 $f(x)$가 $x=0$, $x=2$에서 불연속이고, 함수 $g(x)$가 $x=1$에서 불연속이므로 각각의 경우를 나누어 함수 $(g \circ f)(x)$의 연속성을 조사해 보면

(i) $x=0$일 때

$f(x) = t$로 놓으면

$x \to 0+$ 일 때 $t \to 2-$ 이므로

$$\lim_{x \to 0+} g(f(x)) = \lim_{t \to 2-} g(t) = 0$$

$x \to 0-$ 일 때 $t \to 0-$ 이므로

$$\lim_{x \to 0-} g(f(x)) = \lim_{t \to 0-} g(t) = 0$$

$$\therefore \lim_{x \to 0} g(f(x)) = 0$$

이때, $g(f(0)) = g(0) = 0$이므로

$$\lim_{x \to 0} g(f(x)) = g(f(0))$$

즉, 함수 $(g \circ f)(x)$는 $x=0$에서 연속입니다.

(ii) $x=2$일 때

$f(x) = t$로 놓으면

$x \to 2+$ 일 때, $t \to -1+$ 이므로

$$\lim_{x \to 2+} g(f(x)) = \lim_{t \to -1+} g(t) = -1$$

$x \to 2-$일 때, $t \to -2+$이므로
$$\lim_{x \to 2-} g(f(x)) = \lim_{t \to -2+} g(t) = -2$$
에서 $\lim_{x \to 2+} g(f(x)) \neq \lim_{x \to 2-} g(f(x))$이므로
$\lim_{x \to 2} g(f(x))$의 값이 존재하지 않습니다.

즉, 함수 $(g \circ f)(x)$는 $x=2$에서 불연속입니다.

(iii) 함수 $g(x)$가 $x=1$에서 불연속이므로 함수
$(g \circ f)(x)$는 닫힌구간 $[-1, 3]$에서
$f(x)=1$일 때 불연속입니다.
구간 $(0, 2]$에서 $f(x)=-2x+2$이므로
$$-2x+2=1 \qquad \therefore x=\frac{1}{2}$$

즉, 함수 $(g \circ f)(x)$는 $x=\frac{1}{2}$에서 불연속입니다.

(i)~(iii)에 의하여 함수 $(g \circ f)(x)$가 불연속인 x의
값은 $\frac{1}{2}$, 2입니다.

정답 $\frac{1}{2}$, 2

예제 07   사잇값의 정리의 활용   p.85

07-1

(1) $f(x)=x^4+x^3-7x+1$이라고 하면 함수 $f(x)$는
다항함수이므로 닫힌구간 $[1, 2]$에서 연속이고
$$f(1)=-4<0, \ f(2)=11>0$$
즉, $f(1)f(2)<0$이므로 사잇값의 정리에 의하여
$f(c)=0$인 c가 1과 2 사이에 적어도 하나 존재합니다.

따라서 방정식 $f(x)=0$은 열린구간 $(1, 2)$에서
적어도 하나의 실근을 가집니다.

(2) $f(x)=(x^3+2x+4)(2x^2-1)$이라고 하면 함수
$f(x)$는 다항함수이므로 닫힌구간 $[-1, 1]$에서
연속이고
$$f(-1)=1>0, \ f(0)=-4<0,$$
$$f(1)=7>0$$
즉, $f(-1)f(0)<0$, $f(0)f(1)<0$이므로 사잇값
의 정리에 의하여 $f(c)=0$인 c가 -1과 0 사이에

적어도 하나 존재하고, 0과 1 사이에도 적어도 하
나 존재합니다.

따라서 방정식 $f(x)=0$은 열린구간 $(-1, 1)$에
서 적어도 두 개의 실근을 가집니다.

정답   풀이 참조

07-2

$f(x)=x^3+3x^2+4x-6$이라고 하면 함수 $f(x)$는
다항함수이므로 모든 실수에서 연속이고
$$f(-2)=-10<0, f(-1)=-8<0,$$
$$f(0)=-6<0, f(1)=2>0, f(2)=22>0,$$
$$f(3)=60>0$$
이때, 방정식 $f(x)=0$의 실근은 한 개뿐이고,
$f(0)f(1)<0$이므로 사잇값의 정리에 의하여 주어진
방정식 $f(x)=0$의 실근이 존재하는 구간은 $(0, 1)$
입니다.

정답   ③

07-3

함수 $f(x)$가 닫힌구간 $[-1, 2]$에서 연속이고
$f(-1)f(1)<0$이므로 사잇값의 정리에 의하여 방
정식 $f(x)=0$은 열린구간 $(-1, 1)$에서 적어도 하
나의 실근을 가집니다.

또한 $f(-1)f(1)<0$, $f(-1)f(2)>0$이면
$f(1)f(2)<0$이므로 방정식 $f(x)=0$은 열린구간
$(1, 2)$에서 적어도 하나의 실근을 가집니다.

따라서 방정식 $f(x)=0$은 열린구간 $(-1, 2)$에서
적어도 두 개의 실근을 가집니다.
$$\therefore n=2$$

정답   2

p.86~87

기본 다지기

02-1 -4 **2** (1) -12 (2) 32 **3** $\dfrac{1}{4}$

4 (1) 3 (2) 3 **5** ②

6 (1) 불연속 (2) 연속 **7** -1

8 (1) 연속 (2) 불연속 **9** 10 **10** 3

02-1

접근 방법 함수 $f(x)$가 $x=2$에서 연속이려면 $\lim\limits_{x\to2}f(x)=f(2)$가 성립해야 합니다. 따라서 함수 $f(x)$의 $x=2$에서의 우극한과 좌극한이 서로 같아야 함을 이용하여 미정계수를 정하도록 합니다.

상세 풀이 함수 $f(x)$가 $x=2$에서 연속이려면

$$\lim\limits_{x\to2+}f(x)=\lim\limits_{x\to2-}f(x)=f(2)$$

가 성립해야 합니다.

$f(2)=6+a$이고

$$\lim\limits_{x\to2+}f(x)=\lim\limits_{x\to2+}(x^2+x+a)=6+a$$
$$\lim\limits_{x\to2-}f(x)=\lim\limits_{x\to2-}(x+b)=2+b$$

이므로 $6+a=2+b$

$$\therefore a-b=-4$$

보충 설명 $x\geq2$에서 $f(x)=x^2+x+a$로 정의되므로 $\lim\limits_{x\to2+}f(x)=f(2)$임을 알 수 있습니다.

따라서 $\lim\limits_{x\to2+}f(x)=\lim\limits_{x\to2-}f(x)$가 성립하면 함수 $f(x)$는 $x=2$에서 연속입니다.

정답 -4

02-2

접근 방법 함수 $f(x)$가 모든 실수에 대하여 연속이므로 $x=1$에서도 연속입니다.

즉, $\lim\limits_{x\to1}f(x)=f(1)$입니다.

또한 $x\to1$일 때, (분모)$\to0$이고 극한값이 존재하므로 (분자)$\to0$이어야 함을 이용하여 미정계수를 정하도록 합니다.

상세 풀이 (1) 함수 $f(x)$가 모든 실수에 대하여 연속이므로 $\lim\limits_{x\to1}f(x)=f(1)$입니다. 즉,

$$\lim\limits_{x\to1}\dfrac{x^2+ax+b}{x-1}=5 \qquad \cdots\cdots ㉠$$

㉠에서 $x\to1$일 때, (분모)$\to0$이고 극한값이 존재하므로 (분자)$\to0$이어야 합니다.

즉, $\lim\limits_{x\to1}(x^2+ax+b)=1+a+b=0$

$$\therefore b=-a-1$$

$b=-a-1$을 ㉠에 대입하면

$$\lim\limits_{x\to1}\dfrac{x^2+ax+b}{x-1}$$
$$=\lim\limits_{x\to1}\dfrac{x^2+ax-a-1}{x-1}$$
$$=\lim\limits_{x\to1}\dfrac{(x-1)(x+a+1)}{x-1}$$
$$=\lim\limits_{x\to1}(x+a+1)$$
$$=2+a=5$$

따라서 $a=3$, $b=-4$이므로

$$ab=-12$$

(2) 함수 $f(x)$가 구간 $(-\infty,\infty)$에서 연속이므로 $\lim\limits_{x\to1}f(x)=f(1)$입니다. 즉,

$$\lim\limits_{x\to1}\dfrac{\sqrt{x^2+a}-b}{x-1}=\dfrac{1}{2} \qquad \cdots\cdots ㉠$$

㉠에서 $x\to1$일 때, (분모)$\to0$이고 극한값이 존재하므로 (분자)$\to0$이어야 합니다.

즉, $\lim\limits_{x\to1}(\sqrt{x^2+a}-b)=\sqrt{1+a}-b=0$

$$\therefore b=\sqrt{1+a}$$

$b=\sqrt{1+a}$를 ㉠에 대입하면

$$\lim\limits_{x\to1}\dfrac{\sqrt{x^2+a}-b}{x-1}$$
$$=\lim\limits_{x\to1}\dfrac{\sqrt{x^2+a}-\sqrt{1+a}}{x-1}$$
$$=\lim\limits_{x\to1}\dfrac{(x^2+a)-(1+a)}{(x-1)(\sqrt{x^2+a}+\sqrt{1+a})}$$
$$=\lim\limits_{x\to1}\dfrac{(x+1)(x-1)}{(x-1)(\sqrt{x^2+a}+\sqrt{1+a})}$$
$$=\lim\limits_{x\to1}\dfrac{x+1}{\sqrt{x^2+a}+\sqrt{1+a}}$$

$$= \frac{2}{2\sqrt{1+a}} = \frac{1}{\sqrt{1+a}}$$

$\dfrac{1}{\sqrt{1+a}} = \dfrac{1}{2}$ 에서 $\sqrt{1+a} = 2$

따라서 $a=3$, $b=2$ 이므로
$$10a+b = 10 \times 3 + 2 = 32$$

[보충 설명] 함수 $f(x)$ 가 $x=a$ 에서 연속이려면 다음
세 조건을 만족시켜야 합니다.
(ⅰ) 함숫값 $f(a)$ 가 존재합니다.
(ⅱ) 극한값 $\lim\limits_{x \to a} f(x)$ 가 존재합니다.
(ⅲ) $\lim\limits_{x \to a} f(x) = f(a)$

정답 (1) -12 (2) 32

02-3

[접근 방법] $x \neq 4$ 일 때, $f(x) = \dfrac{1}{x-4}\left(\dfrac{1}{2} - \dfrac{1}{x-2}\right)$ 이
고, 함수 $f(x)$ 가 $x \neq 2$ 인 모든 실수에서 연속이므로
$x=4$ 에서도 연속임을 이용합니다.

[상세 풀이] $x \neq 4$ 일 때,
$$f(x) = \frac{1}{x-4}\left(\frac{1}{2} - \frac{1}{x-2}\right)$$
이고 함수 $f(x)$ 가 $x \neq 2$ 인 모든 실수에서 연속
이므로 $x=4$ 에서도 연속입니다.
즉, $\lim\limits_{x \to 4} f(x) = f(4)$ 가 성립하므로
$$\lim_{x \to 4} f(x) = \lim_{x \to 4} \frac{1}{x-4}\left(\frac{1}{2} - \frac{1}{x-2}\right)$$
$$= \lim_{x \to 4}\left\{\frac{1}{x-4} \times \frac{x-4}{2(x-2)}\right\}$$
$$= \lim_{x \to 4} \frac{1}{2(x-2)} = \frac{1}{4}$$
$$\therefore f(4) = \frac{1}{4}$$

[보충 설명] 유리식으로 주어진 함수가 모든 실수에서
연속이려면 분모가 0 이 되는 x 의 값에서도 연속이
어야 합니다. 즉, 분모가 0 이 되는 x 의 값에서의 함
숫값과 극한값이 같아야 합니다.

정답 $\dfrac{1}{4}$

02-4

[접근 방법] (1) $x \neq 1$ 일 때, $f(x) = \dfrac{x^3 - a^3}{x-1}$ 이고 함수
$f(x)$ 가 실수 전체에서 연속이므로 분모가 0 이 되
는 $x=1$ 에서도 연속임을 이용합니다.

(2) $x \neq 0$, $x \neq 1$ 일 때, $f(x) = \dfrac{x^3 - ax + b}{x(x-1)}$ 이고 함수
$f(x)$ 가 실수 전체에서 연속이므로 분모가 0 이 되
는 $x=0$, $x=1$ 에서도 연속임을 이용합니다.

[상세 풀이] (1) $x \neq 1$ 일 때, $f(x) = \dfrac{x^3 - a^3}{x-1}$ 이고 함
수 $f(x)$ 가 실수 전체에서 연속이므로 $x=1$ 에
서도 연속입니다.
$$\therefore \lim_{x \to 1} \frac{x^3 - a^3}{x-1} = f(1) \qquad \cdots\cdots \text{㉠}$$
㉠에서 $x \to 1$ 일 때, (분모)$\to 0$ 이고 극한값이
존재하므로 (분자)$\to 0$ 이어야 합니다.
즉, $\lim\limits_{x \to 1}(x^3 - a^3) = 1 - a^3 = 0$ $\quad \therefore a=1$
$a=1$ 을 ㉠에 대입하면
$$\lim_{x \to 1} \frac{x^3 - a^3}{x-1}$$
$$= \lim_{x \to 1} \frac{x^3 - 1}{x-1}$$
$$= \lim_{x \to 1} \frac{(x-1)(x^2 + x + 1)}{x-1}$$
$$= \lim_{x \to 1}(x^2 + x + 1)$$
$$= 3$$
$$\therefore f(a) = f(1) = 3$$

(2) $x \neq 0$, $x \neq 1$ 일 때, $f(x) = \dfrac{x^3 - ax + b}{x(x-1)}$ 이고
함수 $f(x)$ 가 실수 전체에서 연속이므로
$x=0$, $x=1$ 에서도 연속입니다.
$$\therefore \lim_{x \to 0} \frac{x^3 - ax + b}{x(x-1)} = f(0) \qquad \cdots\cdots \text{㉠}$$
$$\lim_{x \to 1} \frac{x^3 - ax + b}{x(x-1)} = f(1) \qquad \cdots\cdots \text{㉡}$$
㉠에서 $x \to 0$ 일 때, (분모)$\to 0$ 이고 극한값이
존재하므로 (분자)$\to 0$ 이어야 합니다.
즉, $\lim\limits_{x \to 0}(x^3 - ax + b) = b = 0$

$\therefore b=0$ ...... ㉢

또한 ㉡에서 $x \to 1$일 때, (분모)$\to 0$이고 극한

값이 존재하므로 (분자)$\to 0$이어야 합니다.

즉, $\lim_{x \to 1}(x^3-ax+b)=1-a+b=0$

$\therefore a=b+1$ $\therefore a=1$ ...... ㉣

㉢, ㉣을 주어진 식에 대입하면

$$f(x)=\frac{x^3-ax+b}{x(x-1)}=\frac{x^3-x}{x(x-1)}$$

$$\therefore f(0)=\lim_{x \to 0}\frac{x^3-x}{x(x-1)}$$

$$=\lim_{x \to 0}\frac{x(x+1)(x-1)}{x(x-1)}$$

$$=\lim_{x \to 0}(x+1)=1$$

$$f(1)=\lim_{x \to 1}\frac{x^3-x}{x(x-1)}$$

$$=\lim_{x \to 1}\frac{x(x+1)(x-1)}{x(x-1)}$$

$$=\lim_{x \to 1}(x+1)=2$$

따라서 $f(0)=1, f(1)=2$이므로

$$f(0)+f(1)=1+2=3$$

보충 설명 결과적으로 (1)에서는 $f(x)=x^2+x+1$이

고 (2)에서는 $f(x)=x+1$임을 알 수 있습니다. 주어

진 등식만으로는 함수 $f(x)$가 무엇인지 구체적으로

알 수 없으나 연속이라는 조건을 이용하면 $f(x)$를

찾을 수 있습니다.

정답 (1) 3 (2) 3

02-5

접근 방법 함수 $f(x)$가 $x=n$에서 연속이면

$\lim_{x \to n}f(x)=f(n)$이 성립합니다. 함수 $f(x)$가 가우

스 기호를 포함하고 있음에 주의하여 $\lim_{x \to n}f(x)$의 값

과 $f(n)$의 값을 각각 구해야 합니다.

상세 풀이 함수 $f(x)$가 $x=n$에서 연속이므로

$\lim_{x \to n+}f(x)=\lim_{x \to n-}f(x)=f(n)$이 성립합니다.

$f(n)=\frac{[n]^2+n}{[n]}=n+1$ ($\because n$은 자연수)이고

$$\lim_{x \to n+}f(x)=\lim_{x \to n+}\frac{[x]^2+x}{[x]}$$

$$=\frac{n^2+n}{n}=n+1$$

$$\lim_{x \to n-}f(x)=\lim_{x \to n-}\frac{[x]^2+x}{[x]}$$

$$=\frac{(n-1)^2+n}{n-1}=\frac{n^2-n+1}{n-1}$$

이므로 $n+1=\frac{n^2-n+1}{n-1}$

$$n^2-1=n^2-n+1$$

$$\therefore n=2$$

보충 설명 가우스 기호를 포함한 함수는 x의 값이 정

수일 때 불연속점을 가지므로 가우스 기호 안의 식의

값이 정수가 되는 x의 값에서의 우극한, 좌극한에 주

의해야 합니다.

정답 ②

02-6

접근 방법 가우스 기호를 포함한 함수는 가우스 기호

안의 식의 값이 정수가 되는 값에서의 연속성을 조사

합니다.

상세 풀이 (1) $f_1(x)=x-1$, $f_2(x)=[x]$라고 하

면 두 함수 $f_1(x)$, $f_2(x)$가 모두 열린구간

$(-1, 0)$, $(0, 1)$에서 연속이므로 $x=0$에서

의 연속성만 조사하면 됩니다.

$$\lim_{x \to 0+}f(x)=\lim_{x \to 0+}f_1(x)f_2(x)$$

$$=-1 \times 0=0$$

$$\lim_{x \to 0-}f(x)=\lim_{x \to 0-}f_1(x)f_2(x)$$

$$=-1 \times (-1)=1$$

즉, $\lim_{x \to 0+}f(x) \neq \lim_{x \to 0-}f(x)$에서 $\lim_{x \to 0}f(x)$의

값이 존재하지 않으므로 함수 $f(x)$는 $x=0$에

서 불연속입니다.

따라서 함수 $f(x)$는 열린구간 $(-1, 1)$에서

불연속입니다.

(2) $g_1(x)=x$, $g_2(x)=[x-1]$이라고 하면 두 함

수 $g_1(x)$, $g_2(x)$가 모두 열린구간 $(-1, 0)$, $(0, 1)$에서 연속이므로 $x=0$에서의 연속성만 조사하면 됩니다.

$g(0)=0$이고

$$\lim_{x\to 0+} g(x) = \lim_{x\to 0+} g_1(x)g_2(x)$$
$$= 0 \times (-1) = 0$$
$$\lim_{x\to 0-} g(x) = \lim_{x\to 0-} g_1(x)g_2(x)$$
$$= 0 \times (-2) = 0$$
$$\therefore \lim_{x\to 0} g(x) = 0$$

즉, $\lim_{x\to 0} g(x) = g(0)$이므로 함수 $g(x)$는 $x=0$에서 연속입니다.

따라서 함수 $g(x)$는 열린구간 $(-1, 1)$에서 연속입니다.

보충 설명 (1) $f_2(x)=[x]$에서

$-1 \le x < 0$일 때, $f_2(x) = -1$

$0 \le x < 1$일 때, $f_2(x) = 0$

이므로 $\lim_{x\to 0+} f_2(x) = 0$, $\lim_{x\to 0-} f_2(x) = -1$

(2) $g_2(x) = [x-1]$에서

$-1 \le x < 0$일 때, $g_2(x) = -2$

$0 \le x < 1$일 때, $g_2(x) = -1$

이므로 $\lim_{x\to 0+} g_2(x) = -1$, $\lim_{x\to 0-} g_2(x) = -2$

정답 (1) 불연속 (2) 연속

02-7

접근 방법 함수 $f(x)g(x)$가 $x=1$에서 연속이려면 $\lim_{x\to 1} f(x)g(x) = f(1)g(1)$이 성립해야 합니다.

이때, 함수 $f(x)$가 $x=1$에서 불연속임에 주의합니다.

상세 풀이 함수 $f(x)g(x)$가 $x=1$에서 연속이려면 $\lim_{x\to 1} f(x)g(x) = f(1)g(1)$이 성립해야 합니다.

$$\lim_{x\to 1+} f(x)g(x)$$
$$= \lim_{x\to 1+}(x+3) \times \lim_{x\to 1+}(x+k)$$
$$= 4(1+k)$$

$$\lim_{x\to 1-} f(x)g(x)$$
$$= \lim_{x\to 1-}(-x+2) \times \lim_{x\to 1-}(x+k)$$
$$= 1+k$$

$\lim_{x\to 1+} f(x)g(x) = \lim_{x\to 1-} f(x)g(x)$이어야 하므로

$$4(1+k) = 1+k \qquad \therefore k = -1$$

이때, $k=-1$이면

$\lim_{x\to 1} f(x)g(x) = 0$이고 $f(1)g(1) = 0$이므로

$$\lim_{x\to 1} f(x)g(x) = f(1)g(1)$$

따라서 함수 $f(x)g(x)$는 $k=-1$일 때 $x=1$에서 연속입니다.

보충 설명 위의 문제에서와 같이 두 함수 $f(x)$, $g(x)$ 중 한 함수가 $x=a$에서 불연속이더라도 함수 $f(x)g(x)$가 $x=a$에서 연속인 경우가 있음에 주의합니다.

정답 -1

02-8

접근 방법 (1)에서는 $\lim_{x\to 1} f(g(x)) = f(g(1))$이 성립하는지 확인하고 (2)에서는 $\lim_{x\to -1} f(x)g(x) = f(-1)g(-1)$이 성립하는지 확인합니다.

이때, 두 함수 $f(x)$, $g(x)$ 모두 $x=1$, $x=-1$에서 불연속이라는 것에 주의합니다.

상세 풀이 (1) 함수 $(f \circ g)(x)$에 대하여

$g(x) = t$로 놓으면

$x \to 1+$일 때 $t=0$이므로

$$\lim_{x\to 1+} f(g(x)) = f(0) = 1$$

$x \to 1-$일 때 $t \to -1+$이므로

$$\lim_{x\to 1-} f(g(x)) = \lim_{t\to -1+} f(t) = 1$$
$$\therefore \lim_{x\to 1} f(g(x)) = 1$$

이때, $f(g(1)) = f(-1) = 1$이므로

$$\lim_{x\to 1} f(g(x)) = f(g(1))$$

따라서 함수 $y = (f \circ g)(x)$는 $x=1$에서 연속입니다.

(2) 함수 $f(x)g(x)$에 대하여

$\lim\limits_{x \to -1+} f(x)=1$이고 $\lim\limits_{x \to -1+} g(x)=1$이므로

$$\lim\limits_{x \to -1+} f(x)g(x)=1 \times 1=1$$

$\lim\limits_{x \to -1-} f(x)=0$이고 $\lim\limits_{x \to -1-} g(x)=0$이므로

$$\lim\limits_{x \to -1-} f(x)g(x)=0 \times 0=0$$

즉, $\lim\limits_{x \to -1+} f(x)g(x) \neq \lim\limits_{x \to -1-} f(x)g(x)$이므로

$\lim\limits_{x \to -1} f(x)g(x)$의 값이 존재하지 않습니다.

따라서 함수 $f(x)g(x)$는 $x=-1$에서 불연속
입니다.

보충 설명 (1)에서와 같이 두 함수 $f(x)$, $g(x)$가
$x=1$에서 모두 불연속이어도 함수 $(f \circ g)(x)$가
$x=1$에서 연속인 경우가 있으므로 반드시 합성함수
$(f \circ g)(x)$에서 $x=1$에서의 연속성을 조사해야 합
니다.

정답 (1) 연속 (2) 불연속

02-9

접근 방법 원 $x^2+y^2=r^2 \ (r>0)$에 접하고 기울기가
m인 접선의 방정식은

$$y=mx \pm r\sqrt{m^2+1}$$

입니다.

상세 풀이 원 $x^2+y^2=2$에 접하는 기울기가 1인
접선의 방정식은

$$y=x \pm \sqrt{2} \times \sqrt{1^2+1} \qquad \therefore y=x \pm 2$$

그러므로 함수 $f(t)$는

$$f(t)=\begin{cases} 0 & (t<-2 \ \text{또는} \ t>2) \\ 1 & (t=-2 \ \text{또는} \ t=2) \\ 2 & (-2<t<2) \end{cases}$$

이때, 함수 $f(t)$는 $x=-2$, $x=2$를 제외한 실수
전체의 집합에서 연속입니다.

또한 함수 $g(x)$는 실수 전체의 집합에서 연속입
니다.

그러므로 함수 $f(x)g(x)$는 $x=-2$, $x=2$에서
도 연속이면 실수 전체의 집합에서 연속입니다.

$g(x)=2x^2+ax+b$라고 하면

(i) $x=-2$일 때

$$\lim\limits_{x \to -2-} f(x)g(x)=\lim\limits_{x \to -2-} f(x) \times \lim\limits_{x \to -2-} g(x)$$
$$=0 \times (8-2a+b)=0$$
$$\lim\limits_{x \to -2+} f(x)g(x)=\lim\limits_{x \to -2+} f(x) \times \lim\limits_{x \to -2+} g(x)$$
$$=2 \times (8-2a+b)$$
$$=2(8-2a+b)$$
$$f(-2)g(-2)=1 \times (8-2a+b)$$
$$=8-2a+b$$

이 세 값이 같아야 하므로

$$8-2a+b=0$$

(ii) $x=2$일 때

$$\lim\limits_{x \to 2-} f(x)g(x)=\lim\limits_{x \to 2-} f(x) \times \lim\limits_{x \to 2-} g(x)$$
$$=2 \times (8+2a+b)$$
$$=2(8+2a+b)$$
$$\lim\limits_{x \to 2+} f(x)g(x)=\lim\limits_{x \to 2+} f(x) \times \lim\limits_{x \to 2+} g(x)$$
$$=0 \times (8+2a+b)=0$$
$$f(2)g(2)=1 \times (8+2a+b)=8+2a+b$$

이 세 값이 같아야 하므로

$$8+2a+b=0$$

(i), (ii)에서 $a=0$, $b=-8$이므로 $g(x)=2x^2-8$

$$\therefore g(3)=2 \times 3^2-8=18-8=10$$

정답 10

02-10

접근 방법 이차함수 $f(x)$는 실수 전체에서 연속이므
로 사잇값의 정리에 의하여 $f(k)$와 $f(k+1)$의 값의
부호가 다를 때를 찾아 실수 a의 값의 범위를 찾도록
합니다.

상세 풀이 함수

$$f(x)=(x-1)(x-2)+(x-2)(x-3) \\ +(x-1)(x-3)$$

은 실수 전체에서 연속이고

$$f(1)=(1-2)(1-3)=2>0$$
$$f(2)=(2-1)(2-3)=-1<0$$
$$f(3)=(3-1)(3-2)=2>0$$

이므로 $f(1)f(2)<0$, $f(2)f(3)<0$

즉, 사잇값의 정리에 의하여 $f(\alpha)=0$인 α가 열린구간 $(1, 2)$, $(2, 3)$에서 각각 적어도 하나 존재하므로 방정식 $f(x)=0$은 열린구간 $(1, 2)$, $(2, 3)$에서 각각 적어도 하나의 실근을 가집니다.

따라서 $k=1$ 또는 $k=2$이므로 모든 정수 k의 값의 합은

$$1+2=3$$

보충 설명 사잇값의 정리를 이용하여 방정식의 실근의 존재를 판정할 때, 다음에 주의하여야 합니다.

함수 $f(x)$가 닫힌구간 $[a, b]$에서 연속이고, $f(a)f(b)\geq0$이어도 오른쪽 그림에서와 같이 방정식 $f(x)=0$의 실근이 열린구간 (a, b)에 존재할 수 있기 때문입니다.

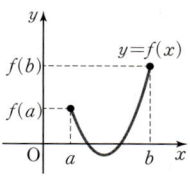

정답 3

실력 다지기   p.88~89

02-11 15   **12** 3   **13** 7   **14** 9   **15** ㄱ, ㄴ   **16** 5   **17** 3   **18** ㄱ   **19** ㄱ, ㄷ

02-**11**

접근 방법 01 함수의 극한에서 공부한 내용을 이용하여 $\lim\limits_{x\to\infty}g(x)=2$를 만족시키는 다항함수 $f(x)$를 구하고, 함수 $g(x)$가 모든 실수에 대하여 연속이므로 $x=1$에서도 연속입니다. 즉, $\lim\limits_{x\to1}g(x)=g(1)$이 성립합니다.

상세 풀이 $\lim\limits_{x\to\infty}g(x)=\lim\limits_{x\to\infty}\dfrac{f(x)-x^2}{x-1}=2$이므로

다항함수 $f(x)=x^2+2x+a$ (a는 상수)로 놓을 수 있습니다.

이때, 함수 $g(x)$가 모든 실수에서 연속이므로 $x=1$에서도 연속입니다.

$$\therefore \lim_{x\to1}g(x)=\lim_{x\to1}\frac{2x+a}{x-1}=k$$

$x\to1$일 때, (분모)$\to0$이고 극한값이 존재하므로 (분자)$\to0$이어야 합니다.

즉, $\lim\limits_{x\to1}(2x+a)=2+a=0$

$$\therefore a=-2$$

$a=-2$를 $f(x)=x^2+2x+a$에 대입하면 $f(x)=x^2+2x-2$에서

$$f(3)=3^2+2\times3-2=13$$

또한 $\lim\limits_{x\to1}g(x)=\lim\limits_{x\to1}\dfrac{2x-2}{x-1}=2$에서

$$k=2$$

$$\therefore k+f(3)=2+13=15$$

보충 설명 다항함수 $f(x)$의 식을 세울 때,

$\lim\limits_{x\to\infty}\dfrac{f(x)-x^2}{x-1}=2$에서 극한값이 0이 아닌 상수이므로 분모, 분자는 차수가 같은 다항식이고, 극한값은 분모, 분자의 최고차항의 계수의 비임을 이용하였습니다.

정답 15

02- 12

접근 방법 함수 $f(x)$의 그래프를 그린 후 t의 범위에 따른 $g(t)$의 값을 구합니다.

상세 풀이 $f(x)=\begin{cases} -1 & (x<-1) \\ -2 & (x=-1) \\ -1 & (-1<x<1) \\ 2 & (x=1) \\ 1 & (x>1) \end{cases}$ 이므로

함수 $f(x)$의 그래프는 다음 그림과 같습니다.

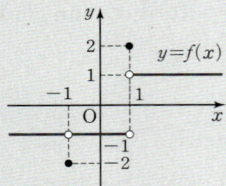

함수 $f(x)$의 그래프에서

(i) $t\leq-2$인 실수 t에 대하여 열린구간 $(t-1,\ t+1)$에서 함수 $f(x)$가 불연속인 실수 x는 존재하지 않으므로 $g(t)=0$

(ii) $-2<t<0$인 실수 t에 대하여 열린구간 $(t-1,\ t+1)$에서 함수 $f(x)$가 불연속인 실수 x의 개수는 1이므로 $g(t)=1$

(iii) $t=0$일 때 열린구간 $(t-1,\ t+1)$에서 함수 $f(x)$가 불연속인 실수 x의 개수는 0이므로 $g(t)=0$

(iv) $0<t<2$인 실수 t에 대하여 열린구간 $(t-1,\ t+1)$에서 함수 $f(x)$가 불연속인 실수 x의 개수는 1이므로 $g(t)=1$

(v) $t\geq2$인 실수 t에 대하여 열린구간 $(t-1,\ t+1)$에서 함수 $f(x)$가 불연속인 실수 x는 존재하지 않으므로 $g(t)=0$

즉, 함수 $y=g(t)$의 그래프는 다음 그림과 같습니다.

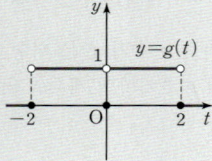

따라서 함수 $g(t)$의 그래프에서 불연속인 실수 t의 개수는 3입니다.

정답 3

02- 13

접근 방법 함수 $f(x)$가 $x=a$에서 연속일 때와 불연속일 때를 나누어 계산합니다.

상세 풀이 (i) 함수 $f(x)$가 $x=a$에서 연속일 때
$$\lim_{x\to a+}f(x)=\lim_{x\to a+}(x+2)=a+2$$
$$\lim_{x\to a-}f(x)=\lim_{x\to a-}(x^2-2x)=a^2-2a$$
이므로
$$a+2=a^2-2a,\ a^2-3a-2=0$$
$$\therefore a=\frac{3-\sqrt{17}}{2}\ \text{또는}\ a=\frac{3+\sqrt{17}}{2}$$

실수 a의 값의 합은 3입니다.

(ii) 함수 $f(x)$가 $x=a$에서 불연속일 때
$f(x)g(x)$가 실수 전체의 집합에서 연속이려면 $g(a)=0$이어야 합니다.
$$g(a)=a+a-8=2a-8=0$$
$$\therefore a=4$$

(i), (ii)에 의하여 모든 실수 a의 값의 합은
$$3+4=7$$

정답 7

02- 14

접근 방법 t의 값에 따라 원과 주어진 마름모의 교점의 개수를 구합니다.

상세 풀이 방정식 $|x-2|+|y|=4$의 그래프는 다음 그림과 같이 마름모꼴입니다.

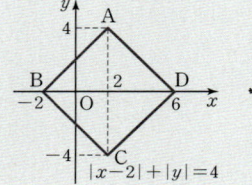

이 마름모의 네 꼭짓점을 각각 A, B, C, D라고
하면 원점 O와 직선 AB, 즉 $x-y+2=0$ 사이
의 거리는 $\sqrt{2}$, 원점 O와 직선 AD, 즉
$x+y-6=0$ 사이의 거리는 $3\sqrt{2}$입니다.
이때, 두 점 O, B 사이의 거리는 2이고, 두 점 O,
C 사이의 거리는 $2\sqrt{5}$이므로 t의 값에 따른 원과
마름모의 교점의 개수는 다음과 같습니다.

(i) $0<t<\sqrt{2}$이면 $f(t)=0$

(ii) $t=\sqrt{2}$이면 $f(t)=2$

(iii) $\sqrt{2}<t<2$이면 $f(t)=4$

(iv) $t=2$이면 $f(t)=3$

(v) $2<t<3\sqrt{2}$이면 $f(t)=2$

(vi) $t=3\sqrt{2}$이면 $f(t)=4$

(vii) $3\sqrt{2}<t<2\sqrt{5}$이면 $f(t)=6$

(viii) $t=2\sqrt{5}$이면 $f(t)=4$

(ix) $2\sqrt{5}<t<6$이면 $f(t)=2$

(x) $t=6$이면 $f(t)=1$

(xi) $t>6$이면 $f(t)=0$

따라서 $f(t)$는 $t=\sqrt{2},\ 2,\ 3\sqrt{2},\ 2\sqrt{5},\ 6$에서 불연
속이므로 $m=5$이고,
$$f(a_{m-1})=f(a_4)=f(2\sqrt{5})=4$$
$$\therefore m+f(a_{m-1})=5+4=9$$

정답 9

02-15

접근 방법 함수 $y=\begin{cases} f(x) & (x<a) \\ g(x) & (x\geq a) \end{cases}$ 가 모든 실수에

서 연속이 되도록 하는 실수 a의 개수는 두 함수
$y=f(x),\ y=g(x)$의 그래프의 교점의 개수로 파악
합니다.

상세 풀이 $I(x)=\begin{cases} f(x) & (x<a) \\ g(x) & (x\geq a) \end{cases}$ 라고 하면 함수

$f(x),\ g(x)$가 다항함수이므로 함수 $I(x)$는 $x\neq a$
인 모든 실수에서 연속입니다.

이때, 함수 $I(x)$는 $x=a$에서도 연속이어야 하
므로
$$\lim_{x\to a-} f(x)=g(a)$$
이때, $\lim_{x\to a-} f(x)=f(a)$이므로
$$f(a)=g(a)$$
따라서 함수 $I(x)$가 $x=a$에서 연속이려면 실수
a가 방정식 $f(x)=g(x)$의 실근이어야 합니다.

ㄱ. $f(x)=x^2,\ g(x)=x$에 대하여 방정식 $x^2=x$
  의 실근의 개수는 2이므로
  $$N(f,g)=2\ (참)$$

ㄴ. $N(f,g)=n$이라고 하면 n은 방정식
  $f(x)=g(x)$의 실근의 개수입니다.
  또한 $N(g,f)=m$이라고 하면 m은 방정식
  $g(x)=f(x)$의 실근의 개수입니다.
  $$\therefore m=n\ (참)$$

ㄷ. [반례] $f(x)=x^2,\ g(x)=-1$일 때
  $$N(f,g)=0$$
  이때, $(h\circ f)(x)=(h\circ g)(x)$, 즉
  $\{f(x)\}^2=\{g(x)\}^2$에서 방정식 $x^4=(-1)^2$의
  실근은 $x=\pm1$이므로
  $$N(h\circ f,h\circ g)=2$$
  $$\therefore N(f,g)\neq N(h\circ f,h\circ g)\ (거짓)$$

따라서 옳은 것은 ㄱ, ㄴ입니다.

보충 설명 이 문제는 두 함수 $f(x),\ g(x)$에 대하여
$N(f,g)$의 값을 구하여 참, 거짓을 판단하는 것이
핵심이므로 $N(f,g)$가 뜻하는 것이 무엇인지 파악
하는 것이 중요합니다.

정답 ㄱ, ㄴ

02-16

접근 방법 두 함수 $y=f(x),\ y=g(x)$의 그래프를 그
린 후 함수 $y=(g\circ f)(x)$의 그래프를 그려 불연속
점의 개수를 구해 봅니다.

상세 풀이 두 함수 $y=f(x)$, $y=g(x)$의 그래프를 그리면 다음 그림과 같습니다.

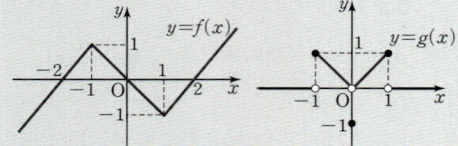

이때, 함수 $y=f(x)$의 그래프는 원점에 대하여 대칭이고, 함수 $y=g(x)$의 그래프는 y축에 대하여 대칭입니다. 즉, 함수 $y=(g\circ f)(x)$의 그래프는 y축에 대하여 대칭이므로 다음 그림과 같습니다.

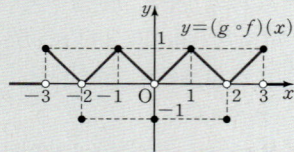

따라서 함수 $y=(g\circ f)(x)$는 $x=-3$, -2, 0, 2, 3에서 불연속이므로 불연속점의 개수는 5입니다.

다른 풀이 함수 $y=(g\circ f)(x)$의 그래프를 그리지 않고 불연속점의 개수를 구할 때에는 함수 $f(x)$가 실수 전체에서 연속임을 판단한 후, 함수 $g(x)$가 불연속이 되는 점을 기준으로 생각합니다.

여기서 함수 $g(x)$가 불연속이 되는 x의 값은 $x=-1$, 0, 1이므로 다음과 같이 나눌 수 있습니다.

(i) $f(x)=-1$을 만족시키는 x의 값은 $x=-3$, 1이므로 각 점에서 함수 $(g\circ f)(x)$의 연속성을 조사하면

$x=-3$일 때, $\lim\limits_{x\to-3} g(f(x))$의 값이 존재하지 않으므로 불연속입니다.

$x=1$일 때, $f(x)=t$로 놓으면

$x\to1+$일 때 $t\to-1+$이고

$x\to1-$일 때 $t\to-1+$이므로

$$\lim_{x\to1} g(f(x))=\lim_{t\to-1+} g(t)=1$$

이때, $g(f(1))=1$이므로 연속입니다.

(ii) $f(x)=0$을 만족시키는 x의 값은 $x=-2$, 0, 2이

므로 각 점에서 함수 $(g\circ f)(x)$의 연속성을 조사하면

$x=-2$일 때

$$\lim_{x\to-2} g(f(x))=0\neq g(f(-2))=-1$$

이므로 불연속입니다.

$x=0$일 때

$$\lim_{x\to0} g(f(x))=0\neq g(f(0))=-1$$

이므로 불연속입니다.

$x=2$일 때

$$\lim_{x\to2} g(f(x))=0\neq g(f(2))=-1$$

이므로 불연속입니다.

(iii) $f(x)=1$을 만족시키는 x의 값은 $x=-1$, 3이므로 각 점에서 함수 $(g\circ f)(x)$의 연속성을 조사하면

$x=-1$일 때, $f(x)=t$로 놓으면

$x\to-1+$일 때 $t\to1-$이고

$x\to-1-$일 때 $t\to1-$이므로

$$\lim_{x\to-1} g(f(x))=\lim_{t\to1-} g(t)=1$$

이때, $g(f(-1))=1$이므로 연속입니다.

$x=3$일 때, $\lim\limits_{x\to3} g(f(x))$의 값이 존재하지 않으므로 불연속입니다.

(i)~(iii)에서 함수 $y=(g\circ f)(x)$는 $x=-3$, -2, 0, 2, 3에서 불연속이므로 불연속점의 개수는 5입니다.

정답 5

02-17

접근 방법 $f(x)-x=0$에서 $F(x)=f(x)-x$라 하고 열린구간 $(0,1)$에서 $F(x)$의 부호가 몇 번 바뀌는지 확인한 후 사잇값의 정리를 이용합니다.

상세 풀이 $F(x)=f(x)-x$라고 하면 $f(x)$와 x가 연속함수이므로 $F(x)$도 연속함수입니다.

이때,

$$F(0)=f(0)-0=1-0=1>0$$
$$F\left(\frac{1}{4}\right)=f\left(\frac{1}{4}\right)-\frac{1}{4}=\frac{1}{2}-\frac{1}{4}=\frac{1}{4}>0$$

$$F\left(\frac{1}{2}\right)=f\left(\frac{1}{2}\right)-\frac{1}{2}=\frac{1}{3}-\frac{1}{2}=-\frac{1}{6}<0$$

$$F\left(\frac{3}{4}\right)=f\left(\frac{3}{4}\right)-\frac{3}{4}=\frac{3}{2}-\frac{3}{4}=\frac{3}{4}>0$$

$$F(1)=f(1)-1=0-1=-1<0$$

즉, $F\left(\frac{1}{4}\right)F\left(\frac{1}{2}\right)<0$, $F\left(\frac{1}{2}\right)F\left(\frac{3}{4}\right)<0$,

$F\left(\frac{3}{4}\right)F(1)<0$이므로 방정식 $F(x)=0$, 즉

$f(x)-x=0$은 열린구간 $\left(\frac{1}{4},\frac{1}{2}\right)$, $\left(\frac{1}{2},\frac{3}{4}\right)$, $\left(\frac{3}{4},1\right)$

에서 각각 적어도 하나의 실근을 가집니다.
따라서 열린구간 $(0,1)$에서는 적어도 3개의 실근을 가지므로 $m=3$

보충 설명 $f(x)-x=0$에서 $f(x)=x$이므로 함수 $y=f(x)$의 그래프와 직선 $y=x$의 교점의 개수가 실근의 개수입니다. 다음 그림과 같이 $f(0)$, $f\left(\frac{1}{4}\right)$, $f\left(\frac{1}{2}\right)$, $f\left(\frac{3}{4}\right)$, $f(1)$의 값을 각각 좌표평면 위에 나타내고, 이를 적당히 연결하여 곡선 $y=f(x)$를 그리면 직선 $y=x$와 적어도 3개의 교점을 가지는 것을 알 수 있습니다.

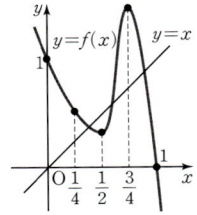

정답 3

02-18

접근 방법 함수 $f(x)$가 $x=0$에서 연속이면 $\lim\limits_{x\to0}f(x)=f(0)$이 성립함을 이용합니다. 이때, 일반적으로 항상 성립하는지 알 수 없을 때에는 반례를 찾아 거짓임을 판단하도록 합니다.

상세 풀이 ㄱ. 함수 $f(x)$가 $x=0$에서 연속이므로

$$\lim_{x\to0}f(x)=f(0)$$

$f(x)=t$로 놓으면

$x\to0$일 때 $t\to f(0)$이므로

$$\lim_{x\to0}|f(x)|=\lim_{t\to f(0)}|t|$$
$$=|f(0)|$$
$$\therefore \lim_{x\to0}|f(x)|=|f(0)|$$

따라서 함수 $|f(x)|$도 $x=0$에서 연속입니다.

(참)

ㄴ. [반례] $f(x)=\begin{cases}1 & (x\geq1)\\x+1 & (x<1)\end{cases}$ 일 때

함수 $f(x)$는 $x=0$에서 연속이지만

$$(f\circ f)(x)=f(f(x))=\begin{cases}1 & (x\geq0)\\x+2 & (x<0)\end{cases}$$

는 $x=0$에서 불연속입니다. (거짓)

ㄷ. [반례] $f(x)=\begin{cases}\dfrac{1}{x} & (x\neq0)\\0 & (x=0)\end{cases}$ 일 때

$f(x)=t$로 놓으면

$x\to0+$일 때 $t\to\infty$이므로

$$\lim_{x\to0+}f(f(x))=\lim_{t\to\infty}f(t)=0$$

$x\to0-$일 때 $t\to-\infty$이므로

$$\lim_{x\to0-}f(f(x))=\lim_{t\to-\infty}f(t)=0$$

즉, $\lim\limits_{x\to0}f(f(x))=f(f(0))=0$이므로 함수 $(f\circ f)(x)$는 $x=0$에서 연속이지만 함수 $f(x)$는 $x=0$에서 불연속입니다. (거짓)
따라서 옳은 것은 ㄱ입니다.

보충 설명 함수 $f(x)$에 대하여 합성함수 $(f\circ f)(x)$가 연속이려면 함수 $f(x)$가 실수 전체에서 연속함수이어야 합니다.

정답 ㄱ

02-19

접근 방법 ㄱ, ㄴ은 함수 $f(x)$가 $x=a$에서 연속이면 $\lim\limits_{x\to a}f(x)=f(a)$임을 이용하여 $x=\pm1$에서 연속

인지 조사하고, ㄷ은 $g(f(0))$, $g(f(2))$의 부호를 조사한 후 사잇값의 정리를 이용합니다.

상세 풀이 ㄱ. $f(x)=t$로 놓으면

$x \to 1+$일 때 $t \to 0+$이므로

$$\lim_{x \to 1+} g(f(x)) = \lim_{t \to 0+} g(t) = -1$$

$x \to 1-$일 때 $t \to 0+$이므로

$$\lim_{x \to 1-} g(f(x)) = \lim_{t \to 0+} g(t) = -1$$

이때, $g(f(1))=g(0)=-1$

즉, $\lim_{x \to 1} g(f(x))=g(f(1))$이므로

함수 $g(f(x))$는 $x=1$에서 연속입니다. (참)

ㄴ. $f(x)=t$로 놓으면

$x \to -1+$일 때 $t \to 0+$이므로

$$\lim_{x \to -1+} g(f(x)) = \lim_{t \to 0+} g(t) = -1$$

$x \to -1-$일 때 $t \to 0-$이므로

$$\lim_{x \to -1-} g(f(x)) = \lim_{t \to 0-} g(t) = 0$$

에서 $\lim_{x \to -1+} g(f(x)) \neq \lim_{x \to -1-} g(f(x))$이므로 $\lim_{x \to -1} g(f(x))$의 값이 존재하지 않습니다.

즉, 함수 $g(f(x))$는 $x=-1$에서 불연속입니다. (거짓)

ㄷ. 닫힌구간 $[0, 2]$에서 함수 $f(x)$는 연속이고, 치역은 $\{f(x) \mid 0 \leq f(x) \leq 2\}$입니다.

또한 닫힌구간 $[0, 2]$에서 함수 $g(x)$도 연속이므로 닫힌구간 $[0, 2]$에서 함수 $g(f(x))$는 연속입니다.

이때, $g(f(0))=g(1)<0$,

$g(f(2))=g(2)>0$에서

$g(f(0))g(f(2))<0$이므로 사잇값의 정리에 의하여 방정식 $g(f(x))=0$은 열린구간 $(0, 2)$에서 적어도 하나의 실근을 가집니다.

(참)

따라서 옳은 것은 ㄱ, ㄷ입니다.

보충 설명 ㄷ에서 함수 $g(f(x))$가 닫힌구간 $[0, 2]$에서 연속이려면 우선 함수 $f(x)$가 닫힌구간 $[0, 2]$에서 연속이어야 하고, 그 구간에서의 $f(x)$의 함숫값의 범위에서 함수 $g(x)$가 연속이어야 합니다.

정답 ㄱ, ㄷ

예제 01 평균변화율과 미분계수   p.101

01-**1**

(1) $\dfrac{\Delta y}{\Delta x} = \dfrac{f(5)-f(1)}{5-1}$

$\qquad = \dfrac{(5^2+5\times5+3)-(1^2+5\times1+3)}{5-1}$

$\qquad = \dfrac{53-9}{4} = 11$

(2) $f'(c)$

$\quad = \lim\limits_{h\to0} \dfrac{f(c+h)-f(c)}{h}$

$\quad = \lim\limits_{h\to0} \dfrac{\{(c+h)^2+5(c+h)+3\}-(c^2+5c+3)}{h}$

$\quad = \lim\limits_{h\to0}(2c+h+5) = 2c+5$

이것이 (1)의 평균변화율과 같으므로

$\quad 2c+5=11,\ 2c=6$

$\quad \therefore\ c=3$

정답 (1) 11 (2) 3

01-**2**

$x=1$에서의 미분계수는

$f'(1) = \lim\limits_{h\to0} \dfrac{f(1+h)-f(1)}{h}$

$\quad = \lim\limits_{h\to0} \dfrac{\{(1+h)^2+2(1+h)\}-(1^2+2\times1)}{h}$

$\quad = \lim\limits_{h\to0} \dfrac{h^2+4h}{h}$

$\quad = \lim\limits_{h\to0}(h+4) = 4 \qquad \cdots\cdots \text{㉠}$

구간 $[-1, k]$에서의 평균변화율은

$\dfrac{f(k)-f(-1)}{k-(-1)}$

$\quad = \dfrac{(k^2+2k)-\{(-1)^2+2\times(-1)\}}{k+1}$

$\quad = \dfrac{k^2+2k+1}{k+1} = \dfrac{(k+1)^2}{k+1}$

$\quad = k+1 \qquad \cdots\cdots \text{㉡}$

㉠과 ㉡이 같으므로 $4=k+1$

$\quad \therefore\ k=3$

정답 3

01-**3**

x의 값이 1에서 4까지 변할 때의 평균변화율은

$\dfrac{f(4)-f(1)}{4-1} = \dfrac{(4^2+4+1)-(1^2+1+1)}{3}$

$\qquad\qquad = \dfrac{21-3}{3} = 6$

$\therefore\ k=6$

$\lim\limits_{x\to c} \dfrac{f(x)-f(c)}{x-c}$

$\quad = \lim\limits_{x\to c} \dfrac{(x^2+x+1)-(c^2+c+1)}{x-c}$

$\quad = \lim\limits_{x\to c} \dfrac{(x^2-c^2)+(x-c)}{x-c}$

$\quad = \lim\limits_{x\to c} \dfrac{(x-c)(x+c+1)}{x-c}$

$\quad = \lim\limits_{x\to c}(x+c+1)$

$\quad = 2c+1$

$\lim\limits_{x\to c} \dfrac{f(x)-f(c)}{x-c} = k$이므로

$\quad 2c+1=6$

$\quad \therefore\ c = \dfrac{5}{2}$

정답 $\dfrac{5}{2}$

예제 02 평균변화율의 극한과 미분계수(1)   p.103

02-**1**

(1) $\lim\limits_{x\to\sqrt{a}} \dfrac{f(x^2)-f(a)}{x-\sqrt{a}}$

$\quad = \lim\limits_{x\to\sqrt{a}} \left\{ \dfrac{f(x^2)-f(a)}{x-\sqrt{a}} \times \dfrac{x+\sqrt{a}}{x+\sqrt{a}} \right\}$

$\quad = \lim\limits_{x\to\sqrt{a}} \left\{ \dfrac{f(x^2)-f(a)}{x^2-a} \times (x+\sqrt{a}) \right\}$

$\quad = 2\sqrt{a}\,f'(a)$

(2) $\lim\limits_{x\to a} \dfrac{a^2 f(x)-x^2 f(a)}{x-a}$

$\quad = \lim\limits_{x\to a} \dfrac{\{a^2 f(x)-a^2 f(a)\}-(x^2-a^2)f(a)}{x-a}$

$$= \lim_{x \to a} \left\{ a^2 \times \frac{f(x) - f(a)}{x - a} - (x + a)f(a) \right\}$$

$$= a^2 f'(a) - 2af(a)$$

정답 (1) $2\sqrt{a}f'(a)$ (2) $a^2 f'(a) - 2af(a)$

02-2

(1) $\displaystyle \lim_{x \to 1} \frac{f(x)}{x^2 - 1} = \lim_{x \to 1} \frac{f(x)}{(x+1)(x-1)}$

$$= \lim_{x \to 1} \left\{ \frac{f(x) - f(1)}{x - 1} \times \frac{1}{x + 1} \right\}$$

$$= f'(1) \times \frac{1}{2} = 6 \times \frac{1}{2} = 3$$

(2) $\displaystyle \lim_{x \to 1} \frac{f(x^3)}{x - 1} = \lim_{x \to 1} \frac{f(x^3) - f(1)}{x - 1}$

$$= \lim_{x \to 1} \left\{ \frac{f(x^3) - f(1)}{x - 1} \times \frac{x^2 + x + 1}{x^2 + x + 1} \right\}$$

$$= \lim_{x \to 1} \left\{ \frac{f(x^3) - f(1)}{x^3 - 1} \times (x^2 + x + 1) \right\}$$

$$= f'(1) \times 3 = 6 \times 3 = 18$$

(3) $\displaystyle \lim_{x \to 1} \frac{x^3 - 1}{f(x^2)} = \lim_{x \to 1} \frac{x^3 - 1}{f(x^2) - f(1)}$

$$= \lim_{x \to 1} \frac{\dfrac{x^3 - 1}{x^2 - 1}}{\dfrac{f(x^2) - f(1)}{x^2 - 1}}$$

$$= \lim_{x \to 1} \frac{\dfrac{(x-1)(x^2+x+1)}{(x+1)(x-1)}}{\dfrac{f(x^2) - f(1)}{x^2 - 1}}$$

$$= \frac{\dfrac{3}{2}}{f'(1)} = \frac{3}{2 \times 6} = \frac{1}{4}$$

정답 (1) 3 (2) 18 (3) $\dfrac{1}{4}$

02-3

$\displaystyle \lim_{x \to 2} \frac{f(x+1) - 5}{x^2 - 4} = 3$에서 $x \to 2$일 때, (분모)$\to 0$

이므로 (분자)$\to 0$이어야 합니다.

즉, $\displaystyle \lim_{x \to 2} \{ f(x+1) - 5 \} = f(3) - 5 = 0$

$\therefore f(3) = 5$ ...... ㉠

이때, $x + 1 = t$로 놓으면 $x \to 2$일 때 $t \to 3$이므로

$$\lim_{x \to 2} \frac{f(x+1) - 5}{x^2 - 4}$$

$$= \lim_{t \to 3} \frac{f(t) - 5}{(t-1)^2 - 4}$$

$$= \lim_{t \to 3} \frac{f(t) - f(3)}{t^2 - 2t - 3}$$

$$= \lim_{t \to 3} \frac{f(t) - f(3)}{(t+1)(t-3)}$$

$$= \lim_{t \to 3} \left\{ \frac{f(t) - f(3)}{t - 3} \times \frac{1}{t + 1} \right\}$$

$$= \frac{1}{4} f'(3) = 3$$

$\therefore f'(3) = 12$ ...... ㉡

㉠, ㉡에서

$$f(3) + f'(3) = 5 + 12 = 17$$

정답 17

예제 03 평균변화율의 극한과 미분계수(2) p.105

03-1

(1) $\displaystyle \lim_{h \to 0} \frac{f(a + 3h) - f(a - 2h)}{h}$

$$= \lim_{h \to 0} \frac{\{ f(a+3h) - f(a) \} - \{ f(a-2h) - f(a) \}}{h}$$

$$= \lim_{h \to 0} \left\{ \frac{f(a+3h) - f(a)}{h} + \frac{f(a-2h) - f(a)}{-h} \right\}$$

$$= \lim_{h \to 0} \left\{ 3 \times \frac{f(a+3h) - f(a)}{3h} \right.$$

$$\left. + 2 \times \frac{f(a-2h) - f(a)}{-2h} \right\}$$

$$= 3f'(a) + 2f'(a) = 5f'(a)$$

(2) $\displaystyle \lim_{h \to 0} \frac{f(a + m^2 h) - f(a + n^2 h)}{(m - n)h}$

$$= \frac{1}{m - n} \times \lim_{h \to 0} \frac{\{ f(a+m^2 h) - f(a) \} - \{ f(a+n^2 h) - f(a) \}}{h}$$

$$= \frac{1}{m - n} \times \lim_{h \to 0} \left\{ \frac{f(a+m^2 h) - f(a)}{h} - \frac{f(a+n^2 h) - f(a)}{h} \right\}$$

$$= \frac{1}{m - n} \times \lim_{h \to 0} \left\{ m^2 \times \frac{f(a+m^2 h) - f(a)}{m^2 h} \right.$$

$$\left. - n^2 \times \frac{f(a+n^2 h) - f(a)}{n^2 h} \right\}$$

$$= \frac{1}{m-n} \times \{m^2 f'(a) - n^2 f'(a)\}$$

$$= \frac{1}{m-n} \times (m^2 - n^2) f'(a)$$

$$= \frac{(m+n)(m-n)}{m-n} f'(a)$$

$$= (m+n) f'(a)$$

정답 (1) $5f'(a)$ (2) $(m+n)f'(a)$

03-2

$f'(a) = 2$이므로

$$\lim_{h \to 0} \frac{f(a+2h) - f(a) - g(h)}{h}$$

$$= \lim_{h \to 0} \left\{ 2 \times \frac{f(a+2h) - f(a)}{2h} - \frac{g(h)}{h} \right\}$$

$$= 2f'(a) - \lim_{h \to 0} \frac{g(h)}{h}$$

$$= 2 \times 2 - \lim_{h \to 0} \frac{g(h)}{h} = 0$$

$$\therefore \lim_{h \to 0} \frac{g(h)}{h} = 4$$

정답 4

03-3

ㄱ. $\lim_{h \to 0} \dfrac{f(1+h)}{h} = 0$에서 $h \to 0$일 때, (분모)$\to 0$이
므로 (분자)$\to 0$이어야 합니다. 또한 $f(x)$가 연
속함수이므로

$$\lim_{h \to 0} f(1+h) = f(1) = 0$$

이때, $\lim_{h \to 0} \dfrac{f(1+h)}{h} = \lim_{h \to 0} \dfrac{f(1+h) - f(1)}{h} = 0$
이므로 미분계수의 정의에 의하여 $f'(1) = 0$ (참)

ㄴ. [반례] $f(x) = |x|$일 때

$$\lim_{h \to 0} \frac{f(h) - f(-h)}{2h}$$

$$= \lim_{h \to 0} \frac{|h| - |-h|}{2h} = 0$$

한편, $\lim_{h \to 0+} \dfrac{f(h) - f(0)}{h} = \lim_{h \to 0+} \dfrac{|h|}{h} = \lim_{h \to 0+} \dfrac{h}{h}$

$$= 1$$

$$\lim_{h \to 0-} \frac{f(h) - f(0)}{h} = \lim_{h \to 0-} \frac{|h|}{h} = \lim_{h \to 0-} \frac{-h}{h}$$

$$= -1$$

이므로 $f'(0)$이 존재하지 않습니다. (거짓)

ㄷ. $f(x) = |x-1|$일 때

$$\lim_{h \to 0} \frac{f(1+h) - f(1-h)}{2h}$$

$$= \lim_{h \to 0} \frac{|h| - |-h|}{2h} = 0 \text{ (참)}$$

따라서 옳은 것은 ㄱ, ㄷ입니다.

정답 ㄱ, ㄷ

예제 04 함수의 미분가능성   p.107

04-1

(i) $f(1) = 1 \times |1-1| = 0$,

  $\lim_{x \to 1} f(x) = \lim_{x \to 1} x|x-1| = 0$이므로

  $$\lim_{x \to 1} f(x) = f(1)$$

  따라서 함수 $f(x)$는 $x = 1$에서 연속입니다.

(ii) $\lim_{h \to 0+} \dfrac{f(1+h) - f(1)}{h}$

$$= \lim_{h \to 0+} \frac{(1+h) \times |(1+h) - 1| - 1 \times |1-1|}{h}$$

$$= \lim_{h \to 0+} \frac{(1+h) \times |h|}{h} = \lim_{h \to 0+} \frac{(1+h)h}{h}$$

$$= 1$$

$$\lim_{h \to 0-} \frac{f(1+h) - f(1)}{h}$$

$$= \lim_{h \to 0-} \frac{(1+h) \times |(1+h) - 1| - 1 \times |1-1|}{h}$$

$$= \lim_{h \to 0-} \frac{(1+h) \times |h|}{h} = \lim_{h \to 0-} \frac{(1+h)(-h)}{h}$$

$$= -1$$

이므로 $\lim_{h \to 0} \dfrac{f(1+h) - f(1)}{h}$ 은 존재하지 않습
니다.

따라서 함수 $f(x)$는 $x = 1$에서 연속이지만 미분가
능하지 않습니다.

정답 풀이 참조

04-**2**

$f(0)=0$, $\lim\limits_{x\to 0}(x+|x|)=0$에서

$\lim\limits_{x\to 0}f(x)=f(0)$이므로 함수 $f(x)$는 $x=0$에서 연속입니다.

$\therefore \boxed{\text{(가)}}=f(0)$

$\lim\limits_{x\to 0+}\dfrac{x+|x|}{x}=\lim\limits_{x\to 0+}\dfrac{x+x}{x}=2$

$\therefore \boxed{\text{(나)}}=2$

$\lim\limits_{x\to 0-}\dfrac{x+|x|}{x}=\lim\limits_{x\to 0-}\dfrac{x-x}{x}=0$

$\therefore \boxed{\text{(다)}}=0$

정답 (가) $f(0)$ (나) 2 (다) 0

04-**3**

ㄱ. $g(x)=xf(x)$라고 하면 $g(0)=0$이므로

$\begin{aligned}
g'(0)&=\lim\limits_{h\to 0}\dfrac{g(h)-g(0)}{h}\\
&=\lim\limits_{h\to 0}\dfrac{hf(h)-0}{h}\\
&=\lim\limits_{h\to 0}f(h)=f(0)
\end{aligned}$

따라서 함수 $g(x)=xf(x)$는 $x=0$에서 미분가능합니다.

ㄴ. $g(x)=x^2+f(x)$라고 하면 $g(0)=f(0)$이므로

$\begin{aligned}
g'(0)&=\lim\limits_{h\to 0}\dfrac{g(h)-g(0)}{h}\\
&=\lim\limits_{h\to 0}\dfrac{h^2+f(h)-f(0)}{h}\\
&=\lim\limits_{h\to 0}\left\{h+\dfrac{f(h)-f(0)}{h}\right\}\\
&=0+\lim\limits_{h\to 0}\dfrac{f(h)-f(0)}{h}
\end{aligned}$

이때, 함수 $f(x)$가 $x=0$에서 미분가능하지 않으므로 $\lim\limits_{h\to 0}\dfrac{f(h)-f(0)}{h}$ 은 존재하지 않습니다.

따라서 함수 $g(x)=x^2+f(x)$는 $x=0$에서 미분가능하지 않습니다.

ㄷ. $g(x)=\dfrac{1}{1+xf(x)}$ 이라고 하면 $g(0)=1$이므로

$\begin{aligned}
g'(0)&=\lim\limits_{h\to 0}\dfrac{g(h)-g(0)}{h}\\
&=\lim\limits_{h\to 0}\dfrac{\dfrac{1}{1+hf(h)}-1}{h}\\
&=\lim\limits_{h\to 0}\dfrac{-hf(h)}{h\{1+hf(h)\}}\\
&=\lim\limits_{h\to 0}\dfrac{-f(h)}{1+hf(h)}\\
&=\dfrac{-f(0)}{1+0\times f(0)}\\
&=-f(0)
\end{aligned}$

따라서 함수 $g(x)=\dfrac{1}{1+xf(x)}$은 $x=0$에서 미분가능합니다.

이상에서 $x=0$에서 미분가능한 것은 ㄱ, ㄷ입니다.

정답 ㄱ, ㄷ

예제 05 **도함수와 미분계수** p.115

05-**1**

(1) $f'(x)$

$=(2x^2-1)'(3x-x^3)+(2x^2-1)(3x-x^3)'$

$=4x(3x-x^3)+(2x^2-1)(3-3x^2)$

$=-10x^4+21x^2-3$

$\therefore f'(1)=-10\times 1^4+21\times 1^2-3=8$

(2) $f(x)=(x^2-1)^3=x^6-3x^4+3x^2-1$이므로

$f'(x)=6x^5-12x^3+6x$

$\therefore f'(1)=6\times 1^5-12\times 1^3+6\times 1=0$

(3) $f'(x)=(x^2+2)'(x+3)(x+4)$

$\qquad\quad +(x^2+2)(x+3)'(x+4)$

$\qquad\quad +(x^2+2)(x+3)(x+4)'$

$=2x(x+3)(x+4)+(x^2+2)(x+4)$

$\qquad\quad +(x^2+2)(x+3)$

$=2x(x^2+7x+12)+(x^2+2)(2x+7)$

$=4x^3+21x^2+28x+14$

$\therefore f'(1)=4\times 1^3+21\times 1^2+28\times 1+14=67$

다른 풀이 (3) $f(x)=(x^2+2)(x^2+7x+12)$이므로

$$f'(x)=2x(x^2+7x+12)+(x^2+2)(2x+7)$$
$$=4x^3+21x^2+28x+14$$
$$\therefore f'(1)=4\times1^3+21\times1^2+28\times1+14=67$$

정답 풀이 참조

05-2

(1) $f'(x)=1+2x+3x^2+4x^3+5x^4$

$\therefore f'(1)=1+2+3+4+5=15$

(2) $f'(x)=(1+2x)(1+3x)(1+4x)(1+5x)$
$\quad\quad+(1+x)\times2\times(1+3x)(1+4x)(1+5x)$
$\quad\quad+(1+x)(1+2x)\times3\times(1+4x)(1+5x)$
$\quad\quad+(1+x)(1+2x)(1+3x)\times4\times(1+5x)$
$\quad\quad+(1+x)(1+2x)(1+3x)(1+4x)\times5$

$\therefore f'(0)=1+2+3+4+5=15$

정답 (1) 15 (2) 15

05-3

$f(x)=(x^2+1)(x+1)$에서

$$f'(x)=2x(x+1)+(x^2+1)\times1$$
$$=3x^2+2x+1$$

$g(x)=(x+1)(x^3+x)$에서

$$g'(x)=1\times(x^3+x)+(x+1)(3x^2+1)$$
$$=4x^3+3x^2+2x+1$$

$f(1)=4, f'(1)=6, g(1)=4, g'(1)=10$이므로

$$\lim_{h\to0}\frac{f(1+h)g(1+2h)-f(1)g(1)}{h}$$
$$=\lim_{h\to0}\left[\frac{\{f(1+h)-f(1)\}g(1+2h)}{h}\right.$$
$$\left.+\frac{f(1)\{g(1+2h)-g(1)\}}{h}\right]$$
$$=\lim_{h\to0}\frac{f(1+h)-f(1)}{h}\times\lim_{h\to0}g(1+2h)$$
$$+f(1)\times\lim_{h\to0}\frac{g(1+2h)-g(1)}{2h}\times2$$
$$=f'(1)\times g(1)+f(1)\times2g'(1)$$
$$=6\times4+4\times20=104$$

정답 104

예제 06 미분계수와 미정계수   p.117

06-1

$\displaystyle\lim_{x\to1}\dfrac{f(x)+1}{x^3-1}=2$에서 $x\to1$일 때, (분모)$\to0$이므로 (분자)$\to0$이어야 합니다.

$\displaystyle\lim_{x\to1}\{f(x)+1\}=0$, 즉 $f(1)=-1$입니다.

$f(1)=a+b+3=-1$에서 $a+b=-4$ $\quad\cdots\cdots$ ㉠

$$\lim_{x\to1}\frac{f(x)+1}{x^3-1}$$
$$=\lim_{x\to1}\frac{f(x)-f(1)}{x^3-1}$$
$$=\lim_{x\to1}\left\{\frac{f(x)-f(1)}{x-1}\times\frac{1}{x^2+x+1}\right\}$$
$$=\frac{1}{3}f'(1)=2$$
$$\therefore f'(1)=6$$

이때, $f'(x)=2ax+b$이므로

$f'(1)=2a+b=6$ $\quad\cdots\cdots$ ㉡

㉠, ㉡을 연립하여 풀면

$a=10, b=-14$

따라서 $f'(x)=20x-14$이므로

$f'(2)=20\times2-14=26$

정답 26

06-2

$$\lim_{h\to0}\frac{f(2+ah)-f(2)}{h}$$
$$=\lim_{h\to0}\frac{f(2+ah)-f(2)}{ah}\times a=af'(2)=39$$

이때, $f(x)=x^3+x+2$에서 $f'(x)=3x^2+1$

$f'(2)=3\times2^2+1=13$이므로

$af'(2)=13a=39$ $\quad\therefore a=3$

$\therefore f'(a)=f'(3)=3\times3^2+1=28$

정답 28

06-3

$\displaystyle\lim_{x\to-1}\dfrac{f(x)+2}{x^3+1}=3$에서 $x\to-1$일 때, (분모)$\to0$이므로 (분자)$\to0$이어야 합니다.

$\lim_{x \to -1} \{f(x)+2\}=0$, 즉 $f(-1)=-2$입니다.

$f(-1)=1+a-b+2a=-2$에서

$\quad 3a-b=-3$ $\qquad \cdots\cdots$ ㉠

$$\lim_{x \to -1} \frac{f(x)+2}{x^3+1}$$

$$=\lim_{x \to -1} \frac{f(x)-f(-1)}{x^3-(-1)}$$

$$=\lim_{x \to -1} \left\{ \frac{f(x)-f(-1)}{x-(-1)} \times \frac{1}{x^2-x+1} \right\}$$

$$=\frac{1}{3}f'(-1)=3$$

$\quad \therefore f'(-1)=9$

이때, $f'(x)=4x^3+2ax+b$이므로

$\quad f'(-1)=-4-2a+b=9$

$\quad \therefore 2a-b=-13$ $\qquad \cdots\cdots$ ㉡

㉠, ㉡을 연립하여 풀면

$\quad a=10,\ b=33$

$\quad \therefore a+b=10+33=43$

정답 43

예제 07 구간별로 정의된 함수의 미분가능성   p.119

07-1

함수 $f(x)$는 $x=1$에서 미분가능하므로 $x=1$에서 연속이어야 합니다. 즉,

$\quad f(1)=\lim_{x \to 1-} f(x)$

$\quad a\times1^2+b\times1-1=1^3$

$\quad \therefore a+b=2$ $\qquad \cdots\cdots$ ㉠

또한 $f'(1)$이 존재하므로

$$\lim_{x \to 1+} \frac{f(x)-f(1)}{x-1}$$

$$=\lim_{x \to 1+} \frac{(ax^2+bx-1)-(a+b-1)}{x-1}$$

$$=\lim_{x \to 1+} \frac{ax^2+bx-a-b}{x-1}$$

$$=\lim_{x \to 1+} \frac{a(x+1)(x-1)+b(x-1)}{x-1}$$

$$=\lim_{x \to 1+} \{a(x+1)+b\}=2a+b$$

$$\lim_{x \to 1-} \frac{f(x)-f(1)}{x-1}$$

$$=\lim_{x \to 1-} \frac{x^3-(a+b-1)}{x-1}$$

$$=\lim_{x \to 1-} \frac{x^3-1}{x-1} \ (\because ㉠)$$

$$=\lim_{x \to 1-} (x^2+x+1)=3$$

$\quad \therefore 2a+b=3$ $\qquad \cdots\cdots$ ㉡

㉠, ㉡을 연립하여 풀면

$\quad a=1,\ b=1$

다른 풀이 $f_1(x)=ax^2+bx-1 \ (x\geq1)$,

$f_2(x)=x^3 \ (x<1)$으로 놓으면

$\quad f_1'(x)=2ax+b \ (x>1)$

$\quad f_2'(x)=3x^2 \ (x<1)$

함수 $f(x)$는 $x=1$에서 연속이므로

$\quad f_1(1)=f_2(1)$

$\quad \therefore a+b=2$ $\qquad \cdots\cdots$ ㉠

또한 $f'(1)$이 존재하므로

$\quad f_1'(1)=f_2'(1)$

$\quad \therefore 2a+b=3$ $\qquad \cdots\cdots$ ㉡

㉠, ㉡을 연립하여 풀면

$\quad a=1,\ b=1$

정답 $a=1,\ b=1$

07-2

함수 $f(x)$는 $x=1$에서 미분가능하므로 $x=1$에서 연속이어야 합니다. 즉,

$\quad f(1)=\lim_{x \to 1-} f(x)$

$\quad a\times1^n=\lim_{x \to 1-} (bx+c)$

$\quad \therefore a=b+c$ $\qquad \cdots\cdots$ ㉠

또한 $f'(1)$이 존재하므로

$$\lim_{x \to 1+} \frac{f(x)-f(1)}{x-1}$$

$$=\lim_{x \to 1+} \frac{ax^n-a}{x-1}$$

$$=\lim_{x \to 1+} a(x^{n-1}+x^{n-2}+\cdots+1)=an$$

$$\lim_{x \to 1-} \frac{f(x)-f(1)}{x-1}$$

$$= \lim_{x \to 1-} \frac{(bx+c)-a}{x-1}$$
$$= \lim_{x \to 1-} \frac{(bx+c)-(b+c)}{x-1} \ (\because \ \bigcirc)$$
$$= b$$
$$\therefore \ b = an \qquad\qquad \cdots\cdots \ \bigcirc$$

$\bigcirc$, $\bigcirc$에서 $b=an$, $c=a(1-n)$

$$\therefore \ \frac{a+c}{b} = \frac{a+a(1-n)}{an} = \frac{2}{n}-1$$

정답 $\dfrac{a+c}{b} = \dfrac{2}{n}-1$

07-3

함수 $f(x)$는 $x=2$에서 미분가능하므로 $x=2$에서 연속입니다.
$$f(2) = \lim_{x \to 2} f(x)$$
즉, $18+b=8a+4 \qquad\qquad \cdots\cdots \ \bigcirc$

또한 $f(x) = \begin{cases} ax^3-3x+10 & (x<2) \\ x^3+5x+b & (x \geq 2) \end{cases}$ 에서

$$f'(x) = \begin{cases} 3ax^2-3 & (x<2) \\ 3x^2+5 & (x>2) \end{cases}$$

한편, $f'(2)$가 존재하므로
$$\lim_{x \to 2-} f'(x) = \lim_{x \to 2-} (3ax^2-3) = 12a-3$$
$$\lim_{x \to 2+} f'(x) = \lim_{x \to 2+} (3x^2+5) = 17$$
$$\therefore \ 12a-3=17, \ a=\frac{5}{3}$$

$\bigcirc$에서 $b=8a-14=8 \times \dfrac{5}{3}-14 = -\dfrac{2}{3}$
$$\therefore \ a+b = \frac{5}{3} + \left(-\frac{2}{3}\right) = 1$$

정답 1

예제 08   항등식에서의 미분법   p.121

08-1

함수 $f(x)$가 이차함수이므로
$f(x) = ax^2+bx+c \ (a \neq 0)$로 놓으면
$f(0)=1$에서 $c=1 \qquad \therefore \ f(x)=ax^2+bx+1$

이때, $f'(x)=2ax+b$이므로 이를 주어진 식에 대입하면
$$2(ax^2+bx+1)+3x-1 = (x+1)(2ax+b)$$
$$2ax^2+(2b+3)x+1 = 2ax^2+(2a+b)x+b$$
위의 식이 x에 대한 항등식이므로
$$2b+3=2a+b, \ b=1 \qquad \therefore \ a=2, \ b=1$$
$$\therefore \ f(x)=2x^2+x+1$$

정답 $f(x)=2x^2+x+1$

08-2

함수 $f(x)$를 x에 대한 n차함수라 하고, 그 최고차항을 $ax^n(a \neq 0)$이라고 하면
$$f(x)=ax^n+\cdots$$
$$f'(x)=nax^{n-1}+\cdots$$
이므로 이를 주어진 식에 대입하면
$$3ax^n+\cdots = (x-1)(nax^{n-1}+\cdots) \qquad \cdots\cdots \ \bigcirc$$
좌변의 최고차항은 $3ax^n$이고, 우변의 최고차항은 nax^n입니다.

$\bigcirc$이 x에 대한 항등식이므로 양변의 x^n의 계수를 비교하면 $3a=na$에서 $a \neq 0$이므로 $n=3$

이때, $f(0)=1$이므로
$f(x)=ax^3+bx^2+cx+1(a \neq 0)$로 놓으면
$$f'(x)=3ax^2+2bx+c$$
이를 주어진 식에 대입하면
$$3(ax^3+bx^2+cx+1)$$
$$=(x-1)(3ax^2+2bx+c)$$
양변을 전개하면
$$3ax^3+3bx^2+3cx+3$$
$$=3ax^3+(2b-3a)x^2+(c-2b)x-c$$
위의 식이 x에 대한 항등식이므로
$$3b=2b-3a, \ 3c=c-2b, \ 3=-c$$
따라서 $a=-1, \ b=3, \ c=-3$이므로
$$f(x)=-x^3+3x^2-3x+1$$

보충 설명 $f(x)=ax^n$이라고 하면 도함수는 $f'(x)=nax^{n-1}$이므로 $f'(x)$의 최고차항의 계수는 na이고, $f(x)$의 차수와 $f'(x)$의 차수는 1만큼 차이가 나는 것을 알 수 있습니다. 이를 이용하여 문제에서 주어진 조건 $3f(x)=(x-1)f'(x)$를 통하여

함수 $f(x)$는 x에 대한 3차식임을 알 수 있습니다.

정답 $f(x) = -x^3 + 3x^2 - 3x + 1$

08-3

$f(x)$를 $(x-2)^2$으로 나눈 몫을 $Q(x)$, 나머지를 $px+q$ 라고 하면

$$f(x) = (x-2)^2 Q(x) + px + q$$
$$= (x^2 - 4x + 4)Q(x) + px + q$$

양변을 x에 대하여 미분하면

$f'(x)$
$= (2x-4)Q(x) + (x^2 - 4x + 4)Q'(x) + p$

이때, $f(2) = 1, f'(2) = 3$이므로

$$2p + q = 1, p = 3$$
$$\therefore p = 3, q = -5$$

따라서 구하는 나머지는 $3x - 5$입니다.

정답 $3x-5$

예제 09 정의를 이용하여 도함수 구하기 　 p.123

09-1

조건 ㈎에서 주어진 등식에 $x=0, y=0$을 대입하면

$$f(0) = f(0) + f(0) + 2$$
$$\therefore f(0) = -2$$

조건 ㈏에서 $f'(0) = 3$이므로

$$f'(0) = \lim_{h \to 0} \frac{f(h) - f(0)}{h}$$
$$= \lim_{h \to 0} \frac{f(h) + 2}{h} = 3$$

한편, $f'(x)$를 구하면

$$f'(x) = \lim_{h \to 0} \frac{f(x+h) - f(x)}{h}$$

이때, 조건 ㈎에서 주어진 등식에 $y=h$를 대입하면

$$f(x+h) = f(x) + f(h) + 4xh + 2$$

이므로

$$f'(x) = \lim_{h \to 0} \frac{f(x+h) - f(x)}{h}$$

$$= \lim_{h \to 0} \frac{\{f(x) + f(h) + 4xh + 2\} - f(x)}{h}$$
$$= \lim_{h \to 0} \frac{f(h) + 4xh + 2}{h}$$
$$= \lim_{h \to 0} \left\{ \frac{f(h) + 2}{h} + 4x \right\} = 4x + 3$$

다른 풀이 미분가능한 함수 $f(x)$가 임의의 두 실수 x, y에 대하여 $f(x+y) = f(x) + f(y) + 4xy + 2$를 만족시키므로 x를 상수처럼 보고 양변을 y에 대하여 미분하면

$$f'(x+y) = 0 + f'(y) + 4x$$

가 성립합니다. 이때, $y=0$을 대입하면

$$f'(x) = f'(0) + 4x = 4x + 3$$

정답 $f'(x) = 4x + 3$

09-2

조건 ㈎에서 주어진 등식에 $x=0, y=0$을 대입하면

$$f(0) = f(0) + f(0) + 0 \quad \therefore f(0) = 0$$
$$f'(0) = \lim_{h \to 0} \frac{f(h) - f(0)}{h} = \lim_{h \to 0} \frac{f(h)}{h}$$

한편, $f'(x)$를 구하면

$$f'(x) = \lim_{h \to 0} \frac{f(x+h) - f(x)}{h}$$

이때, 조건 ㈎에서 주어진 등식에 $y=h$를 대입하면

$$f(x+h) = f(x) + f(h) + 2xh(x+h)$$

이므로

$$f'(x) = \lim_{h \to 0} \frac{f(x+h) - f(x)}{h}$$
$$= \lim_{h \to 0} \frac{f(h) + 2xh(x+h)}{h}$$
$$= \lim_{h \to 0} \left\{ \frac{f(h)}{h} + 2x(x+h) \right\}$$
$$= f'(0) + 2x^2$$
$$\therefore f'(x) = f'(0) + 2x^2$$

조건 ㈏에서 $f'(1) = 6$이므로

$f'(1) = f'(0) + 2$ 에서 $6 = f'(0) + 2$

$$\therefore f'(0) = 4$$

정답 4

09-3

주어진 등식에 $x=0$, $y=0$을 대입하면

$$f(0)=f(0)+f(0)-1 \qquad \therefore f(0)=1$$

다항함수 $f(x)$는 $x=0$에서 미분가능하므로

$$f'(0)=\lim_{h\to 0}\frac{f(h)-f(0)}{h}=\lim_{h\to 0}\frac{f(h)-1}{h}$$

한편, $f'(x)$를 구하면

$$f'(x)=\lim_{h\to 0}\frac{f(x+h)-f(x)}{h}$$

이때, 주어진 등식에 $y=h$를 대입하면

$$f(x+h)=f(x)+f(h)+2xh-1$$

이므로

$$f'(x)=\lim_{h\to 0}\frac{f(x+h)-f(x)}{h}$$
$$=\lim_{h\to 0}\frac{f(h)+2xh-1}{h}$$
$$=\lim_{h\to 0}\left\{\frac{f(h)-1}{h}+2x\right\}$$
$$=f'(0)+2x$$

여기서 $f'(0)=k$라고 하면 $f'(x)=2x+k$이므로

$$\lim_{x\to 1}\frac{f(x)-f'(x)}{x-1}=\lim_{x\to 1}\frac{f(x)-2x-k}{x-1}=4$$
$$\cdots\cdots \text{㉠}$$

$x\to 1$일 때, 극한값이 존재하고 (분모)$\to 0$이므로
(분자)$\to 0$이어야 합니다.

즉, $\lim_{x\to 1}\{f(x)-2x-k\}=f(1)-2-k=0$

$$\therefore k=f(1)-2$$

이것을 ㉠에 대입하면

$$\lim_{x\to 1}\frac{f(x)-2x-k}{x-1}$$
$$=\lim_{x\to 1}\frac{f(x)-2x-f(1)+2}{x-1}$$
$$=\lim_{x\to 1}\left\{\frac{f(x)-f(1)}{x-1}-\frac{2(x-1)}{x-1}\right\}$$
$$=f'(1)-2=4$$
$$\therefore f'(1)=6$$

따라서 $f'(x)=2x+k$에서

$$f'(1)=2+k=6 \qquad \therefore k=4$$
$$\therefore f'(0)=4$$

정답 4

기본 다지기

03-1 ②　**2** ②　**3** (1) -2　(2) 2　(3) -2

4 90　**5** ①　**6** 5　**7** $\dfrac{5}{2}$

8 12　**9** ㄷ

10 (1) $y'=2f(x)f'(x)$　(2) $y'=\dfrac{f'(x)}{2\sqrt{f(x)}}$

03-1

접근 방법 함수 $f(x)$에 대하여 x의 값이 1에서 a까지 변할 때의 평균변화율은

$$\frac{f(a)-f(1)}{a-1}=\frac{(a^3+a^2+a+1)-4}{a-1}$$

입니다.

> **상세 풀이** 함수 $f(x)$에 대하여 구간 $[1, a]$에서의 평균변화율은
>
> $$\frac{f(a)-f(1)}{a-1}=\frac{(a^3+a^2+a+1)-4}{a-1}$$
> $$=\frac{(a-1)(a^2+2a+3)}{a-1}$$
> $$=a^2+2a+3=18$$
> $$a^2+2a-15=0,\ (a+5)(a-3)=0$$
> $$\therefore a=3\ (\because a>1)$$

정답 ②

03-2

접근 방법 주어진 함수 $f(x)$에서 $\dfrac{f(a)-f(-1)}{a+1}$의 값과 $f'(a)$의 값을 구하여 서로 같을 때의 상수 a의 값을 구하도록 합니다.

> **상세 풀이** $f(x)=x^3-x+1$에서
>
> $$\frac{f(a)-f(-1)}{a+1}=\frac{(a^3-a+1)-1}{a+1}$$
> $$=\frac{a(a^2-1)}{a+1}$$
> $$=\frac{a(a+1)(a-1)}{a+1}$$
> $$=a^2-a$$

03 미분계수와 도함수 **053**

이때, $f'(a)=3a^2-1$이므로

$$a^2-a=3a^2-1$$
$$2a^2+a-1=0,\ (a+1)(2a-1)=0$$
$$\therefore a=\frac{1}{2}\ (\because a\neq-1)$$

보충 설명 문제의 조건에서 분수식으로 주어진 경우 (분모)$\neq0$임에 유의하도록 합니다. 문제를 푸는 과정에서 분모가 약분되더라도 주어진 분수식에서 분모가 0이 되어서는 안됩니다.

정답 ②

03-3

접근 방법 함수 $f(x)$에 대하여 $f'(1)=1$이므로 주어진 식을 $f'(1)$ 꼴로 나타내어 봅니다.

상세 풀이 (1) $\displaystyle\lim_{h\to0}\frac{f(1-h)-f(1+h)}{h}$

$$=\lim_{h\to0}\frac{\{f(1-h)-f(1)\}-\{f(1+h)-f(1)\}}{h}$$

$$=\lim_{h\to0}\frac{f(1-h)-f(1)}{-h}\times(-1)$$
$$\qquad\qquad\qquad -\lim_{h\to0}\frac{f(1+h)-f(1)}{h}$$

$$=-f'(1)-f'(1)$$
$$=-2f'(1)=-2\times1=-2$$

(2) $\displaystyle\lim_{x\to1}\frac{x-1}{f(\sqrt{x})-f(1)}$

$$=\lim_{x\to1}\frac{(\sqrt{x}+1)(\sqrt{x}-1)}{f(\sqrt{x})-f(1)}$$

$$=\lim_{x\to1}\left\{\frac{1}{\dfrac{f(\sqrt{x})-f(1)}{\sqrt{x}-1}}\times(\sqrt{x}+1)\right\}$$

$$=\frac{2}{f'(1)}=\frac{2}{1}=2$$

(3) $\displaystyle\lim_{x\to1}\frac{f(x^2)-x^2f(1)}{x-1}$

$$=\lim_{x\to1}\frac{\{f(x^2)-f(1)\}-\{x^2f(1)-f(1)\}}{x-1}$$

$$=\lim_{x\to1}\frac{f(x^2)-f(1)-(x^2-1)f(1)}{x-1}$$

$$=\lim_{x\to1}\left\{\frac{f(x^2)-f(1)}{x-1}-(x+1)f(1)\right\}$$

$$=\lim_{x\to1}\left\{\frac{f(x^2)-f(1)}{x-1}\times\frac{x+1}{x+1}-(x+1)f(1)\right\}$$

$$=\lim_{x\to1}\left\{\frac{f(x^2)-f(1)}{x^2-1}\times(x+1)\right.$$
$$\left.\qquad\qquad\qquad -(x+1)f(1)\right\}$$

$$=2f'(1)-2f(1)$$
$$=2\times1-2\times2=-2$$

보충 설명 미분계수는 평균변화율의 극한으로 정의되므로

$$f'(a)=\lim_{h\to0}\frac{f(a+h)-f(a)}{h}$$

에서 항상 분자의 $f(\ )$에서 $(\ )$ 안의 $a+h$와 a의 차는 분모의 값 h와 같아야 합니다. 만약 다르다면 분자와 분모에 적당한 수를 곱하거나 나누어 같도록 만들어야 합니다.

정답 (1) -2 (2) 2 (3) -2

03-4

접근 방법 주어진 식 $\displaystyle\lim_{x\to1}\frac{f(x^2)-f(1)}{x-1}$을 적절히 변형하여 $f'(1)$을 이용하여 나타내고, 미분법의 공식을 이용하여 $f'(x)$를 구할 수 있습니다.

상세 풀이 $f'(x)=1+2x+3x^2+\cdots+9x^8$에서

$$f'(1)=1+2+3+\cdots+9=45$$

$$\therefore\lim_{x\to1}\frac{f(x^2)-f(1)}{x-1}$$

$$=\lim_{x\to1}\left\{\frac{f(x^2)-f(1)}{x-1}\times\frac{x+1}{x+1}\right\}$$

$$=\lim_{x\to1}\left\{\frac{f(x^2)-f(1)}{x^2-1}\times(x+1)\right\}$$

$$=2f'(1)$$
$$=2\times45=90$$

함수 $f(x)=x^n$과 그 도함수 $f'(x)=nx^{n-1}$에서 x^n의 지수 n이 도함수 nx^{n-1}의 계수가 되고, x^{n-1}에 $x=1$을 대입하면 n의 값에 관계없이 항상 1이므로 위의 문제에서 $f'(1)$의 값은 $f(x)$에서 x의 지수의 합이 된다는 것을 직관적으로 알 수 있습니다.

정답 90

03-5

접근 방법 함수 $y=f(x)$의 그래프 위의 점 $(a, f(a))$에서의 접선의 기울기는 $x=a$에서의 미분계수 $f'(a)$와 같음을 알고 주어진 식

$$\lim_{h \to 0} \frac{f(2-5h)-f(2+3h)}{h}$$

를 $f'(2)$를 이용하여 나타내어 봅니다.

상세 풀이 함수 $y=f(x)$의 그래프 위의 한 점 $\mathrm{P}(2, 1)$에서의 접선의 방정식이 $2x+y=5$이므로

$$f'(2)=-2$$

$$\therefore \lim_{h \to 0} \frac{f(2-5h)-f(2+3h)}{h}$$

$$=\lim_{h \to 0} \frac{\{f(2-5h)-f(2)\}-\{f(2+3h)-f(2)\}}{h}$$

$$=\lim_{h \to 0} \left\{ -5 \times \frac{\{f(2-5h)-f(2)\}}{-5h} \right.$$

$$\left. -3 \times \frac{\{f(2+3h)-f(2)\}}{3h} \right\}$$

$$=-5f'(2)-3f'(2)=-8f'(2)$$

$$\therefore -8f'(2)=-8 \times (-2)=16$$

보충 설명 함수 $y=f(x)$가 $x=2$에서 미분가능하므로 평균변화율의 형태로 변형하여 구하고자 하는 미분계수를 쉽게 정할 수 있다.

$$\lim_{h \to 0} \frac{f(2-5h)-f(2+3h)}{h}$$

$$=\lim_{h \to 0} \frac{f(2-5h)-f(2+3h)}{(2-5h)-(2+3h)}$$

$$\times \frac{(2-5h)-(2+3h)}{h}$$

$$=f'(2) \times \lim_{h \to 0} \frac{-8h}{h}=-8f'(2)$$

정답 ①

03-6

접근 방법 주어진 극한에서 $\frac{0}{0}$ 꼴의 부정형의 성질과 $f(x), g(x)$가 다항함수라는 조건을 이용합니다.

상세 풀이 함수 $y=f(x)g(x)$를 x에 대하여 미분하면

$$y'=f'(x)g(x)+f(x)g'(x)$$이므로

$$y'_{x=3}=f'(3)g(3)+f(3)g'(3) \quad \cdots\cdots \text{ⓐ}$$

$$\lim_{x \to 3} \frac{f(x)-2}{x-3}=1$$에서 $x \to 3$일 때, (분모)$\to 0$이므로 (분자)$\to 0$이어야 합니다. 즉,

$$\lim_{x \to 3} \{f(x)-2\}=0 \quad \therefore f(3)=2$$

$$\therefore \lim_{x \to 3} \frac{f(x)-f(3)}{x-3}=f'(3)=1$$

마찬가지로 $\lim_{x \to 3} \frac{g(x)-1}{x-3}=2$에서 $g(3)=1$이므로

$$\lim_{x \to 3} \frac{g(x)-g(3)}{x-3}=g'(3)=2$$

이를 ⓐ에 대입하면

$$y'_{x=3}=1 \times 1+2 \times 2=5$$

정답 5

03-7

접근 방법 곱의 미분법을 이용하여 도함수를 구한 후, 주어진 식과 도함수에 $x=1$을 대입하여 $f'(1)$의 값을 구합니다.

상세 풀이 주어진 등식의 양변을 x에 대하여 미분하면

$$2xf(x)+(x^2+1)f'(x)=5x^4+3x^2+1$$

$x=1$을 대입하면

$$2f(1)+2f'(1)=9$$

이때, $x=1$을 주어진 등식에 대입하면

$2f(1)=4$에서 $f(1)=2$이므로

$$2 \times 2 + 2f'(1) = 9$$

$$\therefore f'(1) = \frac{5}{2}$$

정답 $\dfrac{5}{2}$

03-8

접근 방법 함수 $f(x)$가 $x=1$에서 미분가능하면 $x=1$에서 연속이라는 조건과 미분계수가 존재함을 이용하여 a, b의 값을 구할 수 있습니다.

상세 풀이 함수 $f(x)$는 $x=1$에서 미분가능하므로 연속이어야 합니다. 즉,

$$f(1) = \lim_{x \to 1-} f(x)$$

$$a \times 1^3 = \lim_{x \to 1-} (bx+4)$$

$$\therefore a = b+4 \qquad \cdots\cdots \text{㉠}$$

또한 $f'(1)$이 존재하므로

$$\lim_{x \to 1+} \frac{f(x)-f(1)}{x-1}$$

$$= \lim_{x \to 1+} \frac{ax^3-a}{x-1}$$

$$= \lim_{x \to 1+} \frac{a(x-1)(x^2+x+1)}{x-1}$$

$$= \lim_{x \to 1+} a(x^2+x+1)$$

$$= 3a$$

$$\lim_{x \to 1-} \frac{f(x)-f(1)}{x-1}$$

$$= \lim_{x \to 1-} \frac{bx+4-a}{x-1}$$

$$= \lim_{x \to 1-} \frac{bx+4-(b+4)}{x-1} \quad (\because \text{㉠})$$

$$= \lim_{x \to 1-} \frac{b(x-1)}{x-1} = b$$

$$\therefore 3a = b \qquad \cdots\cdots \text{㉡}$$

㉠, ㉡을 연립하여 풀면

$$a = -2, \; b = -6$$

$$\therefore ab = -2 \times (-6) = 12$$

보충 설명 일반적으로 함수 $f(x)$가 구간별로 정의되

어 있을 때, 그 도함수 역시 구간별로 구할 수 있습니다. 이때, 주의해야 할 점은 경계점에서의 미분계수입니다.

$$f(x) = \begin{cases} ax^3 & (x \geq 1) \\ bx+4 & (x < 1) \end{cases}$$

$$\Rightarrow f'(x) = \begin{cases} 3ax^2 & (x > 1) \\ b & (x < 1) \end{cases}, f'(1) = -6$$

$$\Rightarrow f'(x) = \begin{cases} 3ax^2 & (x \geq 1) \\ b & (x < 1) \end{cases}$$

정답 12

03-9

접근 방법 ㄴ은 함수 $f(x)$에 대하여 두 점 $(a, f(a)), (b, f(b))$를 지나는 직선의 기울기가 $\dfrac{f(b)-f(a)}{b-a}$임을 이용합니다. ㄷ은 함수 $f(x)$의 도함수 $f'(x)$가 함수 $y=f(x)$의 그래프에서 접선의 기울기를 의미함을 이용합니다.

상세 풀이 ㄱ. $\dfrac{f(a)}{a}$는 원

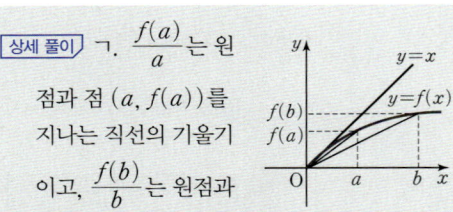

점과 점 $(a, f(a))$를 지나는 직선의 기울기이고, $\dfrac{f(b)}{b}$는 원점과

점 $(b, f(b))$를 지나는 직선의 기울기이므로

$$\frac{f(a)}{a} > \frac{f(b)}{b} \; \text{(거짓)}$$

ㄴ. $A(a, f(a)), B(b, f(b))$라고 하면 직선 AB의 기울기가 1보다 작으므로

$$\frac{f(b)-f(a)}{b-a} < 1$$

이때, $b-a > 0$이므로

$$f(b) - f(a) < b-a \; \text{(거짓)}$$

ㄷ. 함수 $y=f(x)$의 $x=a$에서의 미분계수 $f'(a)$는 곡선 $y=f(x)$ 위의 점 $(a, f(a))$에서의 접선의 기울기이고, 점 $A(a, f(a))$에서의 접선의 기울기가 점 $B(b, f(b))$에서의

접선의 기울기보다 큽니다.

$$\therefore f'(a) > f'(b) \text{ (참)}$$

따라서 옳은 것은 ㄷ입니다.

[보충 설명] 평균변화율 $\dfrac{f(b)-f(a)}{b-a}$ 는 기하학적으로 함수 $y=f(x)$의 그래프 위의 두 점 $(a, f(a))$, $(b,\ f(b))$를 지나는 직선의 기울기를 의미하고, $x=c$에서의 미분계수 $f'(c)$는 기하학적으로 함수 $y=f(x)$의 그래프 위의 점 $(c, f(c))$에서의 접선의 기울기를 의미합니다.

정답 ㄷ

03-10

[접근 방법] 주어진 함수를 $F(x)$로 놓고 도함수의 정의를 이용하여 도함수를 구해 봅니다.

[상세 풀이] (1) $\{f(x)\}^2 = F(x)$라고 하면

$$\begin{aligned}
y' = F'(x) &= \lim_{h\to 0}\frac{F(x+h)-F(x)}{h}\\
&= \lim_{h\to 0}\frac{\{f(x+h)\}^2-\{f(x)\}^2}{h}\\
&= \lim_{h\to 0}\Big[\{f(x+h)+f(x)\}\\
&\qquad\qquad \times\frac{f(x+h)-f(x)}{h}\Big]\\
&= 2f(x)f'(x)
\end{aligned}$$

(2) $\sqrt{f(x)}=F(x)$라고 하면

$$\begin{aligned}
y' = F'(x) &= \lim_{h\to 0}\frac{F(x+h)-F(x)}{h}\\
&= \lim_{h\to 0}\frac{\sqrt{f(x+h)}-\sqrt{f(x)}}{h}\\
&= \lim_{h\to 0}\Big\{\frac{f(x+h)-f(x)}{h}\times\\
&\qquad\qquad \frac{1}{\sqrt{f(x+h)}+\sqrt{f(x)}}\Big\}\\
&= \frac{f'(x)}{2\sqrt{f(x)}}
\end{aligned}$$

정답 (1) $y'=2f(x)f'(x)$ (2) $y'=\dfrac{f'(x)}{2\sqrt{f(x)}}$

[실력 다지기] p.126~127

03-11 18 **12** 32 **13** 12 **14** $\dfrac{45}{2}$ **15** ①

16 2 **17** (1) 미분가능 (2) 미분가능

18 ㄱ, ㄴ, ㄷ **19** 29 **20** $f'(x)=8-x^2$

03-11

[접근 방법] 함수 $f(x)$에서 $x=a$에서의 미분계수 $f'(a)$는 $f'(a)=\lim\limits_{x\to a}\dfrac{f(x)-f(a)}{x-a}$임을 이용하여 주어진 식을 $f'(1)=\lim\limits_{x\to 1}\dfrac{f(x)-f(1)}{x-1}$의 형태로 나타내어 봅니다.

[상세 풀이] 함수 $f(x)$가 미분가능하고, $f(1)=2$이므로

$$\begin{aligned}
&\lim_{x\to 1}\frac{\{f(x)\}^2-2f(x)}{1-x}\\
&= \lim_{x\to 1}\frac{-f(x)\{f(x)-2\}}{x-1}\\
&= \lim_{x\to 1}\Big\{-f(x)\times\frac{f(x)-f(1)}{x-1}\Big\}\\
&= -f(1)f'(1)\\
&= -2f'(1)=-36\\
&\therefore f'(1)=18
\end{aligned}$$

[보충 설명] 함수 $f(x)$의 $x=a$에서의 미분계수 $f'(a)$는

$$\begin{aligned}
f'(a) &= \lim_{h\to 0}\frac{f(a+h)-f(a)}{h}\\
&= \lim_{x\to a}\frac{f(x)-f(a)}{x-a}
\end{aligned}$$

와 같이 두 가지로 나타낼 수 있으므로 주어진 조건에 따라 적절히 적용해야 합니다.

정답 18

03-12

[접근 방법] 함수 $g(x)$가 $x=1$에서 연속이기 위해서는 $g(1)=\lim\limits_{x\to 1}g(x)$이어야 함을 이용하여 상수 a의 값

03 미분계수와 도함수 **057**

을 구합니다. 이때, $\lim\limits_{x \to 1} g(x) = \lim\limits_{x \to 1} \dfrac{f(x^2) - f(1)}{x - 1}$

에서 식을 적절히 변형하여 $f'(1)$ 꼴을 만들어 극한 값을 구할 수 있습니다.

> **상세 풀이** 함수 $g(x)$가 $x = 1$에서 연속이므로 $g(1) = \lim\limits_{x \to 1} g(x)$입니다. 즉,
> $$a = \lim\limits_{x \to 1} g(x) = \lim\limits_{x \to 1} \frac{f(x^2) - f(1)}{x - 1}$$
> $$= \lim\limits_{x \to 1} \left\{ \frac{f(x^2) - f(1)}{x^2 - 1} \times (x + 1) \right\}$$
> $$= 2f'(1)$$
> 이때, $f'(x) = 4x^3 + 6x^2 + 6x$이므로
> $$f'(1) = 16$$
> $$\therefore a = 2 \times 16 = 32$$

정답 32

03-**13**

> **접근 방법** 다항함수 $f(x)$를
> $$f(x) = a_n x^n + a_{n-1} x^{n-1} + \cdots + a_1 x + a_0$$
> 으로 놓고, $f(2x) = 4f(x)$가 성립하도록 함수 $f(x)$를 정한 후 함수 $g(x)$가 $x = 2$에서 연속임을 이용하여 함수 $g(x)$를 구합니다.

> **상세 풀이** 다항함수 $f(x)$를
> $f(x) = a_n x^n + a_{n-1} x^{n-1} + \cdots + a_1 x + a_0$이라고 하면
> $$f(2x) = 2^n a_n x^n + \cdots + 2a_1 x + a_0$$
> $$4f(x) = 4a_n x^n + \cdots + 4a_1 x + 4a_0$$
> 이고 모든 실수 x에 대하여 $f(2x) = 4f(x)$이므로
> $$f(2x) - 4f(x)$$
> $$= (2^n - 4)a_n x^n + \cdots + (2^2 - 4)a_2 x^2$$
> $$+ (2^1 - 4)a_1 x + (2^0 - 4)a_0 = 0$$
> 이때, 위의 식이 x에 대한 항등식이므로 a_2를 제외한 모든 $a_i (0 \le i \le n)$의 값은 0이어야 합니다.
> 따라서 $f(x) = a_2 x^2$ (a_2는 상수)이고,
> $f'(x) = 2a_2 x$입니다.
> 또한 함수 $g(x)$가 $x = 2$에서 연속이므로

$$\lim\limits_{x \to 2} \frac{f(x) - 4}{x - 2} = f'(2)$$에서

$$\lim\limits_{x \to 2} \frac{a_2 x^2 - 4}{x - 2} = 4a_2$$

$x \to 2$일 때, 극한값이 존재하고 (분모)$\to 0$이므로 (분자)$\to 0$이어야 합니다. 즉,
$$\lim\limits_{x \to 2} (a_2 x^2 - 4) = 4a_2 - 4 = 0 \qquad \therefore a_2 = 1$$
따라서 $f(x) = x^2$이므로 $x \ne 2$일 때
$$g(x) = \frac{f(x) - 4}{x - 2} = \frac{x^2 - 4}{x - 2} = x + 2$$
$$\therefore g(10) = 12$$

> **보충 설명** $f(x)$가 다항함수이면 $f(x) = a_n x^n + a_{n-1} x^{n-1} + \cdots + a_1 x + a_0$으로 놓을 수 있고, $a_n \ne 0$일 때 이 다항함수의 차수는 n차임을 잘 알아두도록 합니다.

정답 12

03-**14**

> **접근 방법** 함수 $f(x)$가 미분가능하므로 주어진 식을 미분하면 $f(x)$와 $f'(x)$로 이루어진 항등식을 얻을 수 있고, 주어진 식을 통하여 임의의 실수 a에 대한 함숫값 $f(a)$를 구할 수 있으므로 $f'(1)$의 값을 구할 수 있습니다.

> **상세 풀이** 주어진 식의 양변을 x에 대하여 미분하면
> $$2xf(x) + (x^2 + 1)f'(x) = \sum_{k=1}^{10} kx^{k-1}$$
> 위의 식에 $x = 1$을 대입하면
> $$2f(1) + 2f'(1) = \sum_{k=1}^{10} k \times 1^{k-1}$$
> $$= \sum_{k=1}^{10} k = \frac{10 \times 11}{2} = 55$$
> 또한 주어진 등식에 $x = 1$을 대입하면
> $$2f(1) = \sum_{k=1}^{10} 1^k = 10$$
> 이므로
> $$2f(1) + 2f'(1) = 10 + 2f'(1) = 55$$
> $$\therefore f'(1) = \frac{45}{2}$$

$\left(\sum\limits_{k=1}^{10} x^k\right)' = \sum\limits_{k=1}^{10} kx^{k-1}$이 성립함을 잘 알아둡시다.

$$\sum_{k=1}^{10} x^k = x + x^2 + x^3 + \cdots + x^{10}$$

의 우변을 x에 대하여 미분하면

$$1 + 2x + 3x^2 + \cdots + 10x^9 = \sum_{k=1}^{10} kx^{k-1}$$

정답 $\dfrac{45}{2}$

03-15

접근 방법 다항식 $f(x)$가 $(x-1)^2$으로 나누어떨어지므로 $f(x) = (x-1)^2 Q(x)$로 나타내고 $f(1)=0$, $f'(1)=0$임을 이용하여 항등식의 미정계수를 구할 수 있습니다.

상세 풀이 $f(x) = ax^{n+1} + bx^n + 1$에서
$$f'(x) = a(n+1)x^n + bnx^{n-1}$$
$f(x)$를 $(x-1)^2$으로 나눈 몫을 $Q(x)$라고 하면
$$f(x) = (x-1)^2 Q(x)$$
양변을 x에 대하여 미분하면
$$f'(x) = 2(x-1)Q(x) + (x-1)^2 Q'(x)$$
이때, $f(1)=0$, $f'(1)=0$이므로
$$f(1) = a + b + 1 = 0 \qquad \cdots\cdots \ \text{㉠}$$
$$f'(1) = a(n+1) + bn = 0 \qquad \cdots\cdots \ \text{㉡}$$
㉠, ㉡을 연립하여 풀면
$$a = n, \ b = -n-1$$

보충 설명 $f(x) = (x-1)^2 Q(x)$에서
$P(x) = (x-1)^2$으로 놓으면 $P'(x) = 2(x-1)$이고,
$f(x) = P(x)Q(x)$이므로 미분법의 공식을 이용하여
$$f'(x) = P'(x)Q(x) + P(x)Q'(x)$$
$$= 2(x-1)Q(x) + (x-1)^2 Q'(x)$$
를 구할 수 있습니다.

정답 ①

03-16

접근 방법 자연수 k에 1, 2를 차례대로 대입하여 평균변화율의 극한값이 존재하는지를 판단하도록 합니다.

상세 풀이 (i) $k=1$일 때, $g(x) = xf(x)$라고 하면
$$\lim_{x\to 0+} \frac{g(x)-g(0)}{x-0} = \lim_{x\to 0+} \frac{x(x^2-1)}{x}$$
$$= \lim_{x\to 0+} (x^2-1) = -1$$
$$\lim_{x\to 0-} \frac{g(x)-g(0)}{x-0} = \lim_{x\to 0-} \frac{x(1-x)}{x}$$
$$= \lim_{x\to 0-} (1-x) = 1$$
에서
$$\lim_{x\to 0+} \frac{g(x)-g(0)}{x-0} \neq \lim_{x\to 0-} \frac{g(x)-g(0)}{x-0}$$
이므로 함수 $g(x) = xf(x)$는 $x=0$에서 미분가능하지 않습니다.

(ii) $k=2$일 때, $h(x) = x^2 f(x)$라고 하면
$$\lim_{x\to 0+} \frac{h(x)-h(0)}{x-0} = \lim_{x\to 0+} \frac{x^2(x^2-1)}{x}$$
$$= \lim_{x\to 0+} x(x^2-1) = 0$$
$$\lim_{x\to 0-} \frac{h(x)-h(0)}{x-0} = \lim_{x\to 0-} \frac{x^2(1-x)}{x}$$
$$= \lim_{x\to 0-} x(1-x) = 0$$
에서 $h'(0) = \lim\limits_{x\to 0} \dfrac{h(x)-h(0)}{x-0} = 0$이므로
함수 $h(x) = x^2 f(x)$는 $x=0$에서 미분가능합니다.
즉, 함수 $x^k f(x)$가 $x=0$에서 미분가능하도록 하는 자연수 k의 최솟값은 2입니다.

보충 설명 함수 $f(x) = \begin{cases} 1-x & (x<0) \\ x^2-1 & (0 \le x < 1) \end{cases}$ 의 도함수는 $f'(x) = \begin{cases} -1 & (x<0) \\ 2x & (0<x<1) \end{cases}$ 로 $x=0$에서 정의되지 않는다는 것을 확인해 둡시다.

정답 2

03-17

접근 방법 도함수의 정의
$$f'(x) = \lim_{h\to 0} \frac{f(x+h)-f(x)}{h}$$를 이용하여 주어진 함수에서의 미분가능성을 조사합니다.

상세 풀이 (1) $x=0$에서 $y=0\times f(0)=0$이고,

$\lim\limits_{x\to 0}xf(x)=0$이므로

$$0\times f(0)=\lim\limits_{x\to 0}xf(x)$$

즉, 함수 $y=xf(x)$는 $x=0$에서 연속입니다. 또한

$$\lim_{h\to 0}\frac{(0+h)f(0+h)-0\times f(0)}{h}$$

$$=\lim_{h\to 0}\frac{hf(h)}{h}=\lim_{h\to 0}f(h)=a$$

따라서 함수 $y=xf(x)$는 $x=0$에서 미분가능합니다.

(2) $x=1$에서 $y=(1-1)f(1)=0$이고

$\lim\limits_{x\to 1}(x-1)f(x)=0$이므로

$$(1-1)f(1)=\lim\limits_{x\to 1}(x-1)f(x)$$

즉, 함수 $y=(x-1)f(x)$는 $x=1$에서 연속입니다. 또한

$$\lim_{h\to 0}\frac{(1+h-1)f(1+h)-(1-1)f(1)}{h}$$

$$=\lim_{h\to 0}\frac{hf(1+h)}{h}=\lim_{h\to 0}f(1+h)$$

$$=f(1)=0$$

따라서 함수 $y=(x-1)f(x)$는 $x=1$에서 미분가능합니다.

보충 설명 (2)에서 미분법의 공식을 이용하여 $y=(x-1)f(x)$를 미분하면 $y'=1\times f(x)+(x-1)f'(x)$를 얻을 수 있고, $x=1$을 대입하면 $y'_{x=1}=f(1)+0\times f'(1)$에서 $f'(1)$의 값에 관계없이 $y'_{x=1}=f(1)=0$으로 $y=(x-1)f(x)$는 $x=1$에서 미분가능함을 알 수 있습니다.

정답 (1) 미분가능 (2) 미분가능

03- 18

접근 방법 함수 $g(x)=|f(x)|$는 $x=0$과 $x=1$에서 미분가능하지 않지만, 우극한 또는 좌극한에서의 평균변화율의 극한값을 이용하여 ㄱ, ㄴ, ㄷ의 참 또는 거짓을 판별하도록 합니다.

상세 풀이 ㄱ. $|h|=t$라고 하면 $h\to 0$일 때 $t\to 0+$이므로

$$\lim_{h\to 0}\frac{g(|h|)}{|h|}=\lim_{t\to 0+}\frac{g(t)}{t}$$

$$=\lim_{t\to 0+}\frac{|t(t-1)|}{t}$$

$$=\lim_{t\to 0+}\frac{-t(t-1)}{t}$$

$$=\lim_{t\to 0+}(-t+1)=1\ (참)$$

ㄴ. $h^2=t$라고 하면 $h\to 0$일 때 $t\to 0+$이고 $f'(1)$의 값이 존재하므로

$$\lim_{h\to 0}\frac{g(1+h^2)-g(1)}{h^2}$$

$$=\lim_{t\to 0+}\frac{g(1+t)-g(1)}{t}$$

$$=\lim_{t\to 0+}\frac{f(1+t)-f(1)}{t}=f'(1)\ (참)$$

ㄷ. $\lim\limits_{h\to 0+}\dfrac{g(1+h)-g(1-h)}{h}$

$$=\lim_{h\to 0+}\frac{f(1+h)+f(1-h)}{h}$$

$$=\lim_{h\to 0+}\left\{\frac{f(1+h)-f(1)}{h}\right.$$

$$\left.-\frac{f(1-h)-f(1)}{-h}\right\}\ (\because f(1)=0)$$

$$=f'(1)-f'(1)=0$$

$$\lim_{h\to 0-}\frac{g(1+h)-g(1-h)}{h}$$

$$=\lim_{h\to 0-}\frac{-f(1+h)-f(1-h)}{h}$$

$$=\lim_{h\to 0-}\left\{-\frac{f(1+h)-f(1)}{h}\right.$$

$$\left.+\frac{f(1-h)-f(1)}{-h}\right\}\ (\because f(1)=0)$$

$$=-f'(1)+f'(1)=0$$

$$\therefore \lim_{h\to 0}\frac{g(1+h)-g(1-h)}{h}=0\ (참)$$

따라서 옳은 것은 ㄱ, ㄴ, ㄷ입니다.

보충 설명 ㄷ에서 $g(x)=|x(x-1)|$이므로 값을 직접 대입하여 극한값이 존재하는지 생각해 보면

$$\lim_{h \to 0} \frac{g(1+h) - g(1-h)}{h}$$

$$= \lim_{h \to 0} \frac{|(1+h)h| - |(1-h)(-h)|}{h}$$

$$= \lim_{h \to 0} \frac{(|1+h| - |1-h|)|h|}{h}$$

$$= \lim_{h \to 0} \frac{(|1+h|^2 - |1-h|^2)|h|}{h(|1+h| + |1-h|)}$$

$$= \lim_{h \to 0} \frac{4h|h|}{h(|1+h| + |1-h|)}$$

$$= \lim_{h \to 0} \frac{4|h|}{|1+h| + |1-h|}$$

$$= 0$$

이므로 극한값이 0으로 존재함을 알 수 있습니다.

정답 ㄱ, ㄴ, ㄷ

03-19

접근 방법 $g(x) = f(x-a) + b$, $h(x) = f(x)g(x)$
라고 하면 함수 $f(x)$는 $x=2$에서만 미분가능하지
않고, 함수 $g(x)$는 $x=2+a$에서만 미분가능하지
않습니다. 따라서 함수 $h(x)$가 $x=2$, $x=2+a$에서
모두 미분가능하면 모든 실수 x에 대하여 미분가능
합니다.

상세 풀이 $f(x) = \begin{cases} 2x & (x<2) \\ \dfrac{1}{2}x+3 & (x \geq 2) \end{cases}$

$g(x) = \begin{cases} 2(x-a)+b & (x<2+a) \\ \dfrac{1}{2}(x-a)+3+b & (x \geq 2+a) \end{cases}$

이므로

$f'(x) = \begin{cases} 2 & (x<2) \\ \dfrac{1}{2} & (x>2) \end{cases}$

$g'(x) = \begin{cases} 2 & (x<2+a) \\ \dfrac{1}{2} & (x>2+a) \end{cases}$

(i) $x=2$에서 함수 $h(x)$의 미분가능성
두 함수 $f(x), g(x)$는 $x=2$에서 연속이므로

$$\lim_{x \to 2-} h'(x)$$

$$= \lim_{x \to 2-} \{f'(x)g(x) + f(x)g'(x)\}$$

$$= 2g(2) + 4 \times \frac{1}{2} \ (\because a+2<2)$$

$$\lim_{x \to 2+} h'(x)$$

$$= \lim_{x \to 2+} \{f'(x)g(x) + f(x)g'(x)\}$$

$$= \frac{1}{2}g(2) + 4 \times \frac{1}{2} \ (\because a+2<2)$$

$\lim_{x \to 2-} h'(x) = \lim_{x \to 2+} h'(x)$이어야 하므로

$$g(2) = 0$$

$$\therefore g(2) = \frac{1}{2}(2-a) + 3 + b = 0 \ \cdots\cdots \ \bigcirc$$

(ii) $x=2+a$에서 함수 $h(x)$의 미분가능성
두 함수 $f(x), g(x)$는 $x=2+a$에서 연속이
므로

$$\lim_{x \to (2+a)-} h'(x)$$

$$= \lim_{x \to (2+a)-} \{f'(x)g(x) + f(x)g'(x)\}$$

$$= 2g(2+a) + f(2+a) \times 2$$
$$(\because a+2<2)$$

$$\lim_{x \to (2+a)+} h'(x)$$

$$= \lim_{x \to (2+a)+} \{f'(x)g(x) + f(x)g'(x)\}$$

$$= 2g(2+a) + f(2+a) \times \frac{1}{2}$$
$$(\because a+2<2)$$

$\lim_{x \to (2+a)-} h'(x) = \lim_{x \to (2+a)+} h'(x)$이어야 하므
로

$$f(2+a) = 0$$

$$\therefore f(2+a) = 2(2+a) = 0 \ \cdots\cdots \ \bigcirc$$

$\bigcirc$, $\bigcirc$을 연립하여 풀면

$$a = -2, \ b = -5$$

$$\therefore a^2 + b^2 = (-2)^2 + (-5)^2 = 29$$

정답 29

03-20

접근 방법 함수 $f(x)$가 미분가능하다는 것 이외에는

어떤 함수인지 알 수 없으므로 미분계수의 정의를 이용하여 $f'(0)=8$을 나타낸 다음, 조건 ㈎에서 주어진 등식과 도함수의 정의를 이용하여 $f'(x)$를 구하도록 합니다.

상세 풀이 조건 ㈎에서 주어진 등식에 $x=0$, $y=0$을 대입하면

$$f(0)=f(0)-f(0) \qquad \therefore f(0)=0$$

이때, 조건 ㈏에서 $f'(0)=8$이므로

$$f'(0)=\lim_{h\to 0}\frac{f(h)-f(0)}{h}$$

$$=\lim_{h\to 0}\frac{f(h)}{h}=8$$

한편, $f'(x)$를 구하면

$$f'(x)=\lim_{h\to 0}\frac{f(x+h)-f(x)}{h}$$

여기서 조건 ㈎에서 주어진 등식에 $y=-h$를 대입하면

$$f(x+h)=f(x)-f(-h)-xh(x+h)$$

이므로

$$f'(x)=\lim_{h\to 0}\frac{f(x+h)-f(x)}{h}$$

$$=\lim_{h\to 0}\frac{-f(-h)-xh(x+h)}{h}$$

$$=\lim_{h\to 0}\left\{\frac{f(-h)}{-h}-x^2-xh\right\}$$

$$=f'(0)-x^2=8-x^2$$

보충 설명 예를 들어, 함수 $f(x)$가 삼차함수로 주어지면 $f(x)=ax^3+bx^2+cx+d \ (a\neq 0)$로 놓고 미분법의 공식을 이용하여 도함수 $f'(x)$를 구할 수 있겠지만, 이 문제처럼 미분가능하다는 것 이외에 아무런 조건이 없을 때에는 정의를 이용하여 접근할 수밖에 없습니다.

정답 $f'(x)=8-x^2$

예제 01 접점의 좌표가 주어진 접선의 방정식 p.137

01-1

(1) $f(x) = -2x^2 + 5x - 2$라고 하면

$$f'(x) = -4x + 5$$

곡선 $y = f(x)$ 위의 점 $(1, 1)$에서의 접선의 기울기는 $x = 1$에서의 미분계수 $f'(1)$이고

$$f'(1) = -4 \times 1 + 5 = 1$$

따라서 구하는 접선은 기울기가 1이고 점 $(1, 1)$을 지나므로 접선의 방정식은

$$y - 1 = 1 \times (x - 1)$$

$$\therefore y = x$$

(2) $f(x) = x^3 - 2x + 1$이라고 하면

$$f'(x) = 3x^2 - 2$$

곡선 $y = f(x)$ 위의 점 $(1, 0)$에서의 접선의 기울기는 $x = 1$에서의 미분계수 $f'(1)$이고

$$f'(1) = 3 \times 1^2 - 2 = 1$$

따라서 구하는 접선은 기울기가 1이고 점 $(1, 0)$을 지나므로 접선의 방정식은

$$y - 0 = 1 \times (x - 1)$$

$$\therefore y = x - 1$$

정답 (1) $y = x$ (2) $y = x - 1$

01-2

$f(x) = x^3 - ax + b$라고 하면

$$f'(x) = 3x^2 - a$$

점 $(1, 1)$은 곡선 $y = f(x)$ 위의 점이므로

$$f(1) = 1 - a + b = 1 \quad \therefore a = b \quad \cdots\cdots \ \unicode{x24B6}$$

또한 곡선 $y = f(x)$ 위의 점 $(1, 1)$에서의 접선의 기울기는

$$f'(1) = 3 - a$$

이므로 구하는 접선의 방정식은

$$y - 1 = (3 - a)(x - 1)$$

$$\therefore y = (3 - a)x + a - 2$$

이 접선이 원점을 지나므로

$$0 = a - 2 \quad \therefore a = 2$$

$\unicode{x24B6}$에서 $b = 2$

$$\therefore ab = 2 \times 2 = 4$$

정답 4

01-3

$f(x) = -x^3 + x$라고 하면

$$f'(x) = -3x^2 + 1$$

곡선 $y = f(x)$ 위의 점 $P(2, -6)$에서의 접선의 기울기는

$$f'(2) = -3 \times 2^2 + 1 = -11$$

이므로 접선의 방정식은

$$y + 6 = -11(x - 2)$$

$$\therefore y = -11x + 16$$

이 식을 $y = -x^3 + x$와 연립하여 교점의 x좌표를 구하면

$$-x^3 + x = -11x + 16$$

$$x^3 - 12x + 16 = 0, \ (x - 2)^2(x + 4) = 0$$

$$\therefore x = 2 \ \text{또는} \ x = -4$$

이때, $x = 2$는 점 P의 x좌표이므로 점 Q의 x좌표는 $x = -4$입니다.

따라서 곡선 $y = f(x)$ 위의 점 $Q(-4, 60)$에서의 접선의 기울기는

$$f'(-4) = -3 \times (-4)^2 + 1 = -47$$

이므로 구하는 접선의 방정식은

$$y - 60 = -47(x + 4)$$

$$\therefore y = -47x - 128$$

정답 $y = -47x - 128$

예제 02 기울기가 주어진 접선의 방정식 p.139

02-1

(1) $f(x) = -x^2 + 4x + 2$라고 하면

$$f'(x) = -2x + 4$$

접점의 좌표를 $(a, -a^2 + 4a + 2)$라고 하면 직선 $2x + y - 3 = 0$, 즉 $y = -2x + 3$에 평행한 접선의 기울기는 -2이므로

$$f'(a) = -2a + 4 = -2 \quad \therefore a = 3$$

따라서 접점의 좌표가 $(3, 5)$이므로 구하는 접선의 방정식은

$$y-5=-2(x-3)$$
$$\therefore y=-2x+11$$

(2) $f(x)=x^3-3x^2+2$라고 하면
$$f'(x)=3x^2-6x$$

접점의 좌표를 $(a,\ a^3-3a^2+2)$라고 하면 직선 $x-3y-1=0$, 즉 $y=\dfrac{1}{3}x-\dfrac{1}{3}$에 수직인 접선의 기울기는 -3이므로
$$f'(a)=3a^2-6a=-3,\ a^2-2a+1=0$$
$$(a-1)^2=0 \qquad \therefore a=1$$

따라서 접점의 좌표가 $(1,\ 0)$이므로 구하는 접선의 방정식은
$$y-0=-3(x-1)$$
$$\therefore y=-3x+3$$

정답   (1) $y=-2x+11$ (2) $y=-3x+3$

02-**2**

$f(x)=x^3+5$라고 하면 $f'(x)=3x^2$

곡선 $y=f(x)$에 접하고 기울기가 3인 접선에 대하여 접점의 좌표를 $(t,\ t^3+5)$라고 하면
$$f'(t)=3t^2=3,\ t^2-1=0$$
$$(t+1)(t-1)=0$$
$$\therefore t=-1 \ \text{또는} \ t=1$$

따라서 접점의 좌표가 $(-1,\ 4)$ 또는 $(1,\ 6)$이므로

직선 $y=3x+a$가 점 $(-1,\ 4)$에서의 접선일 때
$$4=3\times(-1)+a \qquad \therefore a=7$$

직선 $y=3x+a$가 점 $(1,\ 6)$에서의 접선일 때
$$6=3\times1+a \qquad \therefore a=3$$

따라서 구하는 모든 상수 a의 값의 합은
$$7+3=10$$

정답   ⑤

02-**3**

$f(x)=x^3-2x^2+kx+3$이라고 하면
$$f'(x)=3x^2-4x+k$$

곡선 $y=f(x)$ 위의 어떤 점에서도 직선 $y=x$에 수직인 접선, 즉 기울기가 -1인 접선을 그을 수 없으므로 미분계수가 -1인 점이 존재하지 않습니다.

따라서 임의의 실수 x에 대하여
$$f'(x)=3x^2-4x+k\neq-1$$
$$\Longleftrightarrow 3x^2-4x+k+1\neq0$$
이어야 합니다.

즉, x에 대한 이차방정식 $3x^2-4x+k+1=0$의 실근이 존재하지 않으므로 이차방정식의 판별식을 D라고 하면
$$\frac{D}{4}=4-3(k+1)<0 \qquad \therefore k>\frac{1}{3}$$

따라서 구하는 상수 k의 값의 범위는 $k>\dfrac{1}{3}$입니다.

정답 $k>\dfrac{1}{3}$

예제 03   곡선 밖의 한 점에서 곡선에 그은 접선의 방정식   p.141

03-**1**

(1) $f(x)=x^2+2$라고 하면 $f'(x)=2x$

접점의 좌표를 $(a,\ a^2+2)$라고 하면 이 점에서의 접선의 방정식은
$$y-(a^2+2)=2a(x-a) \qquad \cdots\cdots ㉠$$

이 접선이 점 $(1,\ -1)$을 지나므로
$$-1-(a^2+2)=2a(1-a)$$
$$a^2-2a-3=0,\ (a+1)(a-3)=0$$
$$\therefore a=-1 \ \text{또는} \ a=3$$

따라서 $a=-1,\ a=3$을 ㉠에 각각 대입하면 구하는 접선의 방정식은
$$y=-2x+1 \ \text{또는} \ y=6x-7$$

(2) $f(x)=x^3-3x^2-5$라고 하면 $f'(x)=3x^2-6x$

접점의 좌표를 $(a,\ a^3-3a^2-5)$라고 하면 이 점에서의 접선의 방정식은
$$y-(a^3-3a^2-5)=(3a^2-6a)(x-a)$$
$$\cdots\cdots ㉠$$

이 접선이 원점을 지나므로
$$-a^3+3a^2+5=-3a^3+6a^2$$
$$2a^3-3a^2+5=0$$
$$(a+1)(2a^2-5a+5)=0$$

이때, $2a^2-5a+5=2\left(a-\dfrac{5}{4}\right)^2+\dfrac{15}{8}>0$이므로

$\qquad a=-1$

따라서 $a=-1$을 ㉠에 대입하면 구하는 접선의 방정식은

$\qquad y=9x$

정답 (1) $y=-2x+1$ 또는 $y=6x-7$ (2) $y=9x$

03-2

$f(x)=x^3-2x^2+1$이라고 하면 $f'(x)=3x^2-4x$

접점의 좌표를 $(a,\ a^3-2a^2+1)$이라고 하면 이 점에서의 접선의 방정식은

$\qquad y-(a^3-2a^2+1)=(3a^2-4a)(x-a)$

이 접선이 점 $(3,\ 1)$을 지나므로

$\qquad 1-(a^3-2a^2+1)=(3a^2-4a)(3-a)$

$\qquad 2a^3-11a^2+12a=0,\ a(2a-3)(a-4)=0$

$\qquad \therefore a=0$ 또는 $a=\dfrac{3}{2}$ 또는 $a=4$

(i) $a=0$일 때, 접선의 기울기는 0

(ii) $a=\dfrac{3}{2}$일 때, 접선의 기울기는 $\dfrac{3}{4}$

(iii) $a=4$일 때, 접선의 기울기는 32

(i)~(iii)에서 기울기가 가장 큰 접선의 기울기는 32입니다.

정답 32

03-3

$f(x)=x^3-3x^2+2$라고 하면

$\qquad f'(x)=3x^2-6x$

접점의 좌표를 $(t,\ t^3-3t^2+2)$라고 하면 이 점에서의 접선의 방정식은

$\qquad y-(t^3-3t^2+2)=(3t^2-6t)(x-t)$

이 접선이 점 $(a,\ 2)$를 지나므로

$\qquad 2-(t^3-3t^2+2)=(3t^2-6t)(a-t)$

$\qquad 2t^3-3(a+1)t^2+6at=0$

$\qquad t\{2t^2-3(a+1)t+6a\}=0 \qquad \cdots\cdots$ ㉠

이때, 점 $(a,\ 2)$에서 곡선에 서로 다른 두 개의 접선

을 그을 수 있으므로 ㉠은 서로 다른 두 실근을 가집니다. 즉, 이차방정식 $2t^2-3(a+1)t+6a=0$의 서로 다른 두 실근 중 하나가 0이거나 이 이차방정식이 0이 아닌 중근을 가져야 합니다.

(i) 이차방정식 $2t^2-3(a+1)t+6a=0$의 서로 다른 두 실근 중 하나가 0인 경우

이차방정식에 $t=0$을 대입하면

$\qquad 6a=0 \qquad \therefore a=0$

(ii) 이차방정식 $2t^2-3(a+1)t+6a=0$이 0이 아닌 중근을 가지는 경우

0을 근으로 가지지 않으므로 $6a\neq0$이고, 이 이차방정식의 판별식을 D라고 하면

$\qquad D=9(a+1)^2-48a=0$

$\qquad 3a^2-10a+3=0,\ (3a-1)(a-3)=0$

$\qquad \therefore a=\dfrac{1}{3}$ 또는 $a=3$

(i), (ii)에서 구하는 모든 상수 a의 값의 합은

$\qquad 0+\dfrac{1}{3}+3=\dfrac{10}{3}$

정답 $\dfrac{10}{3}$

예제 04 공통접선 p.143

04-1

$f(x)=x^3-3x^2+3x+2,\ g(x)=x^2-kx+4$라고 하면

$\qquad f'(x)=3x^2-6x+3,\ g'(x)=2x-k$

이때, 두 함수의 그래프가 교점 $\mathrm{P}(a,\ b)$에서 공통접선을 가지므로

$f(a)=g(a)$에서

$\qquad a^3-3a^2+3a+2=a^2-ka+4$

$\qquad \therefore a^3-4a^2+(3+k)a-2=0 \qquad \cdots\cdots$ ㉠

$f'(a)=g'(a)$에서

$\qquad 3a^2-6a+3=2a-k$

$\qquad \therefore 3a^2-8a+3+k=0 \qquad \cdots\cdots$ ㉡

㉡에서 $k=-3a^2+8a-3$이므로 ㉠에 대입하면

$$a^3 - 4a^2 + (3 - 3a^2 + 8a - 3)a - 2 = 0$$
$$a^3 - 2a^2 + 1 = 0, \ (a-1)(a^2 - a - 1) = 0$$

그런데 k가 정수이려면 a도 정수이어야 합니다. 즉,

$$a = 1$$

$a = 1$을 ⓒ에 대입하여 풀면

$$k = 2$$

정답 2

04-2

$f(x) = x^2 + ax, \ g(x) = bx^3 + a$라고 하면

$$f'(x) = 2x + a, \ g'(x) = 3bx^2$$

이때, 두 곡선이 $x = 1$인 점에서 공통접선을 가지므로

$f(1) = g(1)$에서 $1 + a = b + a$ ······ ㉠
$f'(1) = g'(1)$에서 $2 + a = 3b$ ······ ㉡

㉠, ㉡을 연립하여 풀면

$$a = 1, \ b = 1$$
$$\therefore a + b = 1 + 1 = 2$$

정답 2

04-3

$f(x) = x^2$이라고 하면 $f'(x) = 2x$

곡선 $y = f(x)$ 위의 점 $(-2, 4)$에서의 접선의 기울기가 $f'(-2) = -4$이므로 접선의 방정식은

$$y - 4 = -4(x + 2)$$
$$\therefore y = -4x - 4 \qquad \cdots\cdots ㉠$$

$g(x) = x^3 + ax - 2$라고 하면 $g'(x) = 3x^2 + a$

직선 ㉠과 곡선 $y = g(x)$의 접점의 좌표를 $(t, t^3 + at - 2)$라고 하면 이 점에서의 접선의 기울기가 -4이므로

$$3t^2 + a = -4 \qquad \cdots\cdots ㉡$$

또한 두 점 $(-2, 4), \ (t, t^3 + at - 2)$를 지나는 직선의 기울기가 접선의 기울기 -4와 같으므로

$$\frac{t^3 + at - 2 - 4}{t - (-2)} = -4$$
$$\therefore t^3 + (a+4)t + 2 = 0 \qquad \cdots\cdots ㉢$$

㉡에서 $a = -3t^2 - 4$이므로 ㉢에 대입하면

$$t^3 + (-3t^2 - 4 + 4)t + 2 = 0, \ t^3 - 1 = 0$$
$$(t-1)(t^2 + t + 1) = 0$$

이때, $t^2 + t + 1 = \left(t + \dfrac{1}{2}\right)^2 + \dfrac{3}{4} > 0$이므로

$$t = 1$$

$t = 1$을 ㉡에 대입하여 풀면

$$a = -7$$

정답 -7

예제 05 롤의 정리   p.149

05-1

함수 $f(x) = x^3 - x$는 다항함수이므로 닫힌구간 $[0, 1]$에서 연속이고 열린구간 $(0, 1)$에서 미분가능합니다.

또한 $f(0) = f(1) = 0$이므로 롤의 정리에 의하여 $f'(c) = 0$인 c가 열린구간 $(0, 1)$에 적어도 하나 존재합니다.

이때, $f'(x) = 3x^2 - 1$이므로

$$f'(c) = 3c^2 - 1 = 0, \ (\sqrt{3}c - 1)(\sqrt{3}c + 1) = 0$$
$$\therefore c = \frac{\sqrt{3}}{3} \ \text{또는} \ c = -\frac{\sqrt{3}}{3}$$

그런데 $0 < c < 1$이므로 $c = \dfrac{\sqrt{3}}{3}$ 입니다.

정답 $\dfrac{\sqrt{3}}{3}$

05-2

함수 $f(x)$는 닫힌구간 $[a, b]$에서 연속이고 열린구간 (a, b)에서 미분가능하며 $f(a) = f(b) = 0$이므로 롤의 정리에 의하여 $f'(c) = 0$인 c가 열린구간 (a, b)에 적어도 하나 존재합니다. 이때, 함수 $y = f(x)$의 그래프에서 $f'(c) = 0$을 만족시키는 c의 개수는 x축과 평행한 접선의 접점의 개수이므로 오른쪽 그림과 같이 구하는 c의 개수는 3입니다.

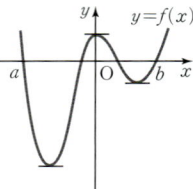

정답 3

05-3

함수 $f(x)=(x-a)(x-b)+1$은 다항함수이므로 닫힌구간 $[a, b]$에서 연속이고 열린구간 (a, b)에서 미분가능합니다.

또한 $f(a)=f(b)=1$이므로 롤의 정리에 의하여 $f'(c)=0$인 c가 열린구간 (a, b)에 적어도 하나 존재합니다.

이때, $f'(x)=2x-(a+b)$이므로
$$f'(c)=2c-(a+b)=0$$
$$\therefore c=\frac{a+b}{2}$$

정답 $c=\dfrac{a+b}{2}$

예제 06   평균값 정리   p.151

06-1

함수 $f(x)=x^3-x$는 다항함수이므로 닫힌구간 $[-\sqrt{3}, \sqrt{3}]$에서 연속이고 열린구간 $(-\sqrt{3}, \sqrt{3})$에서 미분가능합니다.

따라서 평균값 정리에 의하여
$$\frac{f(\sqrt{3})-f(-\sqrt{3})}{\sqrt{3}-(-\sqrt{3})}=f'(c)$$
인 c가 열린구간 $(-\sqrt{3}, \sqrt{3})$에 적어도 하나 존재합니다.

이때, $f'(x)=3x^2-1$이므로
$$\frac{2\sqrt{3}-(-2\sqrt{3})}{\sqrt{3}-(-\sqrt{3})}=3c^2-1, \ 3c^2-1=2$$
$$c^2-1=0, \ (c+1)(c-1)=0$$
$$\therefore c=-1 \ \text{또는} \ c=1 \ (\because -\sqrt{3}<c<\sqrt{3})$$

정답 -1 또는 1

06-2

함수 $f(x)=x^2-x$는 다항함수이므로 닫힌구간 $[0, 2]$에서 연속이고 열린구간 $(0, 2)$에서 미분가능합니다.

따라서 평균값 정리에 의하여
$$\frac{f(x_2)-f(x_1)}{x_2-x_1}=f'(c) \ (0 \le x_1 < x_2 \le 2)$$
인 c가 열린구간 $(0, 2)$에 적어도 하나 존재합니다.

이때, $f'(x)=2x-1$이고 $0<c<2$이므로
$$-1<f'(c)<3$$
따라서 집합 $S=\{x \mid -1<x<3\}$이므로 집합 S에 속하는 정수는 $0, 1, 2$의 3개입니다.

정답   3

06-3

$F(x)=f(x)-g(x)$라고 하면 두 함수 $f(x), g(x)$가 닫힌구간 $[a, b]$에서 연속이고 열린구간 (a, b)에서 미분가능하므로 함수 $F(x)$도 닫힌구간 $[a, b]$에서 연속이고 열린구간 (a, b)에서 미분가능합니다.

또한 열린구간 (a, b)에 속하는 모든 x에 대하여 $f'(x)=g'(x)$이므로
$$F'(x)=f'(x)-g'(x)=0$$
따라서 함수 $F(x)$는 닫힌구간 $[a, b]$에서 상수함수이므로
$$F(x)=f(x)-g(x)=k \ (\text{단, } k\text{는 상수})$$
$$\therefore f(x)=g(x)+k \ (\text{단, } k\text{는 상수})$$

정답   풀이 참조

p.152~153

기본 다지기

04-1 **1** 28 **2** 18 **3** 16 **4** $\dfrac{81}{4}$ **5** $\dfrac{70}{9}$

  6 $2\sqrt{2}$ **7** (1) 1 (2) $m=2$, $(2, 4)$ **8** 10

  9 $-1<k<3$ **10** 20

04-1

접근 방법 곡선 $y=f(x)$ 위의 한 점 $(a, f(a))$가 주어진 경우이므로 $y-f(a)=f'(a)(x-a)$를 이용합니다.

상세 풀이 $f(x)=x^3+2$라고 하면 $f'(x)=3x^2$이므로 $x=a$인 점에서의 접선의 기울기는

$$f'(a)=3a^2 \qquad \cdots\cdots ㉠$$

한편, 점 $\mathrm{P}(a, -6)$은 주어진 곡선 위의 점이므로

$$-6=a^3+2,\ a^3+8=0$$
$$(a+2)(a^2-2a+4)=0$$

이때, $a^2-2a+4=(a-1)^2+3>0$이므로

$$a=-2$$

$a=-2$를 ㉠에 대입하면 $f'(-2)=12$

따라서 점 $\mathrm{P}(-2, -6)$에서의 접선의 방정식은

$$y+6=12(x+2),\ y=12x+18$$
$$\therefore\ m=12,\ n=18$$
$$\therefore\ a+m+n=-2+12+18=28$$

보충 설명 곡선 $y=f(x)$ 위의 한 점 $(a, f(a))$에서의 접선의 기울기는 $x=a$에서의 미분계수 $f'(a)$와 같습니다.

정답 28

04-2

접근 방법 함수 $y=f(x)$의 그래프 위의 $x=4$인 점에서의 접선의 방정식을 구하려면 접점의 y좌표인 $f(4)$와 접선의 기울기인 $f'(4)$의 값을 알아야 합니다. 주어진 등식 $\displaystyle\lim_{x\to2}\dfrac{f(x^2)-2}{x-2}=4$와 미분계수의 정의를 이용하면 위의 두 값을 구할 수 있습니다.

상세 풀이 $\displaystyle\lim_{x\to2}\dfrac{f(x^2)-2}{x-2}=4$에서 $x\to2$일 때, 극한값이 존재하고 (분모) $\to0$이므로 (분자) $\to0$이어야 합니다.

즉, $\displaystyle\lim_{x\to2}\{f(x^2)-2\}=f(4)-2=0$

$$\therefore f(4)=2 \qquad \cdots\cdots ㉠$$

주어진 등식을 이용하여 미분계수를 구하면

$$\lim_{x\to2}\dfrac{f(x^2)-2}{x-2}$$
$$=\lim_{x\to2}\left\{\dfrac{f(x^2)-f(4)}{x^2-4}\times(x+2)\right\}$$
$$=4f'(4)=4$$
$$\therefore f'(4)=1 \qquad \cdots\cdots ㉡$$

㉠, ㉡에서 접점의 좌표는 $(4, 2)$이고, 이 점에서의 접선의 기울기는 1이므로 구하는 접선의 방정식은

$$y-2=1\times(x-4) \qquad \therefore\ y=x-2$$

따라서 $g(x)=x-2$이므로

$$g(20)=20-2=18$$

보충 설명 미분계수 $f'(4)$는 다음과 같이 다양한 방법으로 나타낼 수 있습니다.

$$f'(4)=\lim_{h\to0}\dfrac{f(4+h)-f(4)}{h}$$
$$=\lim_{x\to4}\dfrac{f(x)-f(4)}{x-4}$$
$$=\lim_{x\to2}\dfrac{f(x^2)-f(4)}{x^2-4} \qquad \cdots\cdots ㉠$$

이외의 다른 방법으로도 나타낼 수 있으므로 각각을 외우기보다는 극한값으로 주어졌을 때 의미하는 바를 정확하게 파악하는 것이 중요합니다.

즉, ㉠의 경우 $x\to2$일 때, $x^2\to4$이므로 미분계수의 정의에 따라 $f'(4)$임을 이해할 수 있어야 합니다.

정답 18

04-3

접근 방법 주어진 곡선 위의 점 (a, a^2-2a+5)에서의 접선의 방정식을 구한 다음 이 접선이 점 $\mathrm{A}(1, 0)$을 지남을 이용하여 접점의 좌표를 구합니다.

상세 풀이 $f(x)=x^2-2x+5$라고 하면

$$f'(x)=2x-2$$

접점의 좌표를 (a, a^2-2a+5)라고 하면 이 점에서의 접선의 방정식은

$$y-(a^2-2a+5)=(2a-2)(x-a)$$

$$\therefore y=(2a-2)x-a^2+5$$

이 접선이 점 $A(1, 0)$을 지나므로 $x=1$, $y=0$을 대입하면

$$0=2a-2-a^2+5, \ a^2-2a-3=0$$

$$(a+1)(a-3)=0$$

$$\therefore a=-1 \ \text{또는} \ a=3$$

따라서 접점의 좌표가 $(-1, 8)$, $(3, 8)$이므로 삼각형 ABC를 좌표평면 위에 나타내면 오른쪽 그림과 같습니다.

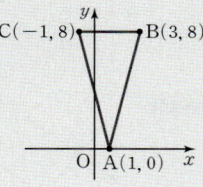

그러므로 삼각형 ABC의 넓이는

$$\frac{1}{2}\times 4\times 8=16$$

보충 설명 밑변을 선분 AC로 보고 삼각형의 넓이를 구할 수도 있습니다.

$$\overline{AC}=\sqrt{(-2)^2+8^2}$$

$$=2\sqrt{17}$$

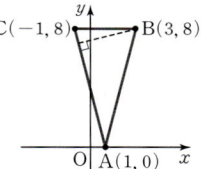

두 점 A, C를 지나는 직선의 방정식을 구하면

$$y=\frac{8-0}{-1-1}(x-1) \quad \therefore 4x+y-4=0$$

선분 AC와 꼭짓점 $B(3, 8)$ 사이의 거리는 점과 직선 사이의 거리 공식에 의하여

$$\frac{|4\times 3+8-4|}{\sqrt{4^2+1^2}}=\frac{16}{\sqrt{17}}$$

따라서 삼각형 ABC의 넓이는

$$\frac{1}{2}\times 2\sqrt{17}\times \frac{16}{\sqrt{17}}=16$$

좌표평면에서 삼각형의 넓이를 구할 때, 높이를 쉽게 알 수 없는 경우에는 위와 같은 방법을 이용합니다.

정답 16

04-4

접근 방법 서로 수직인 두 직선의 기울기의 곱은 -1입니다. 이를 이용하면 주어진 곡선에 접하는 접선의 기울기를 구할 수 있습니다.

상세 풀이 $f(x)=x^2-4x$라고 하면

$$f'(x)=2x-4$$

접점의 좌표를 (a, a^2-4a)라고 하면 직선 $y=-\frac{1}{2}x+3$에 수직인 접선의 기울기는 2이므로

$$f'(a)=2a-4=2 \quad \therefore a=3$$

따라서 접점의 좌표가 $(3, -3)$이므로 구하는 접선의 방정식은

$$y+3=2(x-3)$$

$$\therefore y=2x-9$$

이 접선이 x축, y축과 만나는 두 점 A, B의 좌표는

$$A\left(\frac{9}{2}, 0\right), B(0, -9)$$

따라서 삼각형 OAB의 넓이는

$$\frac{1}{2}\times \frac{9}{2}\times 9=\frac{81}{4}$$

보충 설명 기울기가 각각 m_1, m_2인 두 직선이 서로 수직이면 $m_1 m_2=-1$입니다.

두 직선 $y=m_1 x$, $y=m_2 x$와 직선 $x=1$에 대하여 오른쪽 그림에서 $\overline{PQ}^2=\overline{OP}^2+\overline{OQ}^2$임을 이용하면 이를 쉽게 증명할 수 있습니다. 또한 두

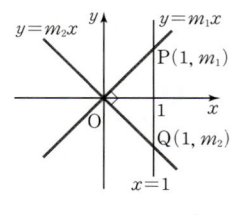

직선이 수직이면 평행이동해도 수직이므로 일반적인 두 직선 $y=m_1 x+n_1$, $y=m_2 x+n_2$에 대해서도 성립합니다.

정답 $\dfrac{81}{4}$

04-5

접근 방법 곡선 $y=x^3-4x^2$에 접하고 기울기가 1인 접선이 2개이므로 미분계수가 1이 되는 x의 값이 2개입니다. 즉, 도함수 $f'(x)$에 대하여 방정식 $f'(x)=1$의 근이 2개임을 이용합니다.

상세 풀이 $f(x)=x^3-4x^2$이라고 하면

$$f'(x)=3x^2-8x$$

접점의 좌표를 $(t,\ t^3-4t^2)$이라고 하면 이 점에서의 접선의 기울기가 1이므로

$$f'(t)=3t^2-8t=1$$

이때, 이차방정식 $3t^2-8t-1=0$의 두 근은 두 접선의 접점의 x좌표입니다.

즉, 이차방정식 $3t^2-8t-1=0$의 두 근이 $\alpha,\ \beta$이므로 근과 계수의 관계에 의하여

$$\alpha+\beta=\frac{8}{3},\ \alpha\beta=-\frac{1}{3}$$

$$\therefore \alpha^2+\beta^2=(\alpha+\beta)^2-2\alpha\beta$$

$$=\left(\frac{8}{3}\right)^2-2\times\left(-\frac{1}{3}\right)=\frac{70}{9}$$

보충 설명 이차방정식의 근과 계수의 관계

이차방정식 $ax^2+bx+c=0$의 두 근을 $\alpha,\ \beta$라고 하면

$$\alpha+\beta=-\frac{b}{a},\ \alpha\beta=\frac{c}{a},\ |\alpha-\beta|=\frac{\sqrt{b^2-4ac}}{|a|}$$

정답 $\dfrac{70}{9}$

04-6

접근 방법 직선이 x축의 양의 방향과 이루는 각의 크기가 θ일 때, 그 직선의 기울기는 $\tan\theta$임을 이용하여 접선의 기울기를 구합니다.

상세 풀이 $f(x)=-x^3+3x^2+x+1$이라고 하면

$$f'(x)=-3x^2+6x+1$$

접점의 좌표를 $(a,\ -a^3+3a^2+a+1)$이라고 하면 이 점에서의 접선의 기울기가

$$\tan 45°=1$$

이므로

$$f'(a)=-3a^2+6a+1=1$$

$$3a^2-6a=0,\ a(a-2)=0$$

$$\therefore a=0 \ \text{또는} \ a=2$$

(ⅰ) $a=0$일 때, 접점의 좌표가 $(0,\ 1)$이므로 구하는 접선의 방정식은

$$y-1=1\times x$$

$$\therefore y=x+1 \qquad \cdots\cdots \ ㉠$$

(ⅱ) $a=2$일 때, 접점의 좌표가 $(2,\ 7)$이므로 구하는 접선의 방정식은

$$y-7=1\times(x-2)$$

$$\therefore y=x+5 \qquad \cdots\cdots \ ㉡$$

두 직선 ㉠, ㉡ 사이의 거리는 직선 ㉠ 위의 점 $(0,\ 1)$과 직선 ㉡ 사이의 거리와 같으므로 점과 직선 사이의 거리 공식에 의하여

$$\frac{|0-1+5|}{\sqrt{1^2+(-1)^2}}=\frac{4}{\sqrt{2}}=2\sqrt{2}$$

보충 설명

(두 직선 l_1, l_2 사이의 거리)
=(점 P와 직선 l_2 사이의 거리)

위의 그림과 같이 평행한 두 직선 사이의 거리는 한 직선 위의 점과 다른 직선 사이의 거리와 같습니다. 이때, 점 $(x_1,\ y_1)$과 직선 $ax+by+c=0$ 사이의 거리는 $\dfrac{|ax_1+by_1+c|}{\sqrt{a^2+b^2}}$ 입니다.

정답 $2\sqrt{2}$

04-7

접근 방법 (1)에서 곡선 밖의 한 점에서 곡선에 그은 접선의 방정식은 접점의 좌표를 미지수를 이용하여 놓고, 이 접점에서의 접선이 점 $(1,\ 3)$을 지남을 이용합니다. 또한 (2)에서는 곡선 $y=x^3-10x+16$과 직선 $y=mx$가 서로 접하므로 이 직선이 주어진 곡선의 접선임을 이용합니다.

상세 풀이 (1) $f(x)=x^3-2x$라고 하면

$$f'(x)=3x^2-2$$

접점의 좌표를 $(a,\ a^3-2a)$라고 하면 이 점에

서의 접선의 방정식은

$$y-(a^3-2a)=(3a^2-2)(x-a)$$
$$\cdots\cdots \text{㉠}$$

이 접선이 점 $(1, 3)$을 지나므로 $x=1$, $y=3$을 대입하면

$$3-(a^3-2a)=(3a^2-2)(1-a)$$
$$2a^3-3a^2+5=0$$
$$(a+1)(2a^2-5a+5)=0$$

이때, $2a^2-5a+5=2\left(a-\dfrac{5}{4}\right)^2+\dfrac{15}{8}>0$이므로 $a=-1$입니다.

따라서 $a=-1$을 ㉠에 대입하면 구하는 접선의 방정식은

$$y-1=x+1$$
$$\therefore y=x+2$$

즉, 접선의 기울기는 1입니다.

(2) $f(x)=x^3-10x+16$이라고 하면

$$f'(x)=3x^2-10$$

곡선 $y=f(x)$와 직선 $y=mx$가 서로 접하므로 접점의 좌표를 $(a, a^3-10a+16)$이라고 하면

$$f'(a)=3a^2-10=m \quad\cdots\cdots \text{㉠}$$

또한 $x=a$에서의 함숫값이 같으므로

$$a^3-10a+16=ma \quad\cdots\cdots \text{㉡}$$

㉠을 ㉡에 대입하면

$$a^3-10a+16=3a^3-10a$$
$$2a^3-16=0, \ a^3-8=0$$
$$(a-2)(a^2+2a+4)=0$$

이때, $a^2+2a+4=(a+1)^2+3>0$이므로

$$a=2$$

$a=2$를 ㉠에 대입하면 $m=2$

따라서 $m=2$이고 이때의 접점의 좌표는 $(2, 4)$입니다.

보충 설명 곡선 밖의 한 점 (x_1, y_1)이 주어질 때에는 접점의 좌표를 $(a, f(a))$라 하고, 접선의 방정식 $y-f(a)=f'(a)(x-a)$에 점 (x_1, y_1)의 좌표를 대입하여 a의 값을 구합니다.

정답 (1) 1 (2) $m=2$, $(2, 4)$

04-8

접근 방법 두 곡선이 공통접선을 가지므로 각각의 곡선에 대하여 접점에서의 접선의 기울기가 같음을 이용합니다.

상세 풀이 $x^3+3=x^3-1$을 만족시키는 x의 값이 존재하지 않으므로 두 곡선은 서로 만나지 않습니다. 즉, 공통접선과 두 곡선이 서로 다른 접점을 가집니다.

$f(x)=x^3+3$이라고 하면 $f'(x)=3x^2$

곡선 $y=f(x)$와 공통접선의 접점의 좌표를 (a, a^3+3)이라고 하면 접선의 방정식은

$$y-(a^3+3)=3a^2(x-a)$$
$$\therefore y=3a^2x-2a^3+3 \quad\cdots\cdots \text{㉠}$$

또한 $g(x)=x^3-1$이라고 하면 $g'(x)=3x^2$

곡선 $y=g(x)$와 공통접선의 접점의 좌표를 (b, b^3-1)이라고 하면 접선의 방정식은

$$y-(b^3-1)=3b^2(x-b)$$
$$\therefore y=3b^2x-2b^3-1 \quad\cdots\cdots \text{㉡}$$

이때, 두 직선 ㉠, ㉡이 일치하므로

$$3a^2=3b^2, \ -2a^3+3=-2b^3-1$$

$3a^2=3b^2$에서 $(a-b)(a+b)=0$

$$\therefore a=-b \ (\because a\neq b)$$

$a=-b$를 $-2a^3+3=-2b^3-1$에 대입하면

$$2b^3+3=-2b^3-1, \ 4b^3+4=0$$
$$b^3+1=0, \ (b+1)(b^2-b+1)=0$$

이때, $b^2-b+1=\left(b-\dfrac{1}{2}\right)^2+\dfrac{3}{4}>0$이므로

$$b=-1$$

$b=-1$을 ㉡에 대입하면 구하는 공통접선의 방정식은

$$y=3x+1$$

따라서 $m=3$, $n=1$이므로 $m^2+n^2=3^2+1^2=10$

보충 설명 두 곡선이 공통접선을 가진다고 해서 두 곡선이 반드시 한 점에서 만나는 것은 아닙니다. 위의 문제에서와 같이 공통접선과 두 곡선이 서로 다른 접점을 가질 수도 있습니다.

정답 10

04-9

접근 방법 함수 $f(x)$가 실수 전체의 집합에서 미분가능하므로 평균값 정리를 적용하여 평균변화율의 값의 범위를 구하도록 합니다.

상세 풀이 함수 $f(x) = \dfrac{x^3}{3} - x^2 + 3$은 다항함수이므로 닫힌구간 $[0, 3]$에서 연속이고 열린구간 $(0, 3)$에서 미분가능합니다.
따라서 평균값 정리에 의하여

$$k = \frac{f(x_2) - f(x_1)}{x_2 - x_1} = f'(c)$$

$$(0 \leq x_1 < x_2 \leq 3)$$

인 c가 열린구간 $(0, 3)$에 적어도 하나 존재합니다.
이때, $f'(x) = x^2 - 2x = (x-1)^2 - 1$이고
$0 < c < 3$이므로

$$-1 \leq f'(c) < 3$$

그런데 $x = 1$일 때의 미분계수 -1을 만족시키는 서로 다른 두 실수는 존재하지 않으므로

$$-1 < k < 3$$

보충 설명 **평균값 정리**
함수 $y = f(x)$가 닫힌구간 $[a, b]$에서 연속이고 열린구간 (a, b)에서 미분가능하면

$$\frac{f(b) - f(a)}{b - a} = f'(c)$$

인 c가 열린구간 (a, b)에 적어도 하나 존재합니다.
평균값 정리를 적용하여 평균변화율의 값을 쉽게 구할 수 있습니다.

정답 $-1 < k < 3$

04-10

접근 방법 함수 $g(x)$는 미분가능한 함수이므로 닫힌구간 $[0, 5]$에서 평균값 정리를 적용하여 $g'(c)$의 값을 구합니다.

상세 풀이 두 함수 $y = f(x)$, $y = x$는 모두 실수 전체의 집합에서 미분가능하므로 함수 $g(x) = xf(x)$도 실수 전체의 집합에서 미분가능합니다.
함수 $g(x)$가 닫힌구간 $[0, 5]$에서 연속이고 열린구간 $(0, 5)$에서 미분가능하므로 평균값 정리에 의하여

$$\frac{g(5) - g(0)}{5 - 0} = \frac{5 \times f(5) - 0 \times f(0)}{5}$$

$$= \frac{5 \times 20}{5} = 20 = g'(c)$$

인 c가 열린구간 $(0, 5)$에 적어도 하나 존재합니다.
따라서 평균값 정리를 만족시키는 c에 대하여 $g'(c) = 20$입니다.

보충 설명 평균값 정리는 어떤 구간에서 함수가 연속이고 미분가능할 때, 그 구간에서의 평균변화율과 미분계수가 같은 점이 항상 존재함을 의미합니다.

정답 20

04- 11

접근 방법 두 점 A, B의 x좌표를 각각 a, b라고 하면 a, b는 이차방정식 $f(x)=3x$의 두 근이므로
$$f(x)-3x=k(x-a)(x-b)$$
(k는 0이 아닌 상수)
로 놓을 수 있습니다.

상세 풀이 이차함수 $y=f(x)$의 그래프와 직선 $y=3x$의 교점의 x좌표는 방정식 $f(x)=3x$, 즉 $f(x)-3x=0$의 근이므로 두 점 A, B의 x좌표를 각각 a, b라고 하면
$$f(x)-3x=k(x-a)(x-b) \text{ (단, } k\neq0)$$
곡선 $y=f(x)$ 위의 점 B에서의 접선의 기울기 $f'(b)$를 구하기 위하여 양변을 미분하면
$$f'(x)-3=k(x-b)+k(x-a)$$
이 식에 $x=a, x=b$를 각각 대입하면
$$f'(a)-3=k(a-b)$$
$$f'(b)-3=k(b-a)$$
두 식을 변끼리 더하면
$$f'(a)+f'(b)-6=0$$
이때, 곡선 $y=f(x)$ 위의 점 A에서의 접선의 기울기가 −4이므로
$$f'(a)=-4$$
$$\therefore f'(b)=6-f'(a)=10$$

보충 설명 다항함수 $f(x)$에 대하여 방정식 $f(x)=0$이 $x=a$를 근으로 가지면 함수 $f(x)$는 $x-a$를 인수로 가지므로 이를 이용하여 $f(x)-3x$의 식을 세웠습니다. $f(x)=cx^2+dx+e$ ($c\neq0$)로 놓고 문제를 풀어도 되지만 이 경우에는 미지수가 많아져서 식이 복잡해집니다.

정답 10

04- 12

접근 방법 구하는 원은 곡선 $y=x^2+2$와 원점에서 이 곡선에 그은 두 접선에 동시에 접하므로 원의 중심과 두 접선 사이의 거리는 원의 반지름의 길이로 모두 같다는 것을 이용합니다.

상세 풀이 $f(x)=x^2+2$라고 하면 $f'(x)=2x$
접점의 좌표를 (t, t^2+2)라고 하면 이 점에서의 접선의 방정식은
$$y-(t^2+2)=2t(x-t)$$
$$\therefore y=2tx-t^2+2 \quad\quad \cdots\cdots \text{㉠}$$

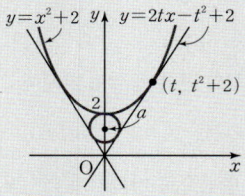

위의 그림과 같이 직선 ㉠이 원점을 지나므로 $x=0, y=0$을 대입하면
$$0=-t^2+2, (t-\sqrt{2})(t+\sqrt{2})=0$$
$$\therefore t=\sqrt{2} \text{ 또는 } t=-\sqrt{2}$$
이를 ㉠에 각각 대입하면 접선의 방정식은
$$y=2\sqrt{2}x \text{ 또는 } y=-2\sqrt{2}x$$
이때, 원의 중심이 y축 위에 있으므로 원의 중심의 좌표를 $(0, a)$, 반지름의 길이를 r라고 하면 점 $(0, a)$와 직선 $2\sqrt{2}x-y=0$ 사이의 거리가 r이므로
$$\frac{|-a|}{\sqrt{(2\sqrt{2})^2+(-1)^2}}=r$$
$$\therefore a=3r \ (\because a>0) \quad\quad \cdots\cdots \text{㉡}$$
또한 원은 곡선 $y=x^2+2$에 접하므로
$$a+r=2 \quad\quad \cdots\cdots \text{㉢}$$
㉡을 ㉢에 대입하여 풀면 $a=\dfrac{3}{2}, r=\dfrac{1}{2}$

따라서 구하는 원의 넓이는
$$\pi\times\left(\frac{1}{2}\right)^2=\frac{\pi}{4}$$

정답 $\dfrac{\pi}{4}$

04- 13

접근 방법 삼차함수 $y=f(x)$의 그래프에 대하여 기울기가 2인 직선이 이 곡선과 접할 때의 접점의 x좌표 α, β는 방정식 $f'(x)=2$의 두 근입니다. 마찬가지로 γ, δ는 방정식 $f'(x)=4$의 두 근이므로 이차방정식에서 근과 계수의 관계를 이용합니다.

상세 풀이 $f(x)=ax^3+bx^2+x+c$에서

$$f'(x)=3ax^2+2bx+1$$

기울기가 2인 직선이 곡선 $y=f(x)$와 접할 때의 접점의 x좌표인 α, β는 방정식 $f'(x)=2$의 두 근이므로

$$3ax^2+2bx+1=2 \quad \therefore 3ax^2+2bx-1=0$$

이차방정식의 근과 계수의 관계에 의하여

$$\alpha\beta=-\frac{1}{3a}$$

마찬가지 방법으로 기울기가 4인 직선이 곡선 $y=f(x)$와 접할 때의 접점의 x좌표인 γ, δ는 방정식 $f'(x)=4$의 두 근이므로

$$3ax^2+2bx+1=4 \quad \therefore 3ax^2+2bx-3=0$$

이차방정식의 근과 계수의 관계에 의하여

$$\gamma\delta=-\frac{1}{a}$$

$$\therefore \frac{\gamma\delta}{\alpha\beta}=\frac{-\dfrac{1}{a}}{-\dfrac{1}{3a}}=3$$

다른 풀이 $f(x)=ax^3+bx^2+x+c$에서

$$f'(x)=3ax^2+2bx+1$$

이때, 방정식 $f'(x)-2=0$의 두 근이 α, β이므로

$$f'(x)-2=3a(x-\alpha)(x-\beta) \quad \cdots\cdots ㉠$$

또한 방정식 $f'(x)-4=0$의 두 근이 γ, δ이므로

$$f'(x)-4=3a(x-\gamma)(x-\delta) \quad \cdots\cdots ㉡$$

㉠, ㉡에 $x=0$을 대입하면

$$f'(0)-2=3a\alpha\beta, \ f'(0)-4=3a\gamma\delta$$

한편, $f'(0)=1$이므로

$$\frac{\gamma\delta}{\alpha\beta}=\frac{f'(0)-4}{f'(0)-2}=\frac{-3}{-1}=3$$

정답 3

04- 14

접근 방법 두 곡선 $y=f(x)$, $y=g(x)$가 점 $(-1, 0)$에서 공통접선을 가지므로 이 점에서의 접선의 기울기인 $f'(-1)$과 $g'(-1)$의 값이 같음을 이용합니다.

상세 풀이 $f(x)=x^3+ax$, $g(x)=bx^2+c$에서

$$f'(x)=3x^2+a, \ g'(x)=2bx$$

곡선 $y=f(x)$가 점 $(-1, 0)$을 지나므로

$$-1-a=0 \quad \therefore a=-1$$

곡선 $y=g(x)$도 점 $(-1, 0)$을 지나므로

$$b+c=0 \quad \cdots\cdots ㉠$$

또한 $x=-1$인 점에서의 접선의 기울기가 같으므로

$$f'(-1)=g'(-1)$$
$$3+a=-2b, \ 2=-2b$$
$$\therefore b=-1$$

$b=-1$을 ㉠에 대입하면 $c=1$

$$\therefore a-b+c=-1-(-1)+1=1$$

보충 설명 두 곡선 $y=f(x)$, $y=g(x)$가 점 (a, b)에서 공통접선을 가질 때, $f(a)=g(a)=b$, $f'(a)=g'(a)$임을 이용하여 문제를 해결합니다.

정답 1

04- 15

접근 방법 곡선 $y=x^3-3x+1$ 위의 점 (t, t^3-3t+1)에서의 접선 중에서 점 A를 지나는 서로 다른 접선이 세 개이므로 이를 만족시키는 t의 값이 세 개이고 이 세 수가 등차수열을 이룬다는 사실을 이용합니다.

상세 풀이 $f(x)=x^3-3x+1$이라고 하면

$$f'(x)=3x^2-3$$

접점의 좌표를 (t, t^3-3t+1)이라고 하면 이 점에서의 접선의 방정식은

$$y-(t^3-3t+1)=(3t^2-3)(x-t)$$

이 접선이 점 $A(2, a)$를 지나므로 $x=2$, $y=a$를 대입하면

$$a-(t^3-3t+1)=(3t^2-3)(2-t)$$
$$\therefore 2t^3-6t^2+a+5=0 \quad \cdots\cdots \text{㉠}$$

한편, 점 A에서 곡선 $y=x^3-3x+1$에 서로 다른 세 개의 접선을 그을 수 있으므로 t에 대한 방정식 ㉠은 서로 다른 세 실근을 가져야 합니다.

이때, 세 근이 등차수열을 이루므로 세 근을 차례대로 $k-d$, k, $k+d$라고 하면 삼차방정식의 근과 계수의 관계에 의하여

$$(k-d)+k+(k+d)=3, \ 3k=3$$
$$\therefore k=1$$

즉, ㉠의 한 근이 $t=1$이므로 ㉠에 대입하면

$$2-6+a+5=0 \qquad \therefore a=-1$$

보충 설명 등차수열을 이루는 세 수를 k, $k+d$, $k+2d$라고 놓아도 되지만 $k-d$, k, $k+d$라고 놓으면 세 수의 합이 $3k$가 되어 계산이 편리합니다.

정답 -1

04- **16**

접근 방법 접선 m이 곡선과 접하는 점을 Q라 하고 점 Q에서의 접선이 점 P를 지난다는 것을 이용하여 두 점 P, Q의 x좌표 사이의 관계식을 구합니다.

상세 풀이 접선 m이 곡선 $y=f(x)$와 접하는 점을 $Q\left(a, \frac{1}{3}a^3-\frac{4}{3}a\right)$라고 하면 $f'(x)=x^2-\frac{4}{3}$이므로 점 Q에서의 접선의 방정식은

$$y-\left(\frac{1}{3}a^3-\frac{4}{3}a\right)=\left(a^2-\frac{4}{3}\right)(x-a)$$
$$\cdots\cdots \text{㉠}$$

이 접선이 점 $P(t, f(t))$, 즉 $P\left(t, \frac{1}{3}t^3-\frac{4}{3}t\right)$를 지나므로

$$\frac{1}{3}t^3-\frac{4}{3}t-\frac{1}{3}a^3+\frac{4}{3}a=\left(a^2-\frac{4}{3}\right)(t-a)$$
$$t^3-3a^2t+2a^3=0$$
$$(t-a)^2(t+2a)=0$$
$$\therefore t=-2a \ (\because t\neq a)$$

$t=-2a$, 즉 $a=-\dfrac{t}{2}$를 ㉠에 대입하면 접선 m

의 기울기는 $\dfrac{t^2}{4}-\dfrac{4}{3}$입니다.

또한 접선 l의 기울기는 $t^2-\dfrac{4}{3}$입니다.

이때, 두 접선 l, m이 서로 수직이므로

$$\left(\frac{t^2}{4}-\frac{4}{3}\right)\left(t^2-\frac{4}{3}\right)=-1$$
$$\frac{1}{4}t^4-\frac{5}{3}t^2+\frac{25}{9}=0, \ 9t^4-60t^2+100=0$$
$$(3t^2-10)^2=0, \ t^2=\frac{10}{3}$$
$$\therefore t=\frac{\sqrt{30}}{3} \ (\because t>0)$$

보충 설명 기울기가 각각 m_1, m_2인 두 직선이 서로 수직이면 $m_1 m_2=-1$입니다.

정답 $\dfrac{\sqrt{30}}{3}$

04- **17**

접근 방법 주어진 곡선 위의 점 P에서의 접선의 방정식을 구한 후 삼각형의 닮음을 이용하여 $\overline{PA}:\overline{PB}$를 구합니다.

상세 풀이 $f(x)=x^4$이라고 하면 $f'(x)=4x^3$ 곡선 $y=f(x)$ 위의 점 $P(a, a^4)$에서의 접선 l의 방정식은

$$y-a^4=4a^3(x-a)$$
$$\therefore y=4a^3x-3a^4 \ (단, a>0)$$

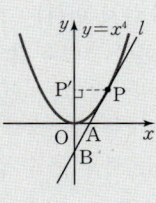

오른쪽 그림과 같이 점 P에서 y축에 내린 수선의 발을 P'이라고 하면 $P'(0, a^4)$이고 점 B는 직선 l과 y축의 교점이므로 $B(0, -3a^4)$입니다.

이때, $\triangle BOA \circ \triangle BP'P$이므로

$$\overline{PA}:\overline{PB}=\overline{P'O}:\overline{P'B}$$
$$=a^4:4a^4$$
$$=1:4$$

보충 설명 세 점 P, A, B는 한 직선 위의 점이므로 삼각형의 닮음에 의하여 $\overline{PA}:\overline{PB}$는 각 점에서 x

축 또는 y축에 내린 수선의 발 사이의 거리의 비와 같습니다.

정답 1 : 4

04-18

[접근 방법] 곡선 $y=f(x)$ 위의 점 $\mathrm{P}(a, f(a))$에서의 접선을 $y=g(x)$라고 하면 이 접선이 곡선 $y=f(x)$와 다시 만나는 점의 x좌표인 β는 방정식 $f(x)=g(x)$의 근임을 이용합니다.

[상세 풀이] $f(x)=x^3+3x$에서 $f'(x)=3x^2+3$
곡선 $y=f(x)$ 위의 점 $\mathrm{P}(a, f(a))$, 즉
$\mathrm{P}(a, a^3+3a)$에서의 접선의 방정식은
$$y-(a^3+3a)=(3a^2+3)(x-a)$$
이 접선을 $y=g(x)$라고 하면 접선 $y=g(x)$가 곡선 $y=f(x)$와 다시 만나는 점의 x좌표가 β이므로 β는 방정식 $f(x)=g(x)$의 한 근입니다. 즉,
$$x^3+3x=(3a^2+3)(x-a)+a^3+3a$$
$$x^3-3a^2x+2a^3=0$$
$$(x-a)^2(x+2a)=0$$
$$\therefore \beta=-2a \ (\because \beta \neq a)$$
$$\therefore \left|\frac{\beta}{a}\right|=\left|\frac{-2a}{a}\right|=2$$

[보충 설명] 곡선 $y=f(x)$ 위의 점 $\mathrm{P}(a, f(a))$에서의 접선을 $y=g(x)$라고 하면 이 접선이 곡선 $y=f(x)$와 다시 만나는 경우는 오른쪽 그림과 같으므로 방정식 $f(x)=g(x)$는 $x=a$를 중근으로 가진 다는 것을 알 수 있습니다.

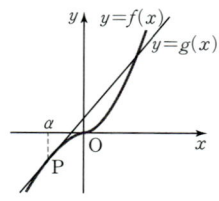

정답 2

04-19

[접근 방법] 함수 $f(x)$는 실수 전체의 집합에서 미분가능하므로 닫힌구간 $[1, 2]$에서 연속이고 열린구간 $(1, 2)$에서 미분가능합니다. 따라서 평균값 정리에 의하여

$$\frac{f(2)-f(1)}{2-1}=f'(c)$$

인 c가 열린구간 $(1, 2)$에 적어도 하나 존재합니다. 이때, 조건 ㈎, ㈏를 이용하여 $f(1)$의 값의 범위를 구하도록 합니다.

[상세 풀이] 함수 $f(x)$는 실수 전체의 집합에서 미분가능하므로 닫힌구간 $[1, 2]$에서 연속이고 열린구간 $(1, 2)$에서 미분가능합니다.
따라서 평균값 정리에 의하여
$$\frac{f(2)-f(1)}{2-1}=f'(c)$$
인 c가 열린구간 $(1, 2)$에 적어도 하나 존재합니다.
한편, 조건 ㈏에서 모든 실수 x에 대하여 $|f'(x)| \leq 2$이므로
$$\left|\frac{f(2)-f(1)}{2-1}\right|=|f'(c)| \leq 2$$
이때, 조건 ㈎에서 $f(2)=7$이므로
$$|7-f(1)| \leq 2, \ -2 \leq 7-f(1) \leq 2$$
$$-9 \leq -f(1) \leq -5$$
$$\therefore 5 \leq f(1) \leq 9$$
따라서 $a=5$, $b=9$이므로
$$a+b=5+9=14$$

[보충 설명] 평균값 정리
함수 $y=f(x)$가 닫힌구간 $[a, b]$에서 연속이고 열린구간 (a, b)에서 미분가능하면
$$\frac{f(b)-f(a)}{b-a}=f'(c)$$
인 c가 열린구간 (a, b)에 적어도 하나 존재합니다.

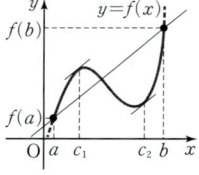

정답 14

04-20

[접근 방법] 주어진 관계식에서 θ를 직접 구하여 평균값 정리를 만족시키는 상수의 극한값을 구합니다.

$f(x) = x^3$에서 $f'(x) = 3x^2$이므로

$f(a+h) = f(a) + hf'(a+\theta h)$에서

$$(a+h)^3 = a^3 + h \times 3(a+\theta h)^2$$

$$a^3 + 3a^2h + 3ah^2 + h^3$$

$$= a^3 + 3h(a^2 + 2a\theta h + \theta^2 h^2)$$

$$3ah^2 + h^3 = 6a\theta h^2 + 3\theta^2 h^3$$

$$3h^3\theta^2 + 6ah^2\theta - 3ah^2 - h^3 = 0$$

$$3h\theta^2 + 6a\theta - 3a - h = 0 \ (\because h > 0)$$

$$\therefore \theta = \frac{-3a + \sqrt{9a^2 + 9ah + 3h^2}}{3h}$$

$$= \frac{\sqrt{a^2 + ah + \dfrac{h^2}{3}} - a}{h} \ (\because \theta > 0)$$

$$\therefore \lim_{h \to 0+} \theta = \lim_{h \to 0+} \frac{\sqrt{a^2 + ah + \dfrac{h^2}{3}} - a}{h}$$

$$= \lim_{h \to 0+} \frac{a^2 + ah + \dfrac{h^2}{3} - a^2}{h\left(\sqrt{a^2 + ah + \dfrac{h^2}{3}} + a\right)}$$

$$= \lim_{h \to 0+} \frac{h\left(a + \dfrac{h}{3}\right)}{h\left(\sqrt{a^2 + ah + \dfrac{h^2}{3}} + a\right)}$$

$$= \lim_{h \to 0+} \frac{a + \dfrac{h}{3}}{\sqrt{a^2 + ah + \dfrac{h^2}{3}} + a}$$

$$= \frac{a}{a+a} = \frac{1}{2}$$

보충 설명 평균값 정리를 확장하면 다음과 같이 사용할 수 있습니다.

함수 $f(x)$가 닫힌구간 $[a, b]$에서 연속이고 열린구간 (a, b)에서 미분가능하면

① $f(b) = f(a) + (b-a)f'(c)$ (단, $a < c < b$)

② $f(a+h) = f(a) + hf'(c)$ (단, $h = b - a$)

③ $f(a+h) = f(a) + hf'(a+\theta h)$

　　　　(단, $c = a + \theta h$, $h = b - a$, $0 < \theta < 1$)

정답 $\dfrac{1}{2}$

01-1

(1) $f(x)=x^4-x^2-16$에서

$$f'(x)=4x^3-2x$$

따라서 $f'(1)=4\times1^3-2\times1=2>0$이므로 함수 $f(x)$는 $x=1$에서 증가상태에 있습니다.

(2) $g(x)=-x^3+3x^2+12x-7$에서

$$g'(x)=-3x^2+6x+12$$

$g'(x)=0$에서 $x=1\pm\sqrt{5}$

$g'(x)$의 부호를 조사하여 함수 $g(x)$의 증가와 감소를 표로 나타내면 다음과 같습니다.

x	$\cdots$	$1-\sqrt{5}$	$\cdots$	$1+\sqrt{5}$	$\cdots$
$g'(x)$	$-$	0	$+$	0	$-$
$g(x)$	$\searrow$		$\nearrow$		$\searrow$

따라서 함수 $g(x)$는 구간 $[1-\sqrt{5},\ 1+\sqrt{5}]$에서 증가합니다.

정답 (1) 증가상태 (2) $[1-\sqrt{5},\ 1+\sqrt{5}]$

01-2

$f(x)=x^3-3ax^2+(6a-3)x+5$에서

$$f'(x)=3x^2-6ax+(6a-3)$$

삼차함수 $f(x)$가 감소하는 x의 값의 범위가 $1\le x\le3$이므로 $f'(x)=3x^2-6ax+(6a-3)<0$을 만족시키는 x의 값의 범위는 $1<x<3$

또한 최고차항의 계수가 3이고, $1<x<3$을 해로 가지는 이차부등식은 $3(x-1)(x-3)<0$, 즉 $3x^2-12x+9<0$이므로

$$6a=12,\ 6a-3=9\qquad\therefore a=2$$

따라서 $f(x)=x^3-6x^2+9x+5$이므로

$$f(a)=f(2)=7$$

정답 7

01-3

ㄱ. $y=f'(x)$의 그래프에서 $f'(1)>0$이므로 함수 $f(x)$는 $x=1$에서 증가상태에 있습니다. (참)

ㄴ. 구간 $(2,4)$에서 $f'(x)<0$이므로 함수 $f(x)$는 구간 $(2,4)$에서 감소합니다. (참)

ㄷ. 구간 $(3,4)$에서 $f'(x)<0$이므로 함수 $f(x)$는 구간 $(3,4)$에서 감소합니다. 즉, 함수 $f(x)$는 구간 $(3,5)$에서 증가하지 않습니다. (거짓)

따라서 옳은 것은 ㄱ, ㄴ입니다.

정답 ③

02-1

삼차함수 $f(x)=x^3+ax^2+ax+1$이 구간 $(-\infty,\infty)$에서 증가하기 위해서는 모든 실수 x에 대하여

$$f'(x)=3x^2+2ax+a\ge0$$

이 성립해야 하므로 이차방정식 $f'(x)=0$의 판별식을 D라고 하면

$$\frac{D}{4}=a^2-3a\le0,\ a(a-3)\le0$$

$$\therefore 0\le a\le3$$

정답 $0\le a\le3$

02-2

함수 $f(x)$와 임의의 두 실수 x_1,x_2에 대하여 $f(x_1)=f(x_2)$이면 $x_1=x_2$가 성립하므로 $f(x)$는 일대일대응입니다. 따라서 삼차함수 $f(x)$는 항상 증가하거나 항상 감소해야 합니다. 이때, 함수 $f(x)=-x^3+ax^2-3x+1$의 최고차항의 계수가 음수이므로 함수 $f(x)$는 구간 $(-\infty,\infty)$에서 감소합니다. 따라서 모든 실수 x에 대하여

$$f'(x)=-3x^2+2ax-3\le0$$

이 성립해야 하므로 이차방정식 $f'(x)=0$의 판별식을 D라고 하면

$$\frac{D}{4}=a^2-9\le0,\ (a+3)(a-3)\le0$$

$$\therefore -3\le a\le3$$

따라서 구하는 정수 a는 -3, -2, -1, 0, 1, 2, 3의
7개입니다.

정답 7

02-3

$x_1<x_2$인 임의의 두 실수 x_1, x_2에 대하여
$f(x_1)<f(x_2)$이므로 삼차함수 $f(x)$는 구간
$(-\infty, \infty)$에서 증가합니다.
따라서 모든 실수 x에 대하여
$f'(x)=3x^2+2ax+a\geq0$이 성립해야 하므로 이차
방정식 $f'(x)=0$의 판별식을 D_1이라고 하면

$$\frac{D_1}{4}=a^2-3a\leq0,\ a(a-3)\leq0$$

$$\therefore 0\leq a\leq3 \qquad\cdots\cdots\ \bigcirc$$

또한 $x_1<x_2$인 임의의 두 실수 x_1, x_2에 대하여
$g(x_1)>g(x_2)$이므로 삼차함수 $g(x)$는 구간
$(-\infty, \infty)$에서 감소합니다.
따라서 모든 실수 x에 대하여
$g'(x)=-3x^2+2(a+1)x-(a+1)\leq0$이 성립해
야 하므로 이차방정식 $g'(x)=0$의 판별식을 D_2라고
하면

$$\frac{D_2}{4}=(a+1)^2-3(a+1)\leq0$$

$$(a+1)\{(a+1)-3\}\leq0,\ (a+1)(a-2)\leq0$$

$$\therefore -1\leq a\leq2 \qquad\cdots\cdots\ \bigcirc$$

따라서 $\bigcirc$, $\bigcirc$에 의하여 구하는 a의 값의 범위는

$$0\leq a\leq2$$

정답 $0\leq a\leq2$

예제 03 함수의 극대와 극소   p.171

03-1

$f(x)=-2x^3+6x+a$에서

$$f'(x)=-6x^2+6=-6(x+1)(x-1)$$

$f'(x)=0$에서 $x=-1$ 또는 $x=1$

$f'(x)$의 부호를 조사하여 함수 $f(x)$의 증가와 감소
를 표로 나타내면 다음과 같습니다.

x	$\cdots$	-1	$\cdots$	1	$\cdots$
$f'(x)$	$-$	0	$+$	0	$-$
$f(x)$	$\searrow$	$-4+a$ (극소)	$\nearrow$	$4+a$ (극대)	$\searrow$

함수 $f(x)$는 $x=-1$에서 극솟값 $f(-1)=-7$을
가지므로

$$f(-1)=-4+a=-7$$

$$\therefore a=-3$$

따라서 $f(x)=-2x^3+6x-3$이고, 함수 $f(x)$는
$x=1$에서 극댓값

$$f(1)=4+a=4-3=1$$

을 가집니다.

정답 $a=-3$, 극댓값 : 1

03-2

$f(x)=-x^3+ax^2+bx+2$에서

$$f'(x)=-3x^2+2ax+b \qquad\cdots\cdots\ \bigcirc$$

삼차함수 $f(x)$는 $-1\leq x\leq2$에서 증가하고,
$x\leq-1$과 $x\geq2$에서 감소하므로 $x=-1$에서 극소,
$x=2$에서 극대입니다.
따라서 $f'(-1)=f'(2)=0$입니다. 즉, 이차방정식
$f'(x)=-3x^2+2ax+b=0$의 두 실근이 $x=-1$
또는 $x=2$이므로

$$f'(x)=-3(x+1)(x-2)$$

$$=-3x^2+3x+6 \qquad\cdots\cdots\ \bigcirc$$

$\bigcirc$, $\bigcirc$에서 $2a=3$, $b=6$이므로

$$a=\frac{3}{2},\ b=6$$

따라서 $f(x)=-x^3+\dfrac{3}{2}x^2+6x+2$이고, 함수 $f(x)$
는 $x=2$에서 극댓값

$$f(2)=-8+6+12+2=12$$

를 가집니다.

정답 12

03-3

$f'(x)$의 부호를 조사하여 함수 $f(x)$의 증가와 감소를 표로 나타내면 다음과 같습니다.

x	$\cdots$	-1	$\cdots$	0	$\cdots$	1	$\cdots$	2	$\cdots$
$f'(x)$	$-$	0	$+$	0	$+$		$-$	0	$+$
$f(x)$	$\searrow$	극소	$\nearrow$		$\nearrow$	극대	$\searrow$	극소	$\nearrow$

ㄱ. $f'(-1)=0$이고 $x=-1$의 좌우에서 $f'(x)$의 부호가 음에서 양으로 바뀌므로 함수 $f(x)$는 $x=-1$에서 극소입니다. (참)

ㄴ. $f'(0)=0$이고 $x=0$의 좌우에서 $f'(x)$의 부호가 양이므로 함수 $f(x)$는 $x=0$에서 극값을 가지지 않습니다. (거짓)

ㄷ. 연속함수 $f(x)$에 대하여 $x=1$에서만 미분계수 $f'(1)$의 값이 존재하지 않으므로 함수 $f(x)$는 1을 포함하지 않는 임의의 구간에서 미분가능합니다. 이때, $x=1$의 좌우에서 $f'(x)$의 부호가 양에서 음으로 바뀌므로 함수 $f(x)$는 $x=1$의 좌우에서 증가하다가 감소합니다. 즉, 함수 $f(x)$는 $x=1$에서 연속이고 $x=1$의 좌우에서 증가하다가 감소하므로 $x=1$에서 극대입니다. (참)

따라서 옳은 것은 ㄱ, ㄷ입니다.

보충 설명 함수 $f(x)$는 $x=1$에서 미분가능하지 않지만 극댓값을 가집니다. 즉, 함수 $f(x)$는 $x=1$에서 뾰족점(첨점)을 가집니다.

정답 ㄱ, ㄷ

예제 04 함수의 극대, 극소와 미정계수 p.173

04-1

$f(x)=-2x^3+ax^2+bx+c$에서
$$f'(x)=-6x^2+2ax+b$$
함수 $f(x)$가 $x=-2$에서 극솟값 -10을 가지므로
$$f'(-2)=-24-4a+b=0$$
$$\therefore 4a-b=-24 \qquad \cdots\cdots \text{㉠}$$
$$f(-2)=16+4a-2b+c=-10$$

$$\therefore 4a-2b+c=-26 \qquad \cdots\cdots \text{㉡}$$
함수 $f(x)$가 $x=1$에서 극댓값을 가지므로
$$f'(1)=-6+2a+b=0$$
$$\therefore 2a+b=6 \qquad \cdots\cdots \text{㉢}$$
㉠, ㉡, ㉢을 연립하여 풀면
$$a=-3,\ b=12,\ c=10$$
따라서 $f(x)=-2x^3-3x^2+12x+10$이므로 함수 $f(x)$의 극댓값은 $f(1)=-2-3+12+10=17$

정답 $a=-3,\ b=12,\ c=10$, 극댓값 : 17

04-2

$f(x)=2x^3+ax^2+bx-4$에서
$$f'(x)=6x^2+2ax+b$$
함수 $f(x)$가 $x=-2$에서 극댓값 16을 가지므로
$$f'(-2)=24-4a+b=0$$
$$\therefore 4a-b=24 \qquad \cdots\cdots \text{㉠}$$
$$f(-2)=-16+4a-2b-4=16$$
$$\therefore 2a-b=18 \qquad \cdots\cdots \text{㉡}$$
㉠, ㉡을 연립하여 풀면
$$a=3,\ b=-12$$
$$\therefore a-b=3-(-12)=15$$

정답 15

04-3

조건 ㈎에서 $\lim\limits_{x\to 0}\dfrac{f(x)-1}{x}=-6$이고

$x\to 0$일 때 (분모)$\to 0$이므로 (분자)$\to 0$입니다.

즉, $\lim\limits_{x\to 0}\{f(x)-1\}=0 \qquad \therefore \lim\limits_{x\to 0}f(x)=1$

이때, 함수 $f(x)$가 연속함수이므로
$$f(0)=1 \qquad \cdots\cdots \text{㉠}$$
$$\therefore \lim_{x\to 0}\frac{f(x)-1}{x}=\lim_{x\to 0}\frac{f(x)-f(0)}{x-0}$$
$$=f'(0)=-6 \qquad \cdots\cdots \text{㉡}$$
또한 조건 ㈏에서 삼차함수 $f(x)$가 $x=1$에서 극솟값 -3을 가지므로
$$f(1)=-3,\ f'(1)=0 \qquad \cdots\cdots \text{㉢}$$
$f(x)=ax^3+bx^2+cx+d\ (a\neq 0)$라고 하면

$f'(x)=3ax^2+2bx+c$이므로 ㉠, ㉡, ㉢에서

$$f(0)=d=1$$
$$f'(0)=c=-6$$
$$f(1)=a+b+c+d=-3$$
$$f'(1)=3a+2b+c=0$$

입니다. 이를 연립하여 풀면

$$a=2, b=0, c=-6, d=1$$

따라서 $f(x)=2x^3-6x+1$이고

$$f'(x)=6x^2-6=6(x+1)(x-1)$$

$f'(x)=0$에서 $x=-1$ 또는 $x=1$
$f'(x)$의 부호를 조사하여 함수 $f(x)$의 증가와 감소를 표로 나타내면 다음과 같습니다.

x	$\cdots$	-1	$\cdots$	1	$\cdots$
$f'(x)$	$+$	0	$-$	0	$+$
$f(x)$	↗	5 (극대)	↘	-3 (극소)	↗

따라서 함수 $f(x)$는 $x=-1$에서 극댓값 $f(-1)=5$를 가집니다.

정답 5

예제 05 극값을 가질 조건   p.175

05-1

(1) 삼차함수 $f(x)=-x^3+ax^2-3x+a$가 극값을 가지려면 이차방정식 $f'(x)=0$이 서로 다른 두 실근을 가져야 합니다.

따라서 $f'(x)=-3x^2+2ax-3=0$의 판별식을 D라고 하면

$$\frac{D}{4}=a^2-9>0, \ (a+3)(a-3)>0$$
$$\therefore a<-3 \text{ 또는 } a>3$$

(2) 삼차함수 $f(x)=x^3+ax^2+ax+2$가 극값을 가지지 않으려면 이차방정식 $f'(x)=0$이 허근 또는 중근을 가져야 합니다.

따라서 $f'(x)=3x^2+2ax+a=0$의 판별식을 D라고 하면

$$\frac{D}{4}=a^2-3a\leq0, \ a(a-3)\leq0$$
$$\therefore 0\leq a\leq3$$

정답 (1) $a<-3$ 또는 $a>3$ (2) $0\leq a\leq3$

05-2

$f(x)=x^3+ax^2+3x+1$에서

$$f'(x)=3x^2+2ax+3$$

삼차함수 $f(x)$가 극값을 가지려면 이차방정식 $f'(x)=0$이 서로 다른 두 실근을 가져야 합니다.
따라서 이차방정식 $f'(x)=3x^2+2ax+3=0$의 판별식을 D_1이라고 하면

$$\frac{D_1}{4}=a^2-9>0, \ (a+3)(a-3)>0$$
$$\therefore a<-3 \text{ 또는 } a>3 \qquad \cdots\cdots ㉠$$

$g(x)=x^3+ax^2-2ax+2$에서

$$g'(x)=3x^2+2ax-2a$$

삼차함수 $g(x)$가 극값을 가지지 않으려면 이차방정식 $g'(x)=0$이 허근 또는 중근을 가져야 합니다.
따라서 이차방정식 $g'(x)=3x^2+2ax-2a=0$의 판별식을 D_2라고 하면

$$\frac{D_2}{4}=a^2+6a\leq0, \ a(a+6)\leq0$$
$$\therefore -6\leq a\leq0 \qquad \cdots\cdots ㉡$$

㉠, ㉡의 공통 범위를 구하면

$$-6\leq a<-3$$

이므로 정수 a는 $-6, -5, -4$의 3개입니다.

정답 ②

05-3

$f(x)=\frac{1}{3}x^3-x^2+ax+4$에서

$$f'(x)=x^2-2x+a$$

삼차함수 $f(x)$가 $-1<x<1$에서 극댓값을 가지고, $1<x<2$에서 극솟값을 가지려면 이차방정식 $f'(x)=0$은 $-1<x<1$, $1<x<2$에서 각각 1개의 실근을 가져야 하므로

오른쪽 그림에서

(ⅰ) $f'(-1)=3+a>0$
이므로 $a>-3$

(ⅱ) $f'(1)=-1+a<0$
이므로 $a<1$

(ⅲ) $f'(2)=a>0$

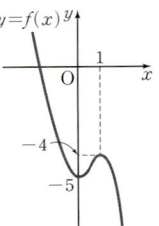

(ⅰ)~(ⅲ)에 의하여 구하는 a의 값의 범위는 $0<a<1$
입니다.

정답 $0<a<1$

예제 06 삼차함수의 그래프의 개형   p.181

06-1

(1) $f(x)=-x^3+3x^2+9x-7$에서
$$f'(x)=-3x^2+6x+9=-3(x+1)(x-3)$$
$f'(x)=0$에서 $x=-1$ 또는 $x=3$
$f'(x)$의 부호를 조사하여 함수 $f(x)$의 증가와 감소를 표로 나타내면 다음과 같습니다.

x	$\cdots$	-1	$\cdots$	3	$\cdots$
$f'(x)$	$-$	0	$+$	0	$-$
$f(x)$	$\searrow$	-12 (극소)	$\nearrow$	20 (극대)	$\searrow$

따라서 함수 $f(x)$는 $x=-1$에서 극솟값 -12, $x=3$에서 극댓값 20을 가지고, 그 그래프는 오른쪽 그림과 같습니다.

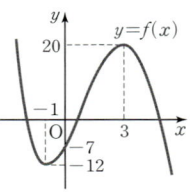

(2) $f(x)=-2x^3+3x^2-5$에서
$$f'(x)=-6x^2+6x=-6x(x-1)$$
$f'(x)=0$에서 $x=0$ 또는 $x=1$
$f'(x)$의 부호를 조사하여 함수 $f(x)$의 증가와 감소를 표로 나타내면 다음과 같습니다.

x	$\cdots$	0	$\cdots$	1	$\cdots$
$f'(x)$	$-$	0	$+$	0	$-$
$f(x)$	$\searrow$	-5 (극소)	$\nearrow$	-4 (극대)	$\searrow$

따라서 함수 $f(x)$는 $x=0$에서 극솟값 -5, $x=1$에서 극댓값 -4를 가지고, 그 그래프는 오른쪽 그림과 같습니다.

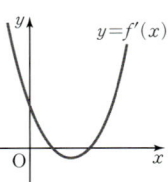

정답 풀이 참조

06-2

주어진 그래프에서 함수 $f(x)=x^3+ax^2+bx+c$는 $x=\alpha$에서 극댓값, $x=\beta$에서 극솟값을 가지므로 도함수 $f'(x)=3x^2+2ax+b$에 대하여 이차방정식 $f'(x)=0$은 음의 근 α와 양의 근 β를 가집니다.

이때, $\alpha<0<\beta$이고 $|\alpha|<|\beta|$이므로 이차방정식의 근과 계수의 관계에 의하여

$$\alpha+\beta=-\frac{2a}{3}>0, \ \alpha\beta=\frac{b}{3}<0$$
$$\therefore a<0, \ b<0$$

또한 주어진 그래프에서 $f(0)=c>0$이므로
$$ab>0, \ bc<0, \ ac<0$$

따라서 옳은 것은 ㄱ, ㄴ입니다.

정답 ㄱ, ㄴ

06-3

주어진 그래프에서 삼차함수 $f(x)=x^3+ax^2+bx$는 $x>0$에서 극댓값과 극솟값을 가집니다.

즉, 도함수 $f'(x)=3x^2+2ax+b$에 대하여 이차방정식 $f'(x)=0$은 서로 다른 양의 실근 2개를 가집니다. 따라서 이차방정식 $f'(x)=0$의 두 실근의 합과 곱은 모두 0보다 큽니다.

따라서 이차방정식의 근과 계수의 관계에 의하여

$$-\frac{2a}{3}>0, \ \frac{b}{3}>0$$
$$\therefore a<0, \ b>0 \qquad \cdots\cdots \ \text{㉠}$$

$g(x)=x^3+bx^2+ax$에서
$$g'(x)=3x^2+2bx+a$$

이차방정식 $g'(x)=0$의 판별식을 D라고 하면

$$\frac{D}{4}=b^2-3a>0\ (\because \ \bigcirc)$$

이므로 이차방정식 $g'(x)=0$은 서로 다른 두 실근을 가집니다.

이때, $g'(x)=0$의 두 실근을 α, β $(\alpha<\beta)$라고 하면 이차방정식의 근과 계수의 관계에 의하여

$$\alpha+\beta=-\frac{2b}{3}<0,\ \alpha\beta=\frac{a}{3}<0\ (\because \ \bigcirc)$$

$$\therefore \ \alpha<0<\beta,\ |\alpha|>|\beta|$$

따라서 $y=g'(x)$의 그래프의 개형은 오른쪽 그림과 같습니다.

즉, 함수 $g(x)$는 $x=\alpha$에서 극대, $x=\beta$에서 극소이므로 함수 $g(x)=x^3+bx^2+ax$의 그래프의 개형은 ②와 같습니다.

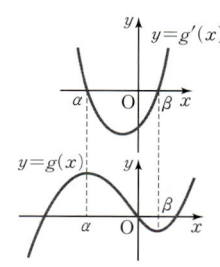

정답 ②

따라서 함수 $f(x)$는 $x=-3$에서 극댓값 23을 가지고, 그 그래프는 오른쪽 그림과 같습니다.

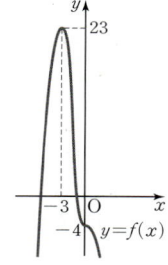

(2) $f(x)=3x^4+4x^3-12x^2+12$에서

$$f'(x)=12x^3+12x^2-24x$$
$$=12x(x+2)(x-1)$$

$f'(x)=0$에서 $x=-2$ 또는 $x=0$ 또는 $x=1$

$f'(x)$의 부호를 조사하여 함수 $f(x)$의 증가와 감소를 표로 나타내면 다음과 같습니다.

x	$\cdots$	-2	$\cdots$	0	$\cdots$	1	$\cdots$
$f'(x)$	$-$	0	$+$	0	$-$	0	$+$
$f(x)$	$\searrow$	-20 (극소)	$\nearrow$	12 (극대)	$\searrow$	7 (극소)	$\nearrow$

따라서 함수 $f(x)$는 $x=-2$에서 극솟값 -20, $x=0$에서 극댓값 12, $x=1$에서 극솟값 7을 가지고, 그 그래프는 오른쪽 그림과 같습니다.

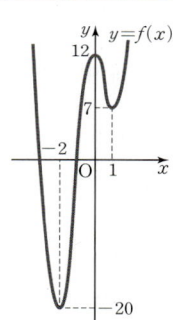

정답 풀이 참조

예제 07 사차함수의 그래프의 개형   p.183

07-1

(1) $f(x)=-x^4-4x^3-4$에서

$$f'(x)=-4x^3-12x^2=-4x^2(x+3)$$

$f'(x)=0$에서 $x=-3$ 또는 $x=0$

$f'(x)$의 부호를 조사하여 함수 $f(x)$의 증가와 감소를 표로 나타내면 다음과 같습니다.

x	$\cdots$	-3	$\cdots$	0	$\cdots$
$f'(x)$	$+$	0	$-$	0	$-$
$f(x)$	$\nearrow$	23 (극대)	$\searrow$	-4	$\searrow$

07-2

$f(x)=x^4-4x^3+2ax^2$에서

$$f'(x)=4x^3-12x^2+4ax=4x(x^2-3x+a)$$

$f(x)$의 최고차항의 계수가 양수이므로 사차함수 $f(x)$가 극댓값을 가지지 않으려면 도함수 $f'(x)$에 대하여 삼차방정식 $f'(x)=0$이 한 실근과 중근 또는 삼중근 또는 한 실근과 두 허근을 가져야 합니다.

이때, $x=0$이 $f'(x)=0$의 한 근이므로

(ⅰ) $f'(x)=0$이 한 실근과 중근을 가지는 경우

　① $x=0$이 $f'(x)=0$의 중근인 경우

　　즉, $x^2-3x+a=0$의 한 근이 $x=0$인 경우

　　$x^2-3x+a=0$의 한 근이 $x=0$이므로

　　　　$0^2-3\times0+a=0$ 　∴ $a=0$

　② $x^2-3x+a=0$이 0이 아닌 중근을 가지는 경우

　　이차방정식 $x^2-3x+a=0$의 판별식을 D라고 하면

　　　　$D=3^2-4a=0$ 　∴ $a=\dfrac{9}{4}$

(ⅱ) $f'(x)=0$이 삼중근 $x=0$을 가지는 경우

　　$x^2-3x+a=0$이 중근 $x=0$을 가질 수 없으므로 $f'(x)=0$은 삼중근을 가질 수 없습니다.

(ⅲ) $f'(x)=0$이 한 실근과 두 허근을 가지는 경우

　　즉, $x=0$이 $f'(x)=0$의 한 실근이고

　　$x^2-3x+a=0$이 두 허근을 가지는 경우

　　이차방정식 $x^2-3x+a=0$의 판별식을 D라고 하면

　　　　$D=3^2-4a<0$ 　∴ $a>\dfrac{9}{4}$

(ⅰ)~(ⅲ)에 의하여 양수 a의 값의 범위는 $a\geq\dfrac{9}{4}$이므로 a의 최솟값은 $\dfrac{9}{4}$ 입니다.

보충 설명 최고차항의 계수가 음수인 사차함수
$$f(x)=ax^4+bx^3+cx^2+dx+e\ (a<0)$$
의 극값의 개수

$f'(x)=0$의 근	$a<0$	
	극댓값	극솟값
서로 다른 세 실근	2개	1개
한 실근과 중근	1개	없다.
삼중근	1개	없다.
한 실근과 두 허근	1개	없다.

정답 $\dfrac{9}{4}$

07-3

$g(x)=f(x)-f(1)$이라고 하면 $g(x)$는 사차함수이므로 미분가능한 함수입니다.

따라서 함수 $|g(x)|$가 미분가능하지 않은 점은 $g(x)=0$인 점 중에서만 존재합니다.

조건 (나)에서 함수 $|g(x)|$가 $x=a\,(a>2)$에서만 미분가능하지 않으므로 $g(a)=0$입니다.

이때, $g(1)=f(1)-f(1)=0$이지만 함수 $|g(x)|$가 미분가능하지 않은 점이 1개뿐이므로 함수 $|g(x)|$는 $x=1$에서 미분가능합니다. 즉, 사차함수 $g(x)$는 $x=1$에서 미분계수가 0이고 극값을 갖지 않습니다. 따라서 사차방정식 $g(x)=0$은 $x=a$와 삼중근 $x=1$을 근으로 가집니다.

또한 조건 (가)에서 함수 $f(x)$가 $x=2$에서 극값을 가지므로 함수 $g(x)=f(x)-f(1)$ 역시 $x=2$에서 극값을 가집니다.

따라서 $y=g(x)$의 그래프는 다음 그림과 같이 두 가지 경우가 가능합니다.

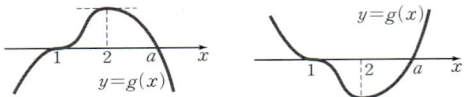

위의 두 가지 경우 모두 삼차방정식 $g'(x)=0$은 $x=2$와 중근 $x=1$을 근으로 가지므로
$$g'(x)=k(x-1)^2(x-2)\ (k\neq0)$$
이때, $g'(x)=f'(x)$이므로
$$\dfrac{f'(5)}{f'(3)}=\dfrac{g'(5)}{g'(3)}=\dfrac{48k}{4k}=12$$

정답 12

05-**1**

접근 방법 함수 $f(x)$에서 충분히 작은 임의의 양수 h 에 대하여 $f(a-h)>f(a)>f(a+h)$일 때, 함수 $f(x)$는 $x=a$에서 감소상태에 있다고 합니다.

상세 풀이 오른쪽 그림과 같이 함수 $f(x)$에서 충 분히 작은 임의의 양수 h 에 대하여

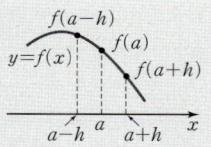

$$f(a-h)>f(a)>f(a+h)$$

일 때, 함수 $f(x)$는 $x=a$에서 감소상태에 있다 고 합니다.

따라서 함수 $f(x)$가 충분히 작은 임의의 양수 h 에 대하여 $f(x-h)>f(x)>f(x+h)$를 만족 시키는 구간은 $f(x)$가 그 구간의 모든 점에서 감 소상태인 구간을 말합니다. 즉, $f(x)$가 감소하는 구간에서 극값을 가지는 점은 제외한 구간을 말 합니다.

$f(x)=x^3-6x^2+9x+1$에서

$$f'(x)=3x^2-12x+9=3(x-1)(x-3)$$

$f'(x)=0$에서 $x=1$ 또는 $x=3$

$f'(x)$의 부호를 조사하여 함수 $f(x)$의 증가와 감소를 표로 나타내면 다음과 같습니다.

x	$\cdots$	1	$\cdots$	3	$\cdots$
$f'(x)$	$+$	0	$-$	0	$+$
$f(x)$	↗		↘		↗

따라서 구하는 구간은 $(1, 3)$입니다.

보충 설명 미분가능한 함수 $f(x)$에서 충분히 작은 임 의의 양수 h에 대하여

(1) $f(a-h)<f(a)<f(a+h)$

     $\Longleftrightarrow f(x)$는 $x=a$에서 증가상태에 있습니다.

(2) $f(a-h)>f(a)>f(a+h)$

     $\Longleftrightarrow f(x)$는 $x=a$에서 감소상태에 있습니다.

(3) $f(a-h)\leq f(a)$, $f(a)\geq f(a+h)$

     $\Longleftrightarrow f(x)$는 $x=a$에서 극대입니다.

(4) $f(a-h)\geq f(a)$, $f(a)\leq f(a+h)$

     $\Longleftrightarrow f(x)$는 $x=a$에서 극소입니다.

정답   ①

05-**2**

접근 방법 함수 $f(x)$가 $x=1$에서 증가상태에 있으 므로 $f'(1)\geq 0$임을 이용합니다. 이때, $f(x)$가 $x=1$ 에서 극값을 가지면 $x=1$에서 증가상태에 있을 수 없으므로 $f'(1)=0$일 때에는 함수 $f(x)$가 $x=1$에 서 극값을 가지는지 확인합니다.

상세 풀이 $f(x)=x^3+ax^2+(a^2-6)x$에서

$$f'(x)=3x^2+2ax+(a^2-6)$$

함수 $f(x)$가 $x=1$에서 증가상태에 있으므로

$$f'(1)=a^2+2a-3=(a+3)(a-1)\geq 0$$

$$\therefore a\leq -3 \text{ 또는 } a\geq 1$$

이때, 함수 $f(x)$가 $x=1$에서 극값을 가지는 경우 를 제외해야 하므로 $f'(1)=(a-1)(a+3)=0$, 즉 $a=1$ 또는 $a=-3$인 경우에서

(ⅰ) $a=1$이면 $f(x)=x^3+x^2-5x$이고,

     $f'(x)=3x^2+2x-5=(3x+5)(x-1)$이므로 함수 $f(x)$는 $x=1$에서 극솟값을 가집니다.

(ⅱ) $a=-3$이면 $f(x)=x^3-3x^2+3x$이고,

     $f'(x)=3x^2-6x+3=3(x-1)^2\geq 0$이므로 함수 $f(x)$는 실수 전체의 집합에서 증가합니 다. 즉, 함수 $f(x)$는 $x=1$에서 증가상태에 있 습니다.

따라서 함수 $f(x)$가 $x=1$에서 증가상태에 있도 록 하는 a의 값의 범위는 $a\leq -3$ 또는 $a>1$이므 로 구하는 자연수 a의 최솟값은 2입니다.

보충 설명 삼차함수 $f(x)$의 도함수 $f'(x)$에 대하여 이차방정식 $f'(x)=0$이

① 서로 다른 두 실근을 가지면 삼차함수 $f(x)$는 극댓값과 극솟값을 가집니다.

② 중근을 가지거나 허근을 가지면 삼차함수 $f(x)$는 극값을 가지지 않습니다.

이때, 삼차함수 $f(x)$의 최고차항의 계수가 양수이면 $f(x)$는 실수 전체의 집합에서 증가하고, 최고차항의 계수가 음수이면 $f(x)$는 실수 전체의 집합에서 감소합니다.

정답 2

05-**3**

접근 방법 함수 $f(x)=x^3+2x^2+kx-1$이 일대일대응일 때 함수 $f(x)$의 역함수가 존재합니다. 이때, 삼차함수의 최고차항의 계수가 양수이므로 함수 $f(x)$가 실수 전체의 집합에서 증가하도록 하는 상수 k의 값의 범위를 구합니다.

상세 풀이 함수 $f(x)=x^3+2x^2+kx-1$의 역함수가 존재하려면 $f(x)$는 일대일대응이어야 하므로 함수 $f(x)$는 실수 전체의 집합에서 증가하거나 감소해야 합니다. 이때, $f(x)$의 최고차항의 계수가 양수이므로 삼차함수 $f(x)$는 실수 전체의 집합에서 증가합니다. 즉, 임의의 실수 x에 대하여

$$f'(x)=3x^2+4x+k\geq0$$

이 성립해야 하므로 이차방정식 $f'(x)=0$의 판별식을 D라고 하면

$$\frac{D}{4}=4-3k\leq0 \qquad \therefore k\geq\frac{4}{3}$$

따라서 정수 k의 최솟값은 2입니다.

보충 설명 함수 $f(x)$의 역함수는 $f(x)$가 일대일대응일 때 정의됩니다. 즉, $f(x)$는 실수 전체에서 증가하는 함수이거나 감소하는 함수이므로 $f(x)$는 극값을 가지지 않습니다.

정답 2

05-**4**

접근 방법 함수 $f(x)$의 도함수 $f'(x)$에 대하여 $f'(x)=0$인 x의 값을 구한 후, 극솟값을 가지는 x의 값을 대입하여 상수 a의 값과 극댓값을 구합니다.

상세 풀이 $f(x)=(x-1)^2(x-4)+a$에서

$$\begin{aligned} f'(x)&=2(x-1)(x-4)+(x-1)^2 \\ &=(x-1)\{2(x-4)+(x-1)\} \\ &=3(x-1)(x-3) \end{aligned}$$

$f'(x)=0$에서 $x=1$ 또는 $x=3$

$f'(x)$의 부호를 조사하여 함수 $f(x)$의 증가와 감소를 표로 나타내면 다음과 같습니다.

x	$\cdots$	1	$\cdots$	3	$\cdots$
$f'(x)$	$+$	0	$-$	0	$+$
$f(x)$	↗	a (극대)	↘	$-4+a$ (극소)	↗

함수 $f(x)$가 $x=3$에서 극솟값 $f(3)=10$을 가지므로

$$f(3)=-4+a=10 \qquad \therefore a=14$$

따라서 $f(x)=(x-1)^2(x-4)+14$이고, 함수 $f(x)$는 $x=1$에서 극댓값 $f(1)=a=14$를 가집니다.

따라서 상수 a의 값과 극댓값의 합은

$$14+14=28$$

보충 설명 삼차함수 $f(x)=(x-\alpha)^2(x-\beta)+k$는 $x=\alpha$에서 극대 또는 극소가 됩니다.

정답 28

05-**5**

접근 방법 미분가능한 함수 $f(x)$에서 $f'(a)=0$이고, $x=a$의 좌우에서

① $f'(x)$의 부호가 양에서 음으로 바뀌면 함수 $f(x)$는 $x=a$에서 극댓값 $f(a)$를 가집니다.

② $f'(x)$의 부호가 음에서 양으로 바뀌면 함수 $f(x)$는 $x=a$에서 극솟값 $f(a)$를 가집니다.

상세 풀이 오른쪽 그림
과 같이 $f'(x)=0$인
x의 값을 작은 것부터
순서대로 $a,\,b,\,0,\,c,\,d$

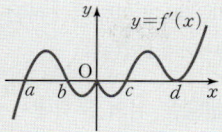

라고 할 때, $f'(x)$의 부호를 조사하여 함수 $f(x)$
의 증가와 감소를 표로 나타내면 다음과 같습니
다.

x	$\cdots$	a	$\cdots$	b	$\cdots$	0	$\cdots$	c	$\cdots$	d	$\cdots$
$f'(x)$	$-$	0	$+$	0	$-$	0	$-$	0	$+$	0	$+$
$f(x)$	$\searrow$	극소	$\nearrow$	극대	$\searrow$		$\searrow$	극소	$\nearrow$		$\nearrow$

(ⅰ) $x=a$의 좌우에서 $f'(x)$의 부호가 음에서 양
　으로 바뀌므로 극소입니다.

(ⅱ) $x=b$의 좌우에서 $f'(x)$의 부호가 양에서 음
　으로 바뀌므로 극대입니다.

(ⅲ) $x=0$의 좌우에서 $f'(x)$의 부호가 바뀌지 않
　습니다.

(ⅳ) $x=c$의 좌우에서 $f'(x)$의 부호가 음에서 양
　으로 바뀌므로 극소입니다.

(ⅴ) $x=d$의 좌우에서 $f'(x)$의 부호가 바뀌지 않
　습니다.

따라서 함수 $f(x)$는 $x=b$에서 극대이고, $x=a$
와 $x=c$에서 극소이므로 극대가 되는 점의 개수
는 1, 극소가 되는 점의 개수는 2입니다.

$$\therefore m=1,\ n=2$$
$$\therefore 10m+n=10\times1+2=12$$

보충 설명 함수 $f(x)$의 도함수 $y=f'(x)$의 그래프
가 주어지면 함수 $f(x)$의 증가와 감소, 극대와 극소
가 되는 점을 알 수 있으므로 함수 $y=f(x)$의 그래
프의 개형을 알 수 있습니다.

정답 12

05-6

접근 방법 삼차함수 $f(x)$의 도함수 $f'(x)$는 이차함
수이므로 방정식 $f'(x)=0$은 이차방정식이고, 함수

$f(x)$가 $x=\alpha$에서 극댓값, $x=\beta$에서 극솟값을 가지
므로 이차방정식 $f'(x)=0$의 서로 다른 두 실근은
α, β입니다. 이때, 이차방정식의 근과 계수의 관계를
이용할 수 있습니다.

상세 풀이 $f(x)=(x^2-9)(x-a)$에서
$$\begin{aligned}f'(x)&=2x(x-a)+(x^2-9)\\&=3x^2-2ax-9\end{aligned}$$
삼차함수 $f(x)$가 $x=\alpha$에서 극댓값, $x=\beta$에서
극솟값을 가지므로 α, β는 이차방정식
$$f'(x)=3x^2-2ax-9=0$$
의 서로 다른 두 실근입니다. 따라서 이차방정식
의 근과 계수의 관계에 의하여
$$\alpha+\beta=\frac{2a}{3}=\frac{2}{3}\qquad\therefore a=1$$
따라서 $f(x)=(x^2-9)(x-1)$이므로 $f(0)=9$

보충 설명 이차방정식의 근과 계수의 관계
이차방정식 $ax^2+bx+c=0\,(a\neq0)$의 두 근을 α, β
라고 할 때,
$$\alpha+\beta=-\frac{b}{a},\ \alpha\beta=\frac{c}{a}$$

정답 9

05-7

접근 방법 삼차함수 $y=f(x)$의 그래프가 원점에 대
하여 대칭이므로 함수 $f(x)$는 기함수입니다. 따라서
$f(x)=ax^3+bx\ (a\neq0)$로 놓고 $f(x)$가 $x=1$에서
극값을 가진다는 조건을 이용합니다.

상세 풀이 삼차함수 $y=f(x)$의 그래프가 원점에
대하여 대칭이므로
$$f(x)=ax^3+bx\,(a\neq0)\qquad\cdots\cdots\ \text{㉠}$$
로 놓으면
$$f'(x)=3ax^2+b$$
이때, 함수 $f(x)$가 $x=1$에서 극값을 가지므로
$$f'(1)=3a+b=0\qquad\therefore b=-3a$$
㉠에 $b=-3a$를 대입하면

$$f(x) = ax^3 + bx$$
$$= ax^3 - 3ax$$
$$= ax(x + \sqrt{3})(x - \sqrt{3})$$

$f(x) = 0$에서 $x = -\sqrt{3}$ 또는 $x = 0$ 또는 $x = \sqrt{3}$

따라서 함수 $y = f(x)$의 그래프와 x축의 교점의 x좌표 중에서 양수인 것은 $\sqrt{3}$입니다.

보충 설명 ① 우함수 : 임의의 실수 x에 대하여 $f(-x) = f(x)$가 성립하는 함수로 그 그래프가 y축에 대하여 대칭입니다. $y = x^{2n}$(n은 자연수) 꼴의 다항함수, 짝수 차수인 항으로 이루어진 다항함수는 모두 우함수입니다.

예 $y = x^2$, $y = -5x^4 + x^2 - 3$은 우함수

② 기함수 : 임의의 실수 x에 대하여 $f(-x) = -f(x)$가 성립하는 함수로 그 그래프가 원점에 대하여 대칭입니다. $y = x^{2n-1}$(n은 자연수) 꼴의 다항함수, 홀수 차수인 항으로 이루어진 다항함수는 모두 기함수입니다.

예 $y = x^3$, $y = 7x^5 - 2x^3$은 기함수

정답 ②

05-8

접근 방법 삼차함수 $f(x)$가 구간 $(-1, 0)$에서 극댓값, 구간 $(0, \infty)$에서 극솟값을 가지면 이차방정식 $f'(x) = 0$은 $-1 < x < 0$, $x > 0$에서 각각 1개의 실근을 가집니다.

상세 풀이 $f(x) = x^3 + ax^2 - ax + b$에서
$$f'(x) = 3x^2 + 2ax - a$$

삼차함수 $f(x)$가 $-1 < x < 0$에서 극댓값을 가지고, $x > 0$에서 극솟값을 가지려면 이차방정식 $f'(x) = 0$은 $-1 < x < 0$, $x > 0$에서 각각 1개의 실근을 가져야 하므로 오른쪽 그림에서

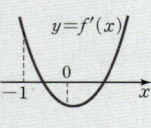

(i) $f'(-1) = 3 - 2a - a > 0$이므로 $a < 1$

(ii) $f'(0) = -a < 0$이므로 $a > 0$

(i), (ii)에 의하여 구하는 a의 값의 범위는 $0 < a < 1$입니다.

보충 설명 위의 문제에서 $f'(x)$는 이차함수이므로 그래프로 나타내면 오른쪽 그림과 같습니다.

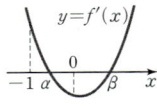

따라서 이차방정식 $f'(x) = 0$의 두 실근 α, β $(\alpha < \beta)$에 대하여 $-1 < \alpha < 0$, $\beta > 0$일 조건은 $f'(-1) > 0$, $f'(0) < 0$입니다.

정답 $0 < a < 1$

05-9

접근 방법 삼차함수 $f(x)$가 $x = b$에서 극솟값 0을 가지므로 삼차방정식 $f(x) = 0$은 $x = b$를 중근으로 가집니다. 또한 $f(0) = 0$이므로 이 두 가지 사실을 이용하면 $f(x)$를 구할 수 있습니다.

상세 풀이 조건에 의하여 삼차함수 $y = f(x)$의 그래프는 다음 그림과 같습니다.

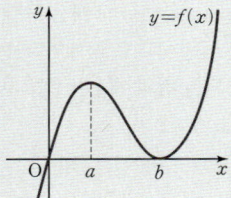

즉, 삼차함수 $y = f(x)$의 그래프는 원점을 지나고 $x = b$에서 x축에 접하므로 삼차방정식 $f(x) = 0$은 $x = 0$을 한 근으로, $x = b$를 중근으로 가집니다.

또한 $f(x)$의 최고차항의 계수가 1이므로
$$f(x) = x(x - b)^2$$

이때, $f(x)$는 $x = a$에서 극댓값을, $x = b$에서 극솟값을 가지므로 이차방정식 $f'(x) = 0$의 두 근은 $x = a$ 또는 $x = b$입니다.
$$f'(x) = (x - b)^2 + 2x(x - b)$$
$$= (x - b)(3x - b)$$

$f'(x)=0$에서 $x=b$ 또는 $x=\dfrac{b}{3}$

따라서 $a=\dfrac{b}{3}$이므로 $b=3a$

보충 설명 최고차항의 계수가 양수인 삼차함수 $f(x)$가 $x=a$에서 극댓값이나 극솟값으로 0을 가지면 방정식 $f(x)=0$은 $x=a$를 중근으로 가집니다.

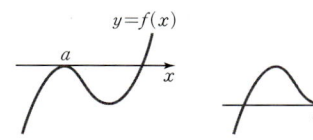

정답 $b=3a$

05-10

접근 방법 도함수 $f'(x)$가 주어졌으므로 이를 바탕으로 함수 $y=f(x)$의 그래프의 개형을 그립니다.

상세 풀이 $y=f'(x)$의 그래프를 그리면 다음 그림과 같습니다.

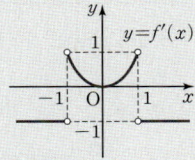

$f'(x)=0$에서 $x=0$이고, 도함수가 x의 값의 범위에 따라 다르게 주어져 있으므로 $x=-1$, $x=0$, $x=1$을 기준으로 $f'(x)$의 부호를 조사하여 함수 $f(x)$의 증가와 감소를 표로 나타내면 다음과 같습니다.

x	$\cdots$	-1	$\cdots$	0	$\cdots$	1	$\cdots$
$f'(x)$	$-$		$+$	0	$+$		$-$
$f(x)$	$\searrow$		$\nearrow$		$\nearrow$		$\searrow$

위의 표를 바탕으로 연속함수 $y=f(x)$의 그래프의 개형을 유추하면 다음 그림과 같습니다.

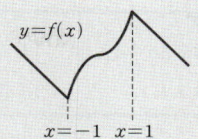

ㄱ. 연속함수 $f(x)$는 $x=-1$의 좌우에서 감소하다가 증가하므로 $f(x)$는 $x=-1$에서 극솟값을 가집니다. (참)

ㄴ. 모든 실수 x에 대하여 $f(-x)=-f(x)$를 만족시키는 함수 $y=f(x)$의 그래프는 원점에 대하여 대칭입니다. 주어진 조건으로는 함수 $y=f(x)$의 그래프의 개형은 유추할 수 있으나 함숫값은 알 수 없으므로 그래프가 원점에 대하여 대칭인지 알 수 없습니다. (거짓)

ㄷ. 함수 $f(x)$는 구간 $[-1, 1]$에서 증가하므로 $f(1)>f(0)$입니다. 따라서 $f(0)=0$이면 $f(1)>0$입니다. (참)

따라서 옳은 것은 ㄱ, ㄷ입니다.

보충 설명 다항함수의 미분법을 배웠으므로 $y'=x^2$에서 y는 x에 대한 삼차함수이고, $y'=c$ (상수)에서 y는 x에 대한 일차함수임을 알 수 있습니다.

정답 ㄱ, ㄷ

05-11

접근 방법 함수 $f(x)$의 도함수 $y=f'(x)$의 그래프에서 함수 $f(x)$가 증가하는 구간을 파악하여 함수 $f(x)$가 구간 $[k, k+1]$에서 증가하도록 정수 k의 최댓값을 정하도록 합니다.

상세 풀이 함수 $f(x)$의 도함수

$$f'(x)=\begin{cases} x^2-2x-3 & (x\leq 3) \\ -x^2+8x-15 & (x>3) \end{cases}$$

에서

$$f'(x)=\begin{cases} (x+1)(x-3) & (x\leq 3) \\ -(x-3)(x-5) & (x>3) \end{cases}$$

이므로 $y=f'(x)$의 그래프는 오른쪽 그림과 같습니다.

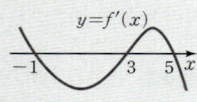

따라서 $f'(x)$의 부호를 조사하여 함수 $f(x)$의 증가와 감소를 표로 나타내면 다음과 같습니다.

x	$\cdots$	-1	$\cdots$	3	$\cdots$	5	$\cdots$
$f'(x)$	$+$	0	$-$	0	$+$	0	$-$
$f(x)$	↗		↘		↗		↘

따라서 함수 $f(x)$는 구간 $(-\infty, -1]$과 구간 $[3, 5]$에서 증가합니다.

이때, $f(x)$는 구간 $[k, k+1]$에서 증가하므로

$[k, k+1] \subset (-\infty, -1]$ 또는
$[k, k+1] \subset [3, 5]$

즉, $k+1 \leq -1$ 또는 $3 \leq k$이고 $k+1 \leq 5$

$\therefore k \leq -2$ 또는 $3 \leq k \leq 4$

따라서 정수 k의 최댓값은 4입니다.

보충 설명 함수 $y=f(x)$가 어떤 구간에서 미분가능하고, 이 구간의 모든 x에 대하여
① $f(x)$가 증가하면 $f'(x) \geq 0$
② $f(x)$가 감소하면 $f'(x) \leq 0$

$f(x)$가 상수함수가 아닌 다항함수일 때, 실수 전체에서 $f(x)$가 증가 $\Longleftrightarrow f'(x) \geq 0$

정답 4

05-12

접근 방법 미분가능한 함수 $f(x)$의 극솟값은 $f'(x)=0$인 x의 값의 좌우에서 $f'(x)$의 부호의 변화를 따져 구하고, 점과 직선 사이의 거리는 공식을 이용하여 구합니다.

상세 풀이 $f(x)=\dfrac{1}{3}x^3-x^2-3x$에서

$$f'(x)=x^2-2x-3=(x+1)(x-3)$$

$f'(x)=0$에서 $x=-1$ 또는 $x=3$

$f'(x)$의 부호를 조사하여 함수 $f(x)$의 증가와 감소를 표로 나타내면 다음과 같습니다.

x	$\cdots$	-1	$\cdots$	3	$\cdots$
$f'(x)$	$+$	0	$-$	0	$+$
$f(x)$	↗	$\dfrac{5}{3}$ (극대)	↘	-9 (극소)	↗

함수 $f(x)$가 $x=3$에서 극솟값 -9를 가지므로
$a=3, b=-9$

곡선 $y=f(x)$ 위의 점 $(2, f(2))$에서의 접선 l의 방정식은 $f(2)=-\dfrac{22}{3}, f'(2)=-3$이므로

$$y+\dfrac{22}{3}=-3(x-2)$$

$$\therefore y=-3x-\dfrac{4}{3}$$

따라서 점 $(3, -9)$에서 직선 $y=-3x-\dfrac{4}{3}$, 즉
$9x+3y+4=0$까지의 거리 d는

$$d=\dfrac{|27-27+4|}{\sqrt{9^2+3^2}}=\dfrac{4}{\sqrt{90}}$$

이므로

$$90d^2=90 \times \dfrac{16}{90}=16$$

보충 설명 점 (p, q)와 직선 $ax+by+c=0$ 사이의 거리는 $\dfrac{|ap+bq+c|}{\sqrt{a^2+b^2}}$ 입니다.

정답 16

05- 13

접근 방법 삼차방정식 $f(x)=0$이 최소 2개의 실근을 가지므로 삼차함수 $y=f(x)$의 그래프는 극값을 가지는 개형이 됩니다. $f'(a)=0$이므로 $y=f(x)$는 $x=a$에서 극값을 가지고, $f(a)=0$이므로 $x=a$에서의 극댓값 또는 극솟값은 0입니다. 따라서 $f(x)$는 $(x-a)^2$을 인수로 가지고, 삼차방정식 $f(x)=0$은 $x=a$를 중근으로 가지므로 이를 이용하여 $f(x)$를 나타낼 수 있습니다.

상세 풀이 먼저 $f(a)=0$이므로 인수정리에 의하여 $f(x)=(x-a)Q(x)$ ($Q(x)$는 이차식)로 나타낼 수 있습니다.
이 식의 양변을 x에 대하여 미분하면
$$f'(x)=Q(x)+(x-a)Q'(x)$$
이때, $f'(a)=0$이므로 $x=a$를 대입하면
$$f'(a)=Q(a)=0$$
즉, $Q(x)$도 $x-a$를 인수로 가지므로 $Q(x)=(x-a)P(x)$ ($P(x)$는 일차식)로 나타낼 수 있습니다.
$$\begin{aligned}\therefore f(x)&=(x-a)Q(x)\\&=(x-a)\{(x-a)P(x)\}\\&=(x-a)^2P(x)\end{aligned}$$
또한 $f(b)=0$이므로 삼차함수 $f(x)$는
$$f(x)=k(x-a)^2(x-b)\ (k\neq0)$$
로 나타낼 수 있습니다. 위의 식의 양변을 x에 대하여 미분하면
$$\begin{aligned}f'(x)&=2k(x-a)(x-b)+k(x-a)^2\\&=k(x-a)\{2(x-b)+(x-a)\}\\&=k(x-a)(3x-2b-a)\end{aligned}$$
$f'(x)=0$에서 $x=a$ 또는 $x=\dfrac{a+2b}{3}$
$f'(c)=0$이므로 $c=\dfrac{a+2b}{3}$ $(\because a\neq c)$

보충 설명 다항함수 $f(x)$에 대하여 $f'(a)=f(a)=0$이면 $f(x)$는 $(x-a)^2$을 인수로 가지므로 $f(x)=(x-a)^2Q(x)$ ($Q(x)$는 다항식)로 나타낼 수 있습니다.

정답 ④

05- 14

접근 방법 삼차함수 $f(x)$가 $x=1$에서 극댓값, $x=3$에서 극솟값을 가지므로 이차방정식 $f'(x)=0$은 $x=1$ 또는 $x=3$을 근으로 가집니다. 따라서 $f'(x)=0$에서 이차방정식의 근과 계수의 관계를 이용합니다.

상세 풀이 $f(x)=x^3+ax^2+bx+c$에서
$$f'(x)=3x^2+2ax+b$$
이때, 이차방정식 $f'(x)=0$의 두 근이 $x=1$ 또는 $x=3$이므로 이차방정식의 근과 계수의 관계에 의하여
$$-\frac{2a}{3}=1+3=4 \qquad \therefore a=-6$$
$$\frac{b}{3}=1\times3=3 \qquad \therefore b=9$$
따라서 극댓값과 극솟값의 차는
$$\begin{aligned}&|f(1)-f(3)|\\&=|(1+a+b+c)-(27+9a+3b+c)|\\&=|-8a-2b-26|\\&=|-8\times(-6)-2\times9-26|\\&=4\end{aligned}$$

보충 설명 이차방정식 $f'(x)=3x^2+2ax+b=0$의 두 근이 $x=1$ 또는 $x=3$이므로
$$\begin{aligned}f'(x)&=3(x-1)(x-3)\\&=3x^2-12x+9\end{aligned}$$
에서 $2a=-12$이고 $b=9$, 즉 $a=-6$이고 $b=9$임을 알 수도 있습니다.

정답 4

05-15

접근 방법 삼차함수 $f(x)$는 $y=f(x)$의 그래프와 원점을 지나는 직선 $y=mx$의 교점에서 극댓값과 극솟값을 가집니다. $y=f(x)$의 그래프와 직선 $y=mx$의 교점의 x좌표를 α, β라고 하면 α, β는 삼차방정식 $f(x)=mx$의 근이므로

$f(x)-mx=(x-\alpha)(x-\beta)(x+k)$ (k는 상수)로 놓을 수 있고, $f'(\alpha)=f'(\beta)=0$임을 이용하면 a의 값을 구할 수 있습니다.

상세 풀이 $f(x)=x^3-3ax^2+6x+a^2-3$에서

$$f'(x)=3x^2-6ax+6$$

삼차함수 $f(x)$가 극값을 가지므로 이차방정식 $f'(x)=0$은 서로 다른 두 실근을 가집니다.

따라서 $f'(x)=0$의 판별식을 D라고 하면

$$\frac{D}{4}=9a^2-18>0 \qquad \therefore a^2>2 \qquad \cdots\cdots \ \text{㉠}$$

또한 $f'(x)=0$의 두 근을 α, β라고 하면 이차방정식의 근과 계수의 관계에 의하여

$$\alpha+\beta=2a,\ \alpha\beta=2 \qquad \cdots\cdots \ \text{㉡}$$

이때, $f(x)$가 극값을 가지는 두 점을 지나는 직선이 원점을 지나므로 이 직선을 $y=mx$라고 하면 α, β는 $f(x)=mx$의 근이므로

$$f(x)-mx=(x-\alpha)(x-\beta)(x+k)$$
$$(k\text{는 상수}) \ \cdots\cdots \ \text{㉢}$$

㉢의 양변을 x에 대하여 미분하면

$$f'(x)-m=(x-\beta)(x+k)$$
$$+(x-\alpha)(x+k)$$
$$+(x-\alpha)(x-\beta) \quad \cdots\cdots \ \text{㉣}$$

α, β가 $f'(x)=0$의 근이므로 $x=\alpha$, $x=\beta$를 ㉣에 각각 대입하면

$$-m=(\alpha-\beta)(\alpha+k)$$
$$-m=(\beta-\alpha)(\beta+k)$$

에서

$$(\alpha-\beta)(\alpha+k)=(\beta-\alpha)(\beta+k)$$
$$(\alpha-\beta)(\alpha+\beta+2k)=0$$
$$\alpha+\beta+2k=0 \ (\because \alpha\neq\beta)$$
$$\therefore k=-\frac{\alpha+\beta}{2}$$

이를 ㉢에 대입하면

$$f(x)-mx=(x-\alpha)(x-\beta)\left(x-\frac{\alpha+\beta}{2}\right)$$

양변에 $x=0$을 대입하면

$$f(0)=\alpha\beta\times\left(-\frac{\alpha+\beta}{2}\right)=2\times\left(-\frac{2a}{2}\right) (\because \text{㉡})$$
$$=-2a$$

이때, 주어진 함수 $f(x)$의 식에서 $f(0)=a^2-3$이므로

$$a^2-3=-2a,\ a^2+2a-3=0$$
$$(a+3)(a-1)=0$$
$$\therefore a=-3 \ (\because \text{㉠})$$

보충 설명 삼차함수의 그래프는 극값을 가지는 두 점을 연결한 선분의 중점에 대하여 항상 대칭이므로 삼차함수 $y=f(x)$의 그래프와 직선 $y=mx$는 다음 그림과 같이 만난다는 것을 알 수 있습니다.

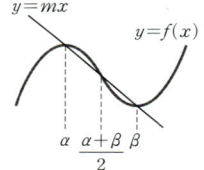

따라서 처음부터

$$f(x)-mx=(x-\alpha)(x-\beta)\left(x-\frac{\alpha+\beta}{2}\right)$$

로 놓을 수도 있습니다.

정답 -3

05-16

접근 방법 미분가능한 함수 $f(x)$가 정확히 어떤 함수인지는 주어져 있지 않으므로 미분계수의 정의를 이용하여 도함수를 찾은 다음, 도함수의 부호를 이용하여 $f(x)$가 극댓값과 극솟값을 가지는 경우를 따져 봅니다.

상세 풀이 조건 ㈎에서

$$f(x-y)=f(x)-f(y)+xy(x-y)$$
$$\cdots\cdots \ \text{㉠}$$

⊙에 $x=0$, $y=0$을 대입하면
$$f(0)=f(0)-f(0) \qquad \therefore f(0)=0$$
⊙에 $y=-h$를 대입하면
$$f(x+h)=f(x)-f(-h)-xh(x+h)$$
$$f(x+h)-f(x)=-f(-h)-xh(x+h)$$
$h\neq0$일 때
$$\frac{f(x+h)-f(x)}{h}$$
$$=\frac{-f(-h)}{h}-x(x+h)$$
따라서 $h\to0$일 때
$$\lim_{h\to0}\frac{f(x+h)-f(x)}{h}$$
$$=\lim_{h\to0}\left\{\frac{-f(-h)}{h}-x(x+h)\right\}$$
$$=\lim_{h\to0}\frac{f(-h)-f(0)}{-h-0}-x^2$$
$$=f'(0)-x^2$$
$$=8-x^2\ (\because \text{조건 (나)})$$
$$\therefore f'(x)=8-x^2=-(x+2\sqrt{2})(x-2\sqrt{2})$$
$f'(x)=0$에서 $x=-2\sqrt{2}$ 또는 $x=2\sqrt{2}$
$f'(x)$의 부호를 이용하여 함수 $f(x)$의 증가와 감소를 표로 나타내면 다음과 같습니다.

x	$\cdots$	$-2\sqrt{2}$	$\cdots$	$2\sqrt{2}$	$\cdots$
$f'(x)$	$-$	0	$+$	0	$-$
$f(x)$	$\searrow$	극소	$\nearrow$	극대	$\searrow$

따라서 함수 $f(x)$는 $x=2\sqrt{2}$에서 극댓값을 가지고, $x=-2\sqrt{2}$에서 극솟값을 가지므로
$$a=2\sqrt{2},\ b=-2\sqrt{2}$$
$$\therefore a^2+b^2=(2\sqrt{2})^2+(-2\sqrt{2})^2$$
$$=16$$

보충 설명 예를 들어 $f(x)$가 삼차함수로 주어지면 $f(x)=ax^3+bx^2+cx+d\ (a\neq0)$로 놓고 미분법을 이용하여 $f'(x)$를 구할 수 있지만, 위의 문제처럼 함수 $f(x)$가 미분가능하다는 것 이외에 아무런 조건이 없다면 주어진 식과 미분계수의 정의를 이용하여 $f'(x)$를 구해야 합니다.

정답 16

05-17

접근 방법 함수 $f(x)$가 $x=0$에서 극댓값을 가지므로 충분히 작은 양수 h와 구간 $(-h, h)$에 속하는 임의의 실수 x에 대하여 $f(x)\leq f(0)$이 성립함을 이용합니다.

상세 풀이 ㄱ. [반례] 함수 $f(x)=-1-x^2$은 $x=0$에서 극댓값을 가지지만, 함수 $|f(x)|=|-1-x^2|=x^2+1$은 $x=0$에서 극솟값을 가집니다. (거짓)

ㄴ. 함수 $f(x)$가 $x=0$에서 극댓값을 가지므로 충분히 작은 양수 h와 구간 $(-h, h)$에 속하는 임의의 실수 x에 대하여
$$f(x)\leq f(0) \qquad \cdots\cdots ⊙$$
따라서 $f(|x|)=\begin{cases} f(x) & (x\geq0) \\ f(-x) & (x<0) \end{cases}$에서
구간 $(-h, h)$에 속하는 임의의 실수 x에 대하여 $|x|$는 구간 $[0, h)$에 속하므로
$$f(|x|)\leq f(0)\ (\because ⊙)$$
즉, 함수 $f(|x|)$는 $x=0$에서 극댓값을 가집니다. (참)

ㄷ. 함수 $f(x)$가 $x=0$에서 극댓값을 가지므로 충분히 작은 양수 h와 구간 $(-h, h)$에 속하는 임의의 실수 x에 대하여
$$f(x)\leq f(0) \qquad \cdots\cdots ⊙$$
따라서 $g(x)=f(x)-x^2|x|$라고 하면 구간 $(-h, h)$에 속하는 임의의 실수 x에 대하여
$$g(x)=f(x)-x^2|x|$$
$$\leq f(0)-x^2|x|\ (\because ⊙)$$
$$\leq f(0)\ (\because x^2|x|\geq0)$$
$$=g(0)$$
$$\therefore g(x)\leq g(0)$$
즉, 함수 $g(x)$는 $x=0$에서 극댓값을 가집니다. (참)
따라서 옳은 것은 ㄴ, ㄷ입니다.

보충 설명 함수 $f(x)$가 $x=0$에서 극댓값을 가지므로 극댓값의 정의를 이용합니다.

정답 ㄴ, ㄷ

05-18

접근 방법 조건 ㈎에서 삼차함수 $f(x)$가 원점에 대하여 대칭인 함수, 즉 기함수이므로 $f(x)=ax^3+cx\,(a\neq0)$로 놓고 문제를 해결합니다.

상세 풀이 조건 ㈎에서 삼차함수 $f(x)$는 원점에 대하여 대칭인 함수이므로

$$f(x)=ax^3+cx\,(a\neq0)$$
$$f'(x)=3ax^2+c$$

조건 ㈏에 의하여

$$f(1)=a+c=5 \qquad \cdots\cdots \ ㉠$$

이때, $f'(1)=3a+c$이므로 조건 ㈐에 의하여

$$1<3a+c<7$$

㉠에서 $c=5-a$이므로

$$1<3a+5-a<7$$
$$-4<2a<2$$
$$\therefore -2<a<1$$

이때, a가 정수이므로 $a=-1$ $(\because a\neq0)$

$$\therefore c=5-(-1)=6$$
$$\therefore f(x)=-x^3+6x$$
$$f'(x)=-3x^2+6$$
$$=-3(x+\sqrt{2})(x-\sqrt{2})$$

$f'(x)=0$에서 $x=-\sqrt{2}$ 또는 $x=\sqrt{2}$

$f'(x)$의 부호를 조사하여 함수 $f(x)$의 증가와 감소를 표로 나타내면 다음과 같습니다.

x	$\cdots$	$-\sqrt{2}$	$\cdots$	$\sqrt{2}$	$\cdots$
$f'(x)$	$-$	0	$+$	0	$-$
$f(x)$	$\searrow$	$-4\sqrt{2}$ (극소)	$\nearrow$	$4\sqrt{2}$ (극대)	$\searrow$

따라서 함수 $f(x)$는 $x=\sqrt{2}$에서 극댓값 $f(\sqrt{2})=4\sqrt{2}$를 가집니다.

$$\therefore m=4\sqrt{2}$$
$$\therefore m^2=(4\sqrt{2})^2=32$$

보충 설명 $f(x)$가 원점에 대하여 대칭인 함수이면 $f(-x)=-f(x)$가 성립하고, y축에 대하여 대칭인 함수이면 $f(-x)=f(x)$가 성립합니다.

정답 32

05-19

접근 방법 조건 ㈎에서 사차함수 $f(x)$의 최고차항의 계수가 1이므로 $f(x)=x^4+ax^3+bx^2+cx+d$로 놓고 문제를 해결합니다.

상세 풀이 조건 ㈎에 의하여

$$f(x)=x^4+ax^3+bx^2+cx+d \qquad \cdots\cdots \ ㉠$$

라고 하면

$$f'(x)=4x^3+3ax^2+2bx+c$$

조건 ㈏, ㈐에서 $f'(2)=0$, $f(2)=2$, $f'(0)=0$ 이므로

$$f'(2)=32+12a+4b+c=0$$
$$f(2)=16+8a+4b+2c+d=2$$
$$f'(0)=c=0$$

위의 세 식에서 b, d를 a에 대하여 나타내면

$$b=-3a-8,\ d=4a+18$$

이를 ㉠에 대입하면

$$f(x)=x^4+ax^3+(-3a-8)x^2+4a+18$$
$$=(x^4-8x^2+18)+a(x^3-3x^2+4)$$
$$=(x^4-8x^2+18)+a(x+1)(x-2)^2$$

따라서 $y=f(x)$의 그래프는 a의 값에 상관없이 두 점 $(-1,f(-1))$, $(2,f(2))$를 항상 지나므로 y좌표의 합은

$$f(-1)+f(2)=11+2=13$$

정답 13

예제 01 함수의 최댓값과 최솟값 p.195

01-**1**

(1) $f(x)=x^3-3x^2+2$에서

$$f'(x)=3x^2-6x=3x(x-2)$$

$f'(x)=0$에서 $x=0$ 또는 $x=2$

구간 $[0, 3]$에서 함수 $f(x)$의 증가와 감소를 표로 나타내면 다음과 같습니다.

x	0	$\cdots$	2	$\cdots$	3
$f'(x)$	0	$-$	0	$+$	
$f(x)$	2	$\searrow$	-2 (극소)	$\nearrow$	2

따라서 함수 $f(x)$는

$\qquad x=0$ 또는 $x=3$일 때 최댓값 2,

$\qquad x=2$일 때 최솟값 -2

를 가집니다.

(2) $f(x)=-x^3+3x^2+9x-7$에서

$$f'(x)=-3x^2+6x+9$$
$$=-3(x+1)(x-3)$$

$f'(x)=0$에서 $x=3$ $(\because 0\leq x\leq 4)$

구간 $[0, 4]$에서 함수 $f(x)$의 증가와 감소를 표로 나타내면 다음과 같습니다.

x	0	$\cdots$	3	$\cdots$	4
$f'(x)$		$+$	0	$-$	
$f(x)$	-7	$\nearrow$	20 (극대)	$\searrow$	13

따라서 함수 $f(x)$는

$\qquad x=3$일 때 최댓값 20,

$\qquad x=0$일 때 최솟값 -7

을 가집니다.

정답 (1) 최댓값 : 2, 최솟값 : -2
(2) 최댓값 : 20, 최솟값 : -7

01-**2**

$f(x)=x^3-6x^2+1$에서

$$f'(x)=3x^2-12x=3x(x-4)$$

$f'(x)=0$에서 $x=0$ 또는 $x=4$

$x\geq 0$에서 함수 $f(x)$의 증가와 감소를 표로 나타내면 다음과 같습니다.

x	0	$\cdots$	4	$\cdots$
$f'(x)$	0	$-$	0	$+$
$f(x)$	1	$\searrow$	-31 (극소)	$\nearrow$

이때, $f(0)=1$이므로 $f(x)=1$에서

$$x^3-6x^2+1=1, \ x^3-6x^2=0$$
$$x^2(x-6)=0 \qquad \therefore x=0 \text{ 또는 } x=6$$

따라서 구간 $[0, a]$에서 함수 $f(x)$의 최댓값이 $f(0)=1$이 되도록 하는 a의 값의 범위는 $0<a\leq 6$이므로 구하는 정수 a의 최댓값은 6입니다.

정답 6

01-**3**

$x^2+2y^2=4$에서 $x^2=4-2y^2$이므로

$$x^2y=(4-2y^2)y=-2y^3+4y$$

$f(y)=-2y^3+4y$라고 하면

$$f'(y)=-6y^2+4$$

$f'(y)=0$에서 $y=\pm\dfrac{\sqrt{6}}{3}$

한편, $x^2\geq 0$이므로 $x^2=4-2y^2\geq 0$

$$\therefore -\sqrt{2}\leq y\leq\sqrt{2}$$

구간 $[-\sqrt{2}, \sqrt{2}]$에서 함수 $f(y)$의 증가와 감소를 표로 나타내면 다음과 같습니다.

y	$-\sqrt{2}$	$\cdots$	$-\dfrac{\sqrt{6}}{3}$	$\cdots$	$\dfrac{\sqrt{6}}{3}$	$\cdots$	$\sqrt{2}$
$f'(y)$		$-$	0	$+$	0	$-$	
$f(y)$	0	$\searrow$	$-\dfrac{8\sqrt{6}}{9}$ (극소)	$\nearrow$	$\dfrac{8\sqrt{6}}{9}$ (극대)	$\searrow$	0

이때, 함수 $f(y)$는 $y=\dfrac{\sqrt{6}}{3}$일 때 최댓값 $\dfrac{8\sqrt{6}}{9}$,

$y=-\dfrac{\sqrt{6}}{3}$일 때 최솟값 $-\dfrac{8\sqrt{6}}{9}$을 가집니다.

따라서 x^2y는 $x=\pm\dfrac{2\sqrt{6}}{3}$, $y=\dfrac{\sqrt{6}}{3}$일 때

최댓값 $\dfrac{8\sqrt{6}}{9}$, $x=\pm\dfrac{2\sqrt{6}}{3}$, $y=-\dfrac{\sqrt{6}}{3}$ 일 때

최솟값 $-\dfrac{8\sqrt{6}}{9}$ 을 가집니다.

정답 최댓값 : $\dfrac{8\sqrt{6}}{9}$, 최솟값 : $-\dfrac{8\sqrt{6}}{9}$

$$f\left(\dfrac{5\sqrt{3}}{3}\right)=-2\times\left(\dfrac{5\sqrt{3}}{3}\right)^3+50\times\dfrac{5\sqrt{3}}{3}$$
$$=\dfrac{500\sqrt{3}}{9}$$

정답 $\dfrac{500\sqrt{3}}{9}$

예제 02 좌표평면에서의 최대, 최소의 활용   p.197

02-1

다음 그림과 같이 곡선 $y=-x^2+6x+16$은 직선 $x=3$에 대하여 대칭입니다.

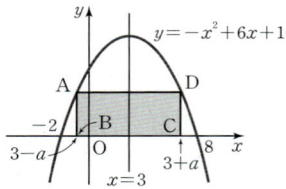

직사각형 ABCD의 한 꼭짓점 C의 좌표를 $(3+a, 0)$ $(0<a<5)$이라고 하면

A$(3-a, -a^2+25)$, B$(3-a, 0)$,

D$(3+a, -a^2+25)$

직사각형 ABCD의 넓이를 $f(a)$라고 하면
$$f(a)=2a(-a^2+25)=-2a^3+50a$$
$$\therefore\ f'(a)=-6a^2+50$$

$f'(a)=0$에서 $a=\dfrac{5\sqrt{3}}{3}$ $(\because 0<a<5)$

$0<a<5$에서 $f(a)$의 증가와 감소를 표로 나타내면 다음과 같습니다.

a	(0)	$\cdots$	$\dfrac{5\sqrt{3}}{3}$	$\cdots$	(5)
$f'(a)$		$+$	0	$-$	
$f(a)$		$\nearrow$	극대	$\searrow$	

따라서 $f(a)$는 $a=\dfrac{5\sqrt{3}}{3}$일 때 극대이면서 최대이므로 구하는 넓이의 최댓값은

02-2

$y=-x^2+3x=-\left(x-\dfrac{3}{2}\right)^2+\dfrac{9}{4}$이므로

$$0<k<\dfrac{9}{4}$$

곡선 $y=-x^2+3x$와 직선 $y=k$가 만나는 두 점 P, Q의 x좌표는 방정식 $-x^2+3x=k$, 즉 $x^2-3x+k=0$의 두 근이므로 두 근을 α, β라고 하면 이차방정식의 근과 계수의 관계에 의하여

$$\alpha+\beta=3,\ \alpha\beta=k$$

이때, $(\alpha-\beta)^2=(\alpha+\beta)^2-4\alpha\beta=9-4k$이므로

$$\overline{\mathrm{PQ}}=|\alpha-\beta|=\sqrt{9-4k}$$

삼각형 POQ의 넓이를 S라고 하면

$$S=\dfrac{1}{2}\times\overline{\mathrm{PQ}}\times k=\dfrac{1}{2}k\sqrt{9-4k}$$

$S^2=f(k)$라고 하면

$$f(k)=\dfrac{1}{4}k^2(9-4k)=-k^3+\dfrac{9}{4}k^2$$
$$\therefore\ f'(k)=-3k^2+\dfrac{9}{2}k=-3k\left(k-\dfrac{3}{2}\right)$$

$f'(k)=0$에서 $k=\dfrac{3}{2}$ $\left(\because 0<k<\dfrac{9}{4}\right)$

$0<k<\dfrac{9}{4}$에서 $f(k)$의 증가와 감소를 표로 나타내면 다음과 같습니다.

k	(0)	$\cdots$	$\dfrac{3}{2}$	$\cdots$	$\left(\dfrac{9}{4}\right)$
$f'(k)$		$+$	0	$-$	
$f(k)$		$\nearrow$	극대	$\searrow$	

따라서 $f(k)$는 $k=\dfrac{3}{2}$일 때 극대이면서 최대이므로 삼각형 POQ의 넓이는 $k=\dfrac{3}{2}$일 때 최대입니다.

정답 $\dfrac{3}{2}$

02-3

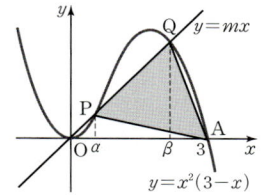

함수 $y=x^2(3-x)$의 그래프와 직선 $y=mx$가 만나는 두 점 P, Q의 x좌표는 방정식 $x^2(3-x)=mx$의 근입니다. 이때, $x^2(3-x)-mx=0$에서

$$-x(x^2-3x+m)=0$$

이므로 이차방정식

$$x^2-3x+m=0 \qquad \cdots\cdots \text{㉠}$$

의 두 양근이 두 점 P, Q의 x좌표이고, 두 근을 α, β ($\alpha<\beta$)라고 하면 이차방정식의 근과 계수의 관계에 의하여

$$\alpha+\beta=3,\ \alpha\beta=m$$

또한 ㉠의 판별식을 D라고 하면

$$D=9-4m>0$$

$$\therefore 0<m<\frac{9}{4}\ (\because m>0)$$

삼각형 PAQ의 넓이를 S라고 하면
P(α, $m\alpha$), Q(β, $m\beta$)이므로

$$S=\triangle OAQ-\triangle OAP$$
$$=\frac{1}{2}\times 3\times m\beta-\frac{1}{2}\times 3\times m\alpha=\frac{3}{2}m(\beta-\alpha)$$

이때, $\beta-\alpha=\sqrt{(\alpha+\beta)^2-4\alpha\beta}=\sqrt{9-4m}$이므로

$$S=\frac{3}{2}\sqrt{-4m^3+9m^2}$$

$f(m)=-4m^3+9m^2$이라고 하면

$$f'(m)=-12m^2+18m=-6m(2m-3)$$

$f'(m)=0$에서 $m=\frac{3}{2}\left(\because 0<m<\frac{9}{4}\right)$

$0<m<\frac{9}{4}$에서 $f(m)$의 증가와 감소를 표로 나타내면 다음과 같습니다.

m	(0)	$\cdots$	$\frac{3}{2}$	$\cdots$	$\left(\frac{9}{4}\right)$
$f'(m)$		$+$	0	$-$	
$f(m)$		↗	극대	↘	

따라서 $f(m)$은 $m=\frac{3}{2}$일 때 극대이면서 최대이므로 넓이 S는 $m=\frac{3}{2}$일 때 최댓값

$$\frac{3}{2}\sqrt{-4\times\left(\frac{3}{2}\right)^3+9\times\left(\frac{3}{2}\right)^2}=\frac{9\sqrt{3}}{4}$$

을 가집니다.

정답 $m=\frac{3}{2}$, 최댓값 : $\frac{9\sqrt{3}}{4}$

예제 03   도형의 부피에서의 최대, 최소의 활용   p.199

03-1

다음 그림과 같이 정육각형의 꼭짓점으로부터의 거리가 x인 점까지 자른다고 하면

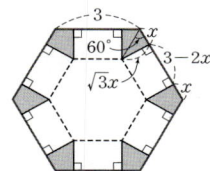

육각기둥의 밑면은 한 변의 길이가 $3-2x$인 정육각형이므로 x의 값의 범위는 $0<x<\frac{3}{2}$

이때, 상자의 밑면의 넓이는

$$6\times\frac{\sqrt{3}}{4}(3-2x)^2=\frac{3\sqrt{3}}{2}(3-2x)^2$$

이고, 상자의 높이는

$$x\tan 60^\circ=\sqrt{3}x$$

이므로 상자의 부피를 $V(x)$라고 하면

$$V(x)=\frac{3\sqrt{3}}{2}(3-2x)^2\cdot\sqrt{3}x$$
$$=\frac{9}{2}x(3-2x)^2$$
$$=\frac{9}{2}(4x^3-12x^2+9x)$$

$$\therefore V'(x)=\frac{9}{2}(12x^2-24x+9)$$
$$=\frac{27}{2}(2x-1)(2x-3)$$

$V'(x)=0$에서 $x=\frac{1}{2}\left(\because 0<x<\frac{3}{2}\right)$

$0<x<\dfrac{3}{2}$에서 $V(x)$의 증가와 감소를 표로 나타내면 다음과 같습니다.

x	(0)	$\cdots$	$\dfrac{1}{2}$	$\cdots$	$\left(\dfrac{3}{2}\right)$
$V'(x)$		$+$	0	$-$	
$V(x)$		↗	극대	↘	

따라서 $V(x)$는 $x=\dfrac{1}{2}$일 때 극대이면서 최대이므로 상자의 부피의 최댓값은

$$V\left(\dfrac{1}{2}\right)=\dfrac{9}{2}\left\{4\times\left(\dfrac{1}{2}\right)^{3}-12\times\left(\dfrac{1}{2}\right)^{2}+9\times\dfrac{1}{2}\right\}$$
$$=9$$

정답 9

03-2
다음 그림과 같이 사각뿔의 밑면인 정사각형의 한 변의 길이를 x라고 하면

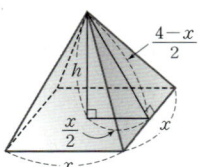

사각뿔의 높이 h는

$$h=\sqrt{\left(\dfrac{4-x}{2}\right)^{2}-\left(\dfrac{x}{2}\right)^{2}}$$
$$=\sqrt{4-2x} \ \ (0<x<2)$$

사각뿔의 부피를 $V(x)$라고 하면

$$V(x)=\dfrac{1}{3}x^{2}\sqrt{4-2x}$$

이때,

$$f(x)=\dfrac{1}{9}x^{4}(4-2x)=\dfrac{1}{9}(-2x^{5}+4x^{4})$$

이라고 하면

$$f'(x)=\dfrac{1}{9}(-10x^{4}+16x^{3})$$
$$=-\dfrac{2}{9}x^{3}(5x-8)$$

$f'(x)=0$에서 $x=\dfrac{8}{5}$ $(\because 0<x<2)$

$0<x<2$에서 $f(x)$의 증가와 감소를 표로 나타내면 다음과 같습니다.

x	(0)	$\cdots$	$\dfrac{8}{5}$	$\cdots$	(2)
$f'(x)$		$+$	0	$-$	
$f(x)$		↗	극대	↘	

따라서 $f(x)$는 $x=\dfrac{8}{5}$일 때 극대이면서 최대이므로 상자의 부피는 $x=\dfrac{8}{5}$일 때 최대입니다.

정답 $\dfrac{8}{5}$

03-3
직사각형의 가로의 길이를 x, 세로의 길이를 y라고 하면 둘레의 길이가 일정하므로

$$x+y=k \ (k\text{는 상수},\ 0<x<k,\ 0<y<k)$$
$$\therefore y=k-x$$

이때, 원기둥의 높이가 y, 밑면의 둘레의 길이가 x이므로 밑면인 원의 반지름의 길이를 r라고 하면

$$x=2\pi r\text{에서 } r=\dfrac{x}{2\pi}$$

원기둥의 부피를 $V(x)$라고 하면

$$V(x)=\pi\left(\dfrac{x}{2\pi}\right)^{2}\times y=\dfrac{1}{4\pi}x^{2}y$$
$$=\dfrac{1}{4\pi}x^{2}(k-x)=\dfrac{1}{4\pi}(-x^{3}+kx^{2})$$
$$\therefore V'(x)=\dfrac{1}{4\pi}(-3x^{2}+2kx)$$
$$=-\dfrac{1}{4\pi}x(3x-2k)$$

$V'(x)=0$에서 $x=\dfrac{2}{3}k$ $(\because 0<x<k)$

$0<x<k$에서 $V(x)$의 증가와 감소를 표로 나타내면 다음과 같습니다.

x	(0)	$\cdots$	$\dfrac{2}{3}k$	$\cdots$	(k)
$V'(x)$		$+$	0	$-$	
$V(x)$		↗	극대	↘	

따라서 $V(x)$는 $x=\dfrac{2}{3}k$일 때 극대이면서 최대이므로

원기둥의 부피는 $x=\dfrac{2}{3}k,\ y=\dfrac{1}{3}k$일 때 최대입니다.

$$\therefore x:y=\frac{2}{3}k:\frac{1}{3}k=2:1$$

정답   2 : 1

예제 04   삼차방정식에서의 실근 조건   p.207

04-1

$2x^3-3x^2-12x-k=0$에서 $2x^3-3x^2-12x=k$이
므로 이 방정식의 실근은 함수 $y=2x^3-3x^2-12x$
의 그래프와 직선 $y=k$의 교점의 x좌표입니다.
$f(x)=2x^3-3x^2-12x$라고 하면
$$f'(x)=6x^2-6x-12=6(x+1)(x-2)$$
$f'(x)=0$에서 $x=-1$ 또는 $x=2$
함수 $f(x)$의 증가와 감소를 표로 나타내고 그 그래
프를 그리면 다음과 같습니다.

x	$\cdots$	-1	$\cdots$	2	$\cdots$
$f'(x)$	$+$	0	$-$	0	$+$
$f(x)$	$\nearrow$	7	$\searrow$	-20	$\nearrow$

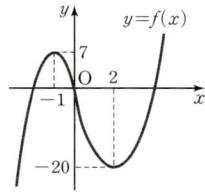

(1) 주어진 방정식이 서로 다른 두 실근을 가지도록
   하는 실수 k의 값은
$$k=-20 \text{ 또는 } k=7$$
(2) 주어진 방정식이 서로 다른 세 실근을 가지도록
   하는 실수 k의 값의 범위는
$$-20<k<7$$

(3) 주어진 방정식이 서로 다른 두 개의 음근과 한 개
   의 양근을 가지도록 하는 실수 k의 값의 범위는
$$0<k<7$$

정답   (1) $k=-20$ 또는 $k=7$
(2) $-20<k<7$
(3) $0<k<7$

04-2

$f(x)=x^3-3ax+2$라고 하면
$$f'(x)=3x^2-3a=3(x+\sqrt{a})(x-\sqrt{a})$$
$f'(x)=0$에서 $x=-\sqrt{a}$ 또는 $x=\sqrt{a}$
이때, $a\leq0$이면 주어진 방정식이 서로 다른 세 실근
을 가지지 않으므로 $a>0$입니다.
한편, 함수 $f(x)$의 증가와 감소를 표로 나타내면 다
음과 같습니다.

x	$\cdots$	$-\sqrt{a}$	$\cdots$	$\sqrt{a}$	$\cdots$
$f'(x)$	$+$	0	$-$	0	$+$
$f(x)$	$\nearrow$	극대	$\searrow$	극소	$\nearrow$

따라서 방정식 $x^3-3ax+2=0$이 서로 다른 세 실근
을 가지려면 (극댓값)$\times$(극솟값)<0이어야 하므로
$$f(-\sqrt{a})f(\sqrt{a})<0$$
$$(2a\sqrt{a}+2)(-2a\sqrt{a}+2)<0$$
$$-4a^3+4<0,\ a^3-1>0$$
$$(a-1)(a^2+a+1)>0$$
$$\therefore a>1\ (\because a^2+a+1>0)$$

정답 $a>1$

04-3

$x^3-3x^2-9x-p=0$에서 $x^3-3x^2-9x=p$
$f(x)=x^3-3x^2-9x$라고 하면
$$f'(x)=3x^2-6x-9=3(x+1)(x-3)$$
$f'(x)=0$에서 $x=-1$ 또는 $x=3$
함수 $f(x)$의 증가와 감소를 표로 나타내고 그 그래
프를 그리면 다음과 같습니다.

x	$\cdots$	-1	$\cdots$	3	$\cdots$
$f'(x)$	$+$	0	$-$	0	$+$
$f(x)$	↗	5	↘	-27	↗

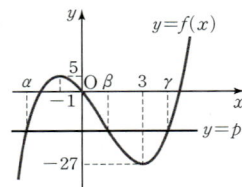

따라서 삼차방정식 $x^3-3x^2-9x=p$가 서로 다른 세 실근을 가지려면 $-27<p<5$이어야 합니다.

이때, 삼차방정식의 서로 다른 세 실근이 α, β, γ이므로 삼차방정식의 근과 계수의 관계에 의하여

$$\alpha\beta\gamma=p$$

(ⅰ) $\beta=0$일 때, $\alpha\beta\gamma=0$이고

$$x^3-3x^2-9x=x(x^2-3x-9)=0$$에서

$$\alpha\gamma=-9$$

(ⅱ) $\beta\neq0$일 때

$$\alpha\gamma=\frac{p}{\beta}=\frac{\beta^3-3\beta^2-9\beta}{\beta}$$

$$=\beta^2-3\beta-9=\left(\beta-\frac{3}{2}\right)^2-\frac{45}{4}$$

(ⅰ), (ⅱ)에 의하여 $\alpha\gamma$의 최솟값은 $\beta=\frac{3}{2}$일 때 $-\frac{45}{4}$ 입니다.

정답 $-\dfrac{45}{4}$

예제 05 부등식에의 활용   p.209

05-1

(1) $f(x)=x^3+x^2+2x-a$라고 하면

$$f'(x)=3x^2+2x+2=3\left(x+\frac{1}{3}\right)^2+\frac{5}{3}>0$$

$x\geq1$일 때 $f'(x)>0$이므로 함수 $f(x)$는 $x\geq1$일 때 증가합니다.

따라서 $x\geq1$에서 $f(x)>0$이려면 $f(1)>0$이어야 하므로

$$f(1)=1^3+1^2+2\times1-a=4-a>0$$

$$\therefore a<4$$

(2) $f(x)=x^4-4a^3x+12$라고 하면

$$f'(x)=4x^3-4a^3$$
$$=4(x^3-a^3)$$
$$=4(x-a)(x^2+ax+a^2)$$

이때, 모든 실수 x에 대하여 $x^2+ax+a^2\geq0$이므로 $f'(x)=0$에서 $x=a$

함수 $f(x)$의 증가와 감소를 표로 나타내면 다음과 같습니다.

x	$\cdots$	a	$\cdots$
$f'(x)$	$-$	0	$+$
$f(x)$	↘	$12-3a^4$	↗

따라서 함수 $f(x)$의 최솟값은 $12-3a^4$이므로 모든 실수 x에 대하여 $f(x)>0$이려면

$$12-3a^4>0,\ (a^2+2)(a^2-2)<0$$
$$\therefore -\sqrt{2}<a<\sqrt{2}$$

정답 (1) $a<4$ (2) $-\sqrt{2}<a<\sqrt{2}$

05-2

$h(x)=f(x)-g(x)$라고 하면

$$h(x)=(x^4+2x^2-6x+a)-(-x^2+4x)$$
$$=x^4+3x^2-10x+a$$
$$\therefore h'(x)=4x^3+6x-10$$
$$=2(x-1)(2x^2+2x+5)$$

이때, 모든 실수 x에 대하여 $2x^2+2x+5>0$이므로 $h'(x)=0$에서 $x=1$

함수 $h(x)$의 증가와 감소를 표로 나타내면 다음과 같습니다.

x	$\cdots$	1	$\cdots$
$h'(x)$	$-$	0	$+$
$h(x)$	↘	$a-6$	↗

따라서 함수 $h(x)$의 최솟값은 $a-6$이므로 모든 실수 x에 대하여 $h(x)\geq0$이려면

$$a-6\geq0 \quad \therefore a\geq6$$

그러므로 정수 a의 최솟값은 6입니다.

정답 6

05-3

$xy>0$에서 $y\neq0$이므로 주어진 부등식의 양변을 y^4으로 나누어 정리하면

$$3\left(\frac{x}{y}\right)^4-4a\left(\frac{x}{y}\right)^3+1\geq0$$

이때, $\frac{x}{y}=t$ $(t>0)$라고 하면

$$3t^4-4at^3+1\geq0$$

$f(t)=3t^4-4at^3+1$이라고 하면

$$f'(t)=12t^3-12at^2=12t^2(t-a)$$

$f'(t)=0$에서 $t=a$ $(\because t>0)$

함수 $f(t)$의 증가와 감소를 표로 나타내면 다음과 같습니다.

t	(0)	$\cdots$	a	$\cdots$
$f'(t)$		$-$	0	$+$
$f(t)$		$\searrow$	$1-a^4$	$\nearrow$

따라서 $t>0$에서 함수 $f(t)$의 최솟값은 $1-a^4$이므로 주어진 부등식이 항상 성립하려면

$$1-a^4\geq0,\ (a^2+1)(a^2-1)\leq0$$
$$\therefore 0<a\leq1\ (\because a>0)$$

그러므로 양수 a의 최댓값은 1입니다.

정답　1

예제 06 속도와 가속도　　　　　　p.215

06-1

(1) 시각 t에서의 점 P의 속도를 v, 가속도를 a라고 하면

$$v=\frac{dx}{dt}=3t^2-12t+9$$
$$a=\frac{dv}{dt}=6t-12$$

이므로 $t=1$에서의 점 P의 속도와 가속도는

$$v=3\times1^2-12\times1+9=0$$
$$a=6\times1-12=-6$$

(2) 점 P가 운동 방향을 바꾸는 순간의 속도는 0이므로

$$v=3t^2-12t+9=0$$
$$3(t-1)(t-3)=0$$
$$\therefore t=1\ \text{또는}\ t=3$$

따라서 $0<t<1$ 또는 $t>3$일 때 $v>0$이고, $1<t<3$일 때 $v<0$이므로 점 P가 운동 방향을 두 번째로 바꾸는 시각은 3입니다.

정답　(1) 속도 : 0, 가속도 : -6　(2) 3

06-2

(1) 시각 t에서의 점 M의 좌표를 x_M이라고 하면

$$x_M=\frac{x_P+x_Q}{2}=\frac{t^3-t^2-t}{2}$$

따라서 시각 t에서의 점 M의 속도는

$$\frac{dx_M}{dt}=\frac{3t^2-2t-1}{2}$$

(2) 점 M이 운동 방향을 바꾸는 순간의 속도는 0이므로

$$\frac{3t^2-2t-1}{2}=0$$
$$\frac{1}{2}(3t+1)(t-1)=0$$
$$\therefore t=1\ (\because t>0)$$

한편, 시각 t에서의 두 점 P, Q의 속도를 각각 v_P, v_Q라고 하면

$$v_P=\frac{dx_P}{dt}=3t^2+3$$
$$v_Q=\frac{dx_Q}{dt}=-2t-4$$

따라서 $t=1$에서의 두 점 P, Q의 속도는 각각

$$v_P=3\times1^2+3=6,\ v_Q=-2\times1-4=-6$$

정답　(1) $\dfrac{3t^2-2t-1}{2}$

(2) $t=1$, 점 P의 속도 : 6, 점 Q의 속도 : -6

06-3

㈎에 의하여 20초일 때, 두 자동차 A, B는 같은 위치에 있습니다.

또한 (나)에 의하여 $10 \leq t \leq 30$에서 자동차 B의 속도가 자동차 A의 속도보다 더 빠릅니다.

즉, $10 \leq t < 20$에서는 자동차 A가 자동차 B보다 앞서 있다가 $t=20$에서 두 자동차의 위치가 같아지고, $20 < t \leq 30$에서 자동차 B가 자동차 A보다 앞섭니다.

따라서 자동차 B는 자동차 A를 한 번 추월하므로 옳은 것은 ④입니다.

정답 ④

예제 07 시각에 대한 변화율 p.217

07-**1**

점 P가 점 A에서 출발하여 점 B를 향해 매초 1 cm의 속도로 움직이므로 $t\,(0 < t < 10)$초 후의 선분 AP의 길이는 $t \text{ cm}$, 선분 PB의 길이는 $(10-t) \text{ cm}$입니다.

이때, 선분 AP, PB를 각각 지름으로 하는 두 원의 넓이의 합은

$$S = \pi \left(\frac{t}{2} \right)^2 + \pi \left(\frac{10-t}{2} \right)^2$$

$$= \pi \left(\frac{t^2}{2} - 5t + 25 \right)$$

$$\therefore \frac{dS}{dt} = \pi(t-5)$$

따라서 $t=6$일 때의 S의 변화율은

$$\pi(6-5) = \pi \ (\text{cm}^2/\text{s})$$

정답 $\pi \text{ cm}^2/\text{s}$

07-**2**

점 P가 점 A에서 출발하여 점 B를 향해 매초 2 cm의 속도로 움직이므로 $t\,(0 < t < 10)$초 후의 선분 AP의 길이는 $2t \text{ cm}$, 선분 PB의 길이는 $(20-2t) \text{ cm}$입니다.

이때, 선분 AP, PB를 각각 한 변으로 하는 두 정사각형의 넓이의 합은

$$S = (2t)^2 + (20-2t)^2 = 8t^2 - 80t + 400$$

$$\therefore \frac{dS}{dt} = 16t - 80$$

따라서 $t=8$일 때의 S의 변화율은

$$16 \times 8 - 80 = 48 \ (\text{cm}^2/\text{s})$$

정답 $48 \text{ cm}^2/\text{s}$

07-**3**

수면의 반지름의 길이를 $r \text{ cm}$, 물의 깊이를 $h \text{ cm}$라고 하면

$$r : h = 1 : 2$$

$$\therefore h = 2r$$

이때, 수면의 반지름의 길이가 매초 0.5 cm씩 늘어나므로 t초 후의 반지름의 길이는 $0.5t \text{ cm}$이고 높이는 $t \text{ cm}$입니다.

용기에 채워진 물의 부피를 $V \text{ cm}^3$라고 하면

$$V = \frac{1}{3} \times \pi (0.5t)^2 \times t = \frac{\pi}{12} t^3$$

$$\therefore \frac{dV}{dt} = \frac{\pi}{4} t^2$$

이때, 반지름의 길이가 6 cm가 되는 시각은 $0.5t = 6$에서 $t = 12$ (초)

따라서 $t=12$일 때의 용기에 채워진 물의 부피의 변화율은

$$\frac{\pi}{4} \times 12^2 = 36\pi \ (\text{cm}^3/\text{s})$$

정답 $36\pi \text{ cm}^3/\text{s}$

p.218~219

기본 다지기

06-1 ③　　**2** -31

3 (1) $0<a<1$　(2) -1　　**4** 26

5 (1) $a\le-2$　(2) $a<-2$　　**6** 3

7 3　　**8** $\dfrac{2\sqrt{3}}{9}$　　**9** 12　　**10** 18

06-1

접근 방법 도함수 $y=f'(x)$의 그래프를 이용하여 함수 $f(x)$의 증가와 감소를 표로 나타내어 구간 $[-2, 2]$에서의 함수 $f(x)$의 최댓값을 구합니다.

상세 풀이 도함수 $y=f'(x)$의 그래프에서 $f'(x)=0$이 되는 x의 값이 $0, 2$이므로 구간 $[-2, 2]$에서 함수 $f(x)$의 증가와 감소를 표로 나타내면 다음과 같습니다.

x	-2	$\cdots$	0	$\cdots$	2
$f'(x)$		$+$	0	$-$	0
$f(x)$	$f(-2)$	↗	$f(0)$ 극대	↘	$f(2)$

따라서 함수 $f(x)$는 $x=0$일 때 극대이면서 최대이므로 함수 $f(x)$의 최댓값은 $f(0)$입니다.

보충 설명 $f(x)$는 삼차함수이고, $x=0$에서 극대, $x=2$에서 극소이므로 그 그래프의 개형을 그려 보면 다음 그림과 같습니다.

$y=f(x)$

$x=0$　$x=2$

정답 ③

06-2

접근 방법 함수 $y=x^3-6x^2$의 그래프와 직선 $y=n$이 서로 다른 세 점에서 만나도록 하는 실수 n의 값의 범위를 구합니다.

상세 풀이 $x^3-6x^2-n=0$에서 $x^3-6x^2=n$이므로 이 방정식의 실근은 함수 $y=x^3-6x^2$의 그래프와 직선 $y=n$의 교점의 x좌표입니다.

$f(x)=x^3-6x^2$이라고 하면

$$f'(x)=3x^2-12x=3x(x-4)$$

$f'(x)=0$에서 $x=0$ 또는 $x=4$

x	$\cdots$	0	$\cdots$	4	$\cdots$
$f'(x)$	$+$	0	$-$	0	$+$
$f(x)$	↗	0	↘	-32	↗

즉, 함수 $y=f(x)$의 그래프는 다음 그림과 같습니다.

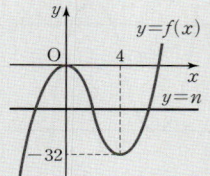

주어진 방정식이 서로 다른 세 실근을 가지려면 함수 $y=f(x)$의 그래프와 직선 $y=n$이 서로 다른 세 점에서 만나야 하므로

$$-32<n<0$$

따라서 정수 n의 최솟값은 -31입니다.

보충 설명 $y=x^3-6x^2-n$의 그래프를 좌표평면 위에 나타내어 조건에 맞는 n의 값을 구해도 되지만 $y=x^3-6x^2$, $y=n$과 같이 나누어 그래프를 그리면 n의 값의 변화에 따른 두 함수의 그래프의 위치 관계를 보다 쉽게 파악할 수 있습니다.

정답 -31

06-3

접근 방법 방정식 $4x^3-3x+a=0$의 실근은 함수 $y=-4x^3+3x$의 그래프와 직선 $y=a$의 교점의 x좌표와 같습니다.

상세 풀이 $4x^3-3x+a=0$에서 $-4x^3+3x=a$이므로 이 방정식의 실근은 함수 $y=-4x^3+3x$의 그래프와 직선 $y=a$의 교점의 x좌표입니다.

$f(x)=-4x^3+3x$라고 하면

$$f'(x)=-12x^2+3$$
$$=-3(2x+1)(2x-1)$$

$f'(x)=0$에서 $x=-\dfrac{1}{2}$ 또는 $x=\dfrac{1}{2}$

x	$\cdots$	$-\dfrac{1}{2}$	$\cdots$	$\dfrac{1}{2}$	$\cdots$
$f'(x)$	$-$	0	$+$	0	$-$
$f(x)$	$\searrow$	-1	$\nearrow$	1	$\searrow$

즉, 함수 $y=f(x)$의 그래프는 다음 그림과 같습니다.

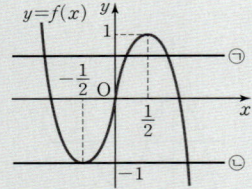

(1) 주어진 방정식이 서로 다른 두 개의 양근과 한 개의 음근을 가지는 경우는 ㉠과 같으므로
$$0<a<1$$
(2) 주어진 방정식이 한 개의 양근과 음의 중근을 가지는 경우는 ㉡과 같으므로
$$a=-1$$

보충 설명 주어진 방정식이 가지는 근의 종류는 다양하므로 위의 풀이와 같이 그래프를 그린 후 직선 $y=a$의 위치를 변화시켜 a의 값 또는 범위를 구합니다.

정답 (1) $0<a<1$ (2) -1

06-4

접근 방법 접점의 좌표를 $(t,\ t^3-9t^2+15t-7)$이라 하고 접선의 방정식을 세우면 이 접선이 점 $(0,\ n)$을 지나므로 t에 대한 삼차방정식을 얻을 수 있습니다. 이때, 점 $(0,\ n)$에서 서로 다른 3개의 접선을 그을 수 있으려면 이 삼차방정식이 서로 다른 세 실근을 가져야 합니다.

상세 풀이 $y=x^3-9x^2+15x-7$에서
$$y'=3x^2-18x+15$$

점 $(0,\ n)$에서 이 곡선에 그은 접선의 접점의 좌표를 $(t,\ t^3-9t^2+15t-7)$이라고 하면 접선의 방정식은

$$y-(t^3-9t^2+15t-7)$$
$$=(3t^2-18t+15)(x-t)$$
$$\therefore y=3(t^2-6t+5)x-2t^3+9t^2-7$$

이 직선이 점 $(0,\ n)$을 지나므로
$$-2t^3+9t^2-7=n \qquad \cdots\cdots ㉠$$

점 $(0,\ n)$에서 주어진 곡선에 서로 다른 세 개의 접선을 그을 수 있으려면 t에 대한 삼차방정식 ㉠이 서로 다른 세 실근을 가져야 합니다.

$f(t)=-2t^3+9t^2-7$이라고 하면
$$f'(t)=-6t^2+18t=-6t(t-3)$$

$f'(t)=0$에서 $t=0$ 또는 $t=3$

t	$\cdots$	0	$\cdots$	3	$\cdots$
$f'(t)$	$-$	0	$+$	0	$-$
$f(t)$	$\searrow$	-7	$\nearrow$	20	$\searrow$

즉, 함수 $y=f(t)$의 그래프는 다음 그림과 같습니다.

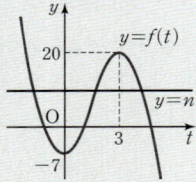

함수 $y=f(t)$의 그래프와 직선 $y=n$이 서로 다른 세 점에서 만나야 하므로 $-7<n<20$

따라서 정수 n은 $-6,\ -5,\ -4,\ \cdots,\ 19$의 26개입니다.

보충 설명 삼차함수의 그래프의 경우 접점이 다르면 반드시 접선도 다릅니다. 즉, 접선의 개수와 접점의 개수가 서로 같습니다.

그러나 사차함수의 그래프의 경우는 위의 사실이 반드시 성립하지는 않습니다. 예를 들어, 다음 그림에서 점 P와 점 Q에서의 접선은 동일하여 하나의 접선

에 대하여 2개의 접점이 존재합니다.

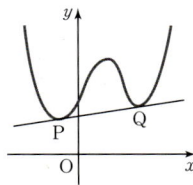

정답 26

06-5

접근 방법 (1)에서는 $h(x)=f(x)-g(x)$ 라 하고 $(h(x)$ 의 최솟값$)\geq 0$을 만족시키는 실수 a의 값의 범위를 구합니다. (2)에서는 $f(x)$의 최솟값이 $g(x)$의 최댓값보다 커야 하므로 이를 만족시키는 실수 a의 값의 범위를 구합니다.

상세 풀이 (1) $h(x)=f(x)-g(x)$ 라고 하면

$$h(x)=(x^4-2x^2)-(-x^2+2x+a)$$
$$=x^4-x^2-2x-a$$
$$\therefore h'(x)=4x^3-2x-2$$
$$=2(x-1)(2x^2+2x+1)$$

이때, 모든 실수 x에 대하여 $2x^2+2x+1>0$ 이므로 $h'(x)=0$에서 $x=1$

x	$\cdots$	1	$\cdots$
$h'(x)$	$-$	0	$+$
$h(x)$	$\searrow$	$-2-a$	$\nearrow$

따라서 함수 $h(x)$의 최솟값이 $-2-a$이므로
$$-2-a\geq 0 \qquad \therefore a\leq -2$$

(2) 임의의 두 실수 x_1, x_2에 대하여
$f(x_1)>g(x_2)$가 성립하려면
$(f(x)$ 의 최솟값$)>(g(x)$ 의 최댓값$)$이어야 합니다.
$f(x)=x^4-2x^2$에서
$$f'(x)=4x^3-4x=4x(x+1)(x-1)$$
$f'(x)=0$에서 $x=-1$ 또는 $x=0$ 또는 $x=1$

x	$\cdots$	-1	$\cdots$	0	$\cdots$	1	$\cdots$
$f'(x)$	$-$	0	$+$	0	$-$	0	$+$
$f(x)$	$\searrow$	-1	$\nearrow$	0	$\searrow$	-1	$\nearrow$

그러므로 함수 $f(x)$의 최솟값은
$$f(-1)=f(1)=-1$$
$g(x)=-x^2+2x+a$에서
$$g(x)=-(x-1)^2+a+1$$
이므로 $g(x)$의 최댓값은
$$g(1)=a+1$$
따라서 $-1>a+1$이어야 하므로
$$a<-2$$

보충 설명 (1)에서는 하나의 함숫값에 대하여 $f(x)\geq g(x)$가 성립하므로 $h(x)=f(x)-g(x)$의 최솟값을 구하여 문제를 해결하지만, (2)에서는 임의의 두 점에서의 함숫값에 대하여 $f(x_1)>g(x_2)$가 성립하므로 $f(x)$의 최솟값과 $g(x)$의 최댓값을 비교해야 합니다.

정답 (1) $a\leq -2$ (2) $a<-2$

06-6

접근 방법 임의의 양수 x에 대하여 주어진 부등식이 항상 성립하려면 $x>0$에서
$$f(x)=\frac{1}{3}x^3+\frac{1-a}{2}x^2-ax+a^2$$의 최솟값이 0보다 커야 합니다.

상세 풀이 $f(x)=\frac{1}{3}x^3+\frac{1-a}{2}x^2-ax+a^2$이라고 하면
$$f'(x)=x^2+(1-a)x-a$$
$$=(x+1)(x-a)$$
$f'(x)=0$에서 $x=a$ $(\because x>0)$
이때, $a>0$이므로 $x>0$에서 함수 $f(x)$의 증가와 감소를 표로 나타내면 다음과 같습니다.

x	0	$\cdots$	a	$\cdots$
$f'(x)$		$-$	0	$+$
$f(x)$		$\searrow$	극소	$\nearrow$

$x>0$일 때, 부등식 $f(x)>0$이 항상 성립하려면 $f(x)$의 최솟값 $f(a)$가 0보다 커야 하므로

$$\frac{1}{3}a^3+\frac{1-a}{2}a^2-a^2+a^2>0$$

$$a^3-3a^2<0,\ a^2(a-3)<0$$

$$\therefore 0<a<3\ (\because a>0)$$

따라서 주어진 부등식이 항상 성립하도록 하는 자연수 a는 1, 2이므로 구하는 합은

$$1+2=3$$

보충 설명 위의 문제에서 $a>0$이라는 조건은 함수의 극댓값과 극솟값을 결정하는 중요한 요소입니다. 따라서 문제를 해결할 때는 주어진 조건을 적절히 활용하고 있는지 항상 확인해야 합니다.

정답 3

06-7

접근 방법 주어진 삼차방정식이 b의 값에 관계없이 오직 한 개의 실근을 가지기 위한 함수 $f(x)=x^3-ax^2+ax$의 조건을 생각합니다.

상세 풀이 $x^3-ax^2+ax+b=0$에서

$$x^3-ax^2+ax=-b$$

$f(x)=x^3-ax^2+ax$라고 하면 함수 $y=f(x)$의 그래프와 직선 $y=-b$가 오직 한 점에서 만나야 주어진 방정식이 모든 실수 b에 대하여 오직 한 개의 실근을 가집니다. 즉, $f(x)$의 x^3의 계수가 양수이므로 $f(x)$는 증가함수이어야 합니다. $f'(x)=3x^2-2ax+a$이고, 모든 실수 x에 대하여 $f'(x)\geq0$이어야 하므로 이차방정식 $3x^2-2ax+a=0$의 판별식을 D라고 하면

$$\frac{D}{4}=a^2-3a\leq0,\ a(a-3)\leq0$$

$$\therefore 0\leq a\leq3$$

따라서 실수 a의 최댓값은 3, 최솟값은 0이므로 그 합은 3입니다.

보충 설명 위의 문제의 경우를 그래프로 나타내면 다음 그림과 같습니다.

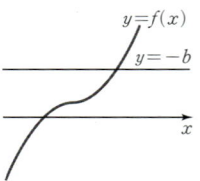

정답 3

06-8

접근 방법 점 P의 좌표를 $(a,\ a^2)(0<a<1)$이라고 하면 $\overline{AP}=a,\ \overline{BP}=1-a^2$임을 이용하여 사각형 APBC의 넓이를 a에 대한 식으로 나타낸 후 최댓값을 구합니다.

상세 풀이 점 P의 좌표를 $(a,\ a^2)(0<a<1)$이라고 하면

$$\overline{AP}=a,\ \overline{BP}=1-a^2$$

이때, 사각형 APBC의 넓이를 $S(a)$라고 하면

$$S(a)=a(1-a^2)=a-a^3$$

$$\therefore S'(a)=1-3a^2$$

$S'(a)=0$에서 $a=\frac{\sqrt{3}}{3}\ (\because 0<a<1)$

a	(0)	$\cdots$	$\frac{\sqrt{3}}{3}$	$\cdots$	(1)
$S'(a)$		$+$	0	$-$	
$S(a)$		↗	극대	↘	

따라서 $S(a)$는 $a=\frac{\sqrt{3}}{3}$일 때 극대이면서 최대이므로 사각형 APBC의 넓이의 최댓값은

$$S\!\left(\frac{\sqrt{3}}{3}\right)=\frac{\sqrt{3}}{3}-\left(\frac{\sqrt{3}}{3}\right)^3=\frac{2\sqrt{3}}{9}$$

정답 $\dfrac{2\sqrt{3}}{9}$

06-9

접근 방법 두 점 P, Q의 시각 t에서의 위치를 나타내는 함수 $P(t)$, $Q(t)$에 대하여 속도는 $P'(t)$, $Q'(t)$이고 두 점의 속도가 같아지는 시각은 $P'(t)=Q'(t)$를 만족시키는 t의 값입니다.

상세 풀이 두 점 P, Q의 시각 t에서의 속도는 각각

$$P'(t)=t^2+4, \; Q'(t)=4t$$

이므로 두 점 P, Q의 속도가 같아지는 순간의 시각은

$$t^2+4=4t, \; t^2-4t+4=0$$
$$(t-2)^2=0 \quad \therefore t=2$$

따라서 $t=2$일 때의 두 점 P, Q 사이의 거리는

$$\left| \left(\frac{1}{3}\times 2^3+4\times 2-\frac{2}{3} \right) - (2\times 2^2-10) \right| =12$$

보충 설명 시각 t에서의 두 점 P, Q 사이의 거리는 $|P(t)-Q(t)|$ 입니다. 이때, 절댓값 기호를 붙이는 이유는 거리는 항상 0보다 크거나 같기 때문입니다.

정답 12

$$10t+200=20^2\times\frac{11}{20} \qquad \therefore t=2 \text{ (초)}$$

여기서 삼각형 PBQ의 넓이를 S_2라고 하면

$$S_2=\frac{1}{2}\times(20-2t)\times 3t$$
$$=-3t^2+30t$$

이므로 시각 t에서의 S_2의 변화율은

$$\frac{dS_2}{dt}=-6t+30$$

따라서 $t=2$일 때 삼각형 PBQ의 넓이의 변화율은

$$-6\times 2+30=18$$

정답 18

06-**10**

접근 방법 t초 후의 선분 PB, BQ의 길이를 구하고 사각형 DPBQ와 삼각형 PBQ의 넓이를 t에 대한 식으로 나타냅니다.

상세 풀이 점 P가 점 A에서 출발하여 점 B까지 매초 2의 속력으로 움직이므로 $t \left(0<t\le\frac{20}{3} \right)$초 후의 선분 PB의 길이는

$$\overline{PB}=20-2t$$

또한 점 Q가 점 B에서 출발하여 점 C까지 매초 3의 속력으로 움직이므로 $t \left(0<t\le\frac{20}{3} \right)$초 후의 선분 BQ의 길이는

$$\overline{BQ}=3t$$

한편, 사각형 DPBQ의 넓이는 삼각형 DPB와 삼각형 DBQ의 넓이의 합이므로 넓이를 S_1이라고 하면

$$S_1=\frac{1}{2}\times(20-2t)\times 20+\frac{1}{2}\times 3t\times 20$$
$$=10t+200$$

이때, 사각형 DPBQ의 넓이가 정사각형 ABCD의 넓이의 $\frac{11}{20}$이 되는 시각은

06-**11**

접근 방법 주어진 함수의 최고차항의 계수의 부호에 따라 그래프의 개형이 달라지므로 먼저 a의 값을 구하고 이를 이용하여 주어진 구간에서의 함수 $f(x)$의 최댓값을 구합니다.

상세 풀이 $f(x)=3x^2-ax^3$에서
$$f'(x)=6x-3ax^2=3x(2-ax)$$
(i) $a\le 0$일 때

구간 $[0,\,2]$에서 $f'(x)\ge 0$이므로 함수 $f(x)$는 $x=0$일 때 최솟값을 가집니다.

그런데 $f(0)=0$이므로 모순입니다.

(ii) $0<\dfrac{2}{a}\le 2$, 즉 $a\ge 1$일 때

x	0	$\cdots$	$\dfrac{2}{a}$	$\cdots$	2
$f'(x)$	0	$+$	0	$-$	
$f(x)$	0	↗	극대	↘	$12-8a$

구간 $[0,\,2]$에서 함수 $f(x)$의 최솟값이 -4이므로
$$f(2)=12-8a=-4$$
$$\therefore a=2$$

(iii) $\dfrac{2}{a}>2$, 즉 $0<a<1$일 때

구간 $[0,\,2]$에서 $f'(x)\ge 0$이므로 함수 $f(x)$는 $x=0$일 때 최솟값을 가집니다.

그런데 $f(0)=0$이므로 모순입니다.

(i)~(iii)에서 $a=2$이므로 구간 $[0,\,2]$에서 함수 $f(x)$의 최댓값은
$$f\left(\dfrac{2}{a}\right)=f(1)=3\times 1^2-2\times 1^3=1$$

보충 설명 (i)~(iii)에서 각 조건에 따른 함수 $y=f(x)$의 그래프는 다음 그림과 같습니다.

(i)
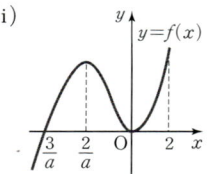

(ii)
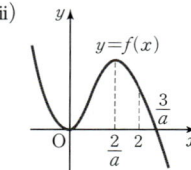 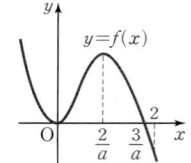

(iii)
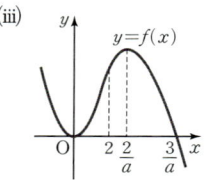

정답 1

06-**12**

접근 방법 함수 $y=\dfrac{1}{3}x^3-x$의 그래프를 그린 후 직선 $y=k$와의 교점이 3개가 되도록 하는 실수 k의 값의 범위를 구합니다. 이때, $|\alpha|+|\beta|+|\gamma|$의 최솟값은 삼차함수의 그래프의 성질과 삼차방정식의 근과 계수의 관계를 이용하여 구합니다.

상세 풀이 $f(x)=\dfrac{1}{3}x^3-x$라고 하면
$$f'(x)=x^2-1=(x+1)(x-1)$$
$f'(x)=0$에서 $x=-1$ 또는 $x=1$

x	$\cdots$	-1	$\cdots$	1	$\cdots$
$f'(x)$	$+$	0	$-$	0	$+$
$f(x)$	↗	$\dfrac{2}{3}$	↘	$-\dfrac{2}{3}$	↗

즉, 함수 $y=f(x)$의 그래프는 다음 그림과 같습니다.

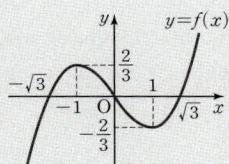

방정식 $\frac{1}{3}x^3-x=k$가 서로 다른 세 실근 α,β,γ

를 가지도록 하는 실수 k의 값의 범위는

$$-\frac{2}{3}<k<\frac{2}{3}$$

여기서 함수 $y=f(x)$의 그래프는 원점에 대하여

대칭이므로 $0\le k<\frac{2}{3}$에서만 생각할 수 있습니다.

이때, $\alpha<\beta\le0$, $\gamma>0$이라고 하면 삼차방정식의

근과 계수의 관계에서 $\alpha+\beta+\gamma=0$이므로

$$|\alpha|+|\beta|+|\gamma|=-\alpha-\beta+\gamma=2\gamma$$

한편, $0\le k<\frac{2}{3}$에서 $\gamma\ge\sqrt{3}$이므로

$$|\alpha|+|\beta|+|\gamma|=2\gamma\ge2\sqrt{3}$$

따라서 $|\alpha|+|\beta|+|\gamma|$의 최솟값은 $2\sqrt{3}$이므로

$$m=2\sqrt{3}$$

$$\therefore m^2=12$$

보충 설명 함수 $y=f(x)$의 그래프는 원점에 대하여

대칭이므로 $-\frac{2}{3}<k\le0$일 때의 $|\alpha|+|\beta|+|\gamma|$의

최솟값과 $0\le k<\frac{2}{3}$일 때의 $|\alpha|+|\beta|+|\gamma|$의 최

솟값이 같습니다. 따라서 $0\le k<\frac{2}{3}$인 경우만 생각

할 수 있습니다.

정답 12

06-13

접근 방법 주어진 곡선 위의 점의 좌표는

$\left(x,\frac{1}{4}x^3-\frac{3}{2}x-2\right)$로 나타낼 수 있으므로 xy를 x에

대한 식으로 나타냅니다. 또한 부등식 $xy\ge a$는 xy

의 최솟값이 a의 최댓값보다 크거나 같음을 의미합

니다.

상세 풀이 $y=\frac{1}{4}x^3-\frac{3}{2}x-2$이므로 $f(x)=xy$

라고 하면

$$f(x)=x\left(\frac{1}{4}x^3-\frac{3}{2}x-2\right)$$

$$=\frac{1}{4}x^4-\frac{3}{2}x^2-2x$$

$$\therefore f'(x)=x^3-3x-2=(x+1)^2(x-2)$$

$f'(x)=0$에서 $x=-1$ 또는 $x=2$

x	$\cdots$	-1	$\cdots$	2	$\cdots$
$f'(x)$	$-$	0	$-$	0	$+$
$f(x)$	$\searrow$	$\dfrac{3}{4}$	$\searrow$	-6	$\nearrow$

따라서 함수 $f(x)$는 $x=2$일 때 최솟값 -6을 가

지므로 부등식 $xy\ge a$를 만족시키는 실수 a의 최

댓값은 -6입니다.

보충 설명 부등식에 관련된 문제는 두 함수의 그래프

의 위치 관계로 이해할 수 있습니다. 이 문제의 경우

에는 좌표평면 위에서 곡선 $y=\frac{1}{4}x^4-\frac{3}{2}x^2-2x$가

직선 $y=a$보다 항상 위쪽에 있을 때의 a의 값의 범

위를 구하는 것으로 생각할 수도 있습니다.

정답 -6

06-14

접근 방법 주어진 세 실수 a, b, c의 조건에 따라 함

수 $f(x)$의 증가와 감소를 표로 나타낸 후 그래프의

개형을 그려 봅니다.

상세 풀이 ㄱ. $a=b=c$일 때, $f'(x)=(x-a)^3$이

므로 함수 $f(x)$의 증가와 감소를 표로 나타

내면 다음과 같습니다.

x	$\cdots$	a	$\cdots$
$f'(x)$	$-$	0	$+$
$f(x)$	$\searrow$	극소	$\nearrow$

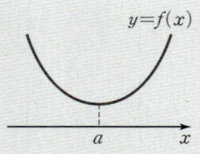

이때, 함수 $f(x)$의 극솟값, 즉 $f(a)$가 0보다 크면 함수 $y=f(x)$의 그래프가 위의 그림과 같이 x축보다 위쪽에 있으므로 방정식 $f(x)=0$은 실근을 가지지 않습니다. (거짓)

ㄴ. $a=b\neq c$일 때, $f'(x)=(x-a)^2(x-c)$이므로 함수 $f(x)$의 증가와 감소를 표로 나타내면 다음과 같습니다.

x	$\cdots$	c	$\cdots$
$f'(x)$	$-$	0	$+$
$f(x)$	$\searrow$	극소	$\nearrow$

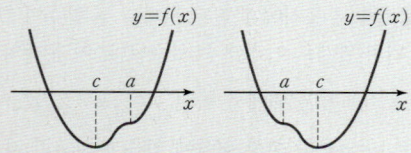

이때, $f(a)<0$이므로 위의 그림에서 방정식 $f(x)=0$은 서로 다른 두 실근을 가집니다. (참)

ㄷ. $a<b<c$일 때, $f'(x)=(x-a)(x-b)(x-c)$이므로 함수 $f(x)$의 증가와 감소를 표로 나타내면 다음과 같습니다.

x	$\cdots$	a	$\cdots$	b	$\cdots$	c	$\cdots$
$f'(x)$	$-$	0	$+$	0	$-$	0	$+$
$f(x)$	$\searrow$	극소	$\nearrow$	극대	$\searrow$	극소	$\nearrow$

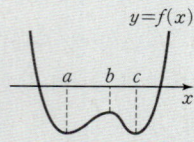

이때, $f(b)<0$이므로 위의 그림에서 방정식 $f(x)=0$은 서로 다른 두 실근을 가집니다. (참)
따라서 옳은 것은 ㄴ, ㄷ입니다.

보충 설명 위의 문제는 근의 종류에 따른 사차함수의 그래프의 개형에 대한 문제입니다. 따라서 실근의 개수, 허근의 개수에 따른 사차함수의 그래프의 개형을 파악해 두어야 합니다.

정답 ㄴ, ㄷ

06-15

접근 방법 $g(x)=0$을 만족시키는 $f(x)$의 값을 구하고 이를 만족시키는 x의 개수를 생각하면 됩니다. 이때, $f(x)=k$를 만족시키는 x의 값을 정확히 알 수는 없지만 삼차함수의 극댓값과 극솟값을 구하면 그 근의 개수는 알 수 있습니다.

상세 풀이 $f(x)=x^3-3x$에서
$$f'(x)=3x^2-3=3(x+1)(x-1)$$
$f'(x)=0$에서 $x=-1$ 또는 $x=1$

x	$\cdots$	-1	$\cdots$	1	$\cdots$
$f'(x)$	$+$	0	$-$	0	$+$
$f(x)$	$\nearrow$	2	$\searrow$	-2	$\nearrow$

즉, 함수 $f(x)$는 $x=-1$일 때 극댓값 2, $x=1$일 때 극솟값 -2를 가집니다.
이때, $g(x)=\{f(x)\}^3-3f(x)$에서
$$g(x)=f(x)[\{f(x)\}^2-3]$$
이므로 방정식 $g(x)=0$에서
$$f(x)=-\sqrt{3} \text{ 또는 } f(x)=0 \text{ 또는 } f(x)=\sqrt{3}$$
따라서 방정식 $g(x)=0$의 서로 다른 실근의 개수는 함수 $y=f(x)$의 그래프와 세 직선 $y=-\sqrt{3}$, $y=0$, $y=\sqrt{3}$의 교점의 개수와 같습니다.

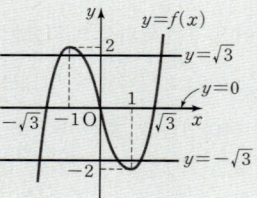

위의 그림에서 함수 $y=f(x)$의 그래프와 세 직선은 서로 다른 9개의 점에서 만나므로 방정식 $g(x)=0$의 서로 다른 실근의 개수는 9입니다.

보충 설명 $f(x)$의 함수식이 주어져 있다고 하여 $g(x)=\{f(x)\}^3-3f(x)$에 $f(x)$를 그대로 대입하면 $g(x)$는 x에 대한 9차식이므로 인수분해나 미분을 통하여 문제를 해결하는 것은 매우 복잡합니다. 따라서 위의 풀이와 같이 그래프들의 교점의 개수로 해결하는 것이 좋습니다.

정답 9

x	$\cdots$	1	$\cdots$
$f'(x)$	$-$	0	$+$
$f(x)$	$\searrow$	극소	$\nearrow$

즉, 함수 $f(x)$는 $x=1$일 때 극소이면서 최소이므로 ㉠에 의하여 선분 PQ의 길이도 $x=1$일 때 최솟값을 가집니다.
따라서 구하는 점 P의 x좌표는 1입니다.

보충 설명

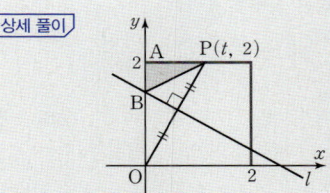

위의 그림과 같이 한 직선 위에 있지 않은 세 점 P, Q, R에 대하여 $\overline{PR}<\overline{PQ}+\overline{QR}$가 성립합니다.

정답 1

06-16

접근 방법 주어진 원 C의 중심을 C라고 할 때, 점 C와 포물선 $y=x^2$ 위의 점 P를 이은 선분 PC에 대하여 $\overline{PC}\leq\overline{PQ}+\overline{QC}$임을 알고 선분 PC의 길이를 점 P의 x좌표에 대한 식으로 나타냅니다.

상세 풀이 $x^2+y^2-6x+8=0$에서 $(x-3)^2+y^2=1$이므로 원의 중심을 C라고 하면 $C(3, 0)$이고, 반지름의 길이는 1입니다.

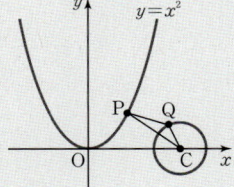

위의 그림에서
$$\overline{PQ}\geq\overline{PC}-1 \qquad\cdots\cdots ㉠$$
이고, 점 $P(x, x^2)$에 대하여 $\overline{PC}^2=f(x)$라고 하면
$$f(x)=(x-3)^2+x^4=x^4+x^2-6x+9$$
$$\therefore f'(x)=4x^3+2x-6$$
$$=2(x-1)(2x^2+2x+3)$$
이때, 모든 실수 x에 대하여 $2x^2+2x+3>0$이므로 $f'(x)=0$에서 $x=1$

06-17

접근 방법 문제에서 주어진 조건을 좌표평면 위에 나타내어 선분 OP의 수직이등분선을 구한 후 삼각형 ABP의 넓이를 t에 대한 식으로 나타냅니다.

상세 풀이

위의 그림에서 직선 OP의 방정식은
$$y=\frac{2}{t}x$$
이고, 선분 OP의 중점의 좌표는 $\left(\frac{t}{2}, 1\right)$이므로 선분 OP의 수직이등분선을 l이라고 하면 직선 l의 방정식은
$$y=-\frac{t}{2}\left(x-\frac{t}{2}\right)+1$$
$$\therefore y=-\frac{t}{2}x+\frac{t^2}{4}+1$$
이때, 직선 l의 y절편이 $\frac{t^2}{4}+1$이므로 점 B의 좌

표는 $\left(0, \dfrac{t^2}{4}+1\right)$입니다.

삼각형 ABP의 넓이를 $f(t)$라고 하면

$$f(t)=\dfrac{1}{2}t\left(1-\dfrac{t^2}{4}\right)=\dfrac{1}{2}\left(t-\dfrac{t^3}{4}\right)$$

$$\therefore f'(t)=\dfrac{1}{2}\left(1-\dfrac{3}{4}t^2\right)$$

$f'(t)=0$에서 $t=\dfrac{2\sqrt{3}}{3}$ $(\because 0<t<2)$

t	(0)	$\cdots$	$\dfrac{2\sqrt{3}}{3}$	$\cdots$	(2)
$f'(t)$		$+$	0	$-$	
$f(t)$		↗	극대	↘	

따라서 $f(t)$는 $t=\dfrac{2\sqrt{3}}{3}$일 때 극대이면서 최대이

므로 삼각형 ABP의 넓이의 최댓값은

$$f\left(\dfrac{2\sqrt{3}}{3}\right)=\dfrac{1}{2}\left\{\dfrac{2\sqrt{3}}{3}-\dfrac{1}{4}\times\left(\dfrac{2\sqrt{3}}{3}\right)^3\right\}$$

$$=\dfrac{2\sqrt{3}}{9}$$

보충 설명 두 점 $P(a, b)$, $Q(c, d)$에 대하여 선분 PQ의 수직이등분선의 방정식은

$$y=-\dfrac{a-c}{b-d}\left(x-\dfrac{a+c}{2}\right)+\dfrac{b+d}{2}$$

정답 $\dfrac{2\sqrt{3}}{9}$

06-18

접근 방법 정사각뿔의 높이를 h라고 하면 피타고라스 정리를 이용하여 정사각뿔의 밑면의 한 변의 길이와 부피를 h에 대한 식으로 나타낼 수 있습니다. 이를 미분하여 정사각뿔의 부피의 최댓값을 구합니다.

상세 풀이

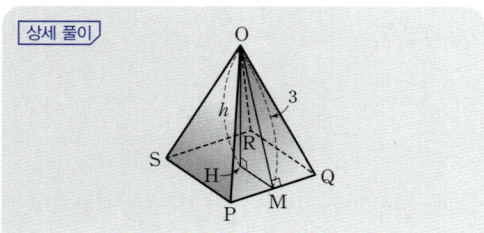

정사각뿔 O−PQRS의 높이를 h라고 하면 위의 그림에서

$$\overline{OH}=h, \overline{OM}=3$$

이때, 사각형 PQRS가 정사각형이므로

$$\overline{PQ}=2\overline{HM}=2\sqrt{\overline{OM}^2-\overline{OH}^2}=2\sqrt{9-h^2}$$

정사각뿔 O−PQRS의 부피를 $V(h)$라고 하면

$$V(h)=\dfrac{1}{3}\times(2\sqrt{9-h^2})^2\times h=\dfrac{4}{3}(9h-h^3)$$

$$\therefore V'(h)=12-4h^2=4(3-h^2)$$

$V'(h)=0$에서 $h=\sqrt{3}$ $(\because 0<h<3)$

h	(0)	$\cdots$	$\sqrt{3}$	$\cdots$	(3)
$V'(h)$		$+$	0	$-$	
$V(h)$		↗	극대	↘	

따라서 $V(h)$는 $h=\sqrt{3}$일 때 극대이면서 최대이

므로 정사각뿔의 부피의 최댓값은

$$V(\sqrt{3})=\dfrac{4}{3}\{9\sqrt{3}-(\sqrt{3})^3\}=8\sqrt{3}$$

보충 설명 위의 문제에서 $\overline{PQ}=x$라 하고 $\overline{OH}$의 길

이를 구하면 $\overline{OH}=\sqrt{9-\left(\dfrac{x}{2}\right)^2}$이므로 정사각뿔의 부

피 V가 $V=\dfrac{1}{3}x^2\sqrt{9-\left(\dfrac{x}{2}\right)^2}$이 되어 미분하기가 어려

운 형태가 됩니다. 따라서 V를 h에 대한 식으로 정

리하는 것이 보다 간단합니다.

정답 $8\sqrt{3}$

06-19

접근 방법 $h(t)=f(t)-g(t)$이므로 함수 $h(t)$의 그래프는 점 P가 점 Q보다 얼마나 앞서 있느냐를 나타냅니다. 이때, 두 점의 속도의 대소 관계는 $h'(t)=f'(t)-g'(t)$에서 $h'(t)$의 부호를 따져서 구할 수 있습니다.

상세 풀이 ㄱ. $0<t<2$일 때, 주어진 그림에서

$h(t)>0$이므로 $f(t)-g(t)>0$

$$\therefore f(t)>g(t)$$

즉, $0<t<2$에서 점 P가 점 Q보다 항상 앞에 있으므로 점 Q는 점 P보다 앞서지 못합니다.

(참)

ㄴ. $2<t<3$에서는 $h'(t)<0$이므로
$$f'(t)<g'(t)$$
$3<t<4$에서는 $h'(t)>0$이므로
$$f'(t)>g'(t)$$
즉, $2<t<3$에서는 점 P의 속도가 점 Q의 속도보다 느리고, $3<t<4$에서는 점 P의 속도가 점 Q의 속도보다 빠릅니다. (거짓)

ㄷ. $3<t<4$에서 $h'(t)$의 값이 증가하므로 점 P의 속도 $f'(t)$가 일정하면 $h'(t)=f'(t)-g'(t)$에서 점 Q의 속도 $g'(t)$는 감소합니다. 즉, 점 P가 일정한 속도로 움직이면 점 Q의 속도는 일정하지 않습니다. (참)

따라서 옳은 것은 ㄱ, ㄷ입니다.

보충 설명 주어진 그래프에서 $h(t)=0$인 $t=0$, 2, 4에서는 두 점 P, Q의 위치가 같다는 것을 알 수 있고, $h'(t)=0$인 $t=1$, 3에서는 두 점 P, Q의 속도가 같다는 것을 알 수 있습니다.

정답 ㄱ, ㄷ

또한 그릇의 단면의 중심을 O라고 하면 점 O로부터 수면까지의 거리는 $(10-t)$ cm이므로 수면의 반지름의 길이를 r cm라고 하면
$$r=\sqrt{10^2-(10-t)^2}=\sqrt{20t-t^2}$$
이때, 수면의 넓이를 S cm^{2}라고 하면
$$S=\pi r^2=\pi(20t-t^2)$$
$$\therefore \frac{dS}{dt}=\pi(20-2t)$$
여기서 수면의 높이가 5 cm가 되는 시각은
$$t=5 \text{ (초)}$$
따라서 $t=5$일 때의 수면의 넓이의 변화율은
$$\pi(20-2\times5)=10\pi \text{ (cm}^2/\text{s)}$$

정답 10π cm^2/s

06-

접근 방법 매초 1 cm씩 수면의 높이가 증가하므로 수면의 높이를 이용하여 수면의 반지름의 길이를 구하고 이를 이용하여 수면의 넓이를 시각 t에 대한 함수로 나타냅니다.

상세 풀이

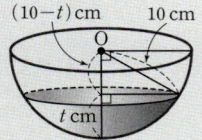

수면의 높이는 매초 1 cm씩 증가하므로 $t\,(0<t\leq10)$초 후의 수면의 높이는 t cm입니다.

예제 01   다항함수의 부정적분   p.233

01-1

(1) $\displaystyle\int (x^2-1)^3\,dx$

$\displaystyle=\int (x^6-3x^4+3x^2-1)\,dx$

$\displaystyle=\frac{1}{7}x^7-\frac{3}{5}x^5+x^3-x+C$ (단, C는 적분상수)

(2) $\displaystyle\int y(y+1)(y+2)\,dy$

$\displaystyle=\int (y^3+3y^2+2y)\,dy$

$\displaystyle=\frac{1}{4}y^4+y^3+y^2+C$ (단, C는 적분상수)

(3) $\displaystyle\int (x+1)^3\,dx-\int (x-1)^3\,dx$

$\displaystyle=\int \{(x+1)^3-(x-1)^3\}\,dx$

$\displaystyle=\int (6x^2+2)\,dx$

$\displaystyle=2x^3+2x+C$ (단, C는 적분상수)

(4) $\displaystyle\int x(x-2)^3\,dx$

$\displaystyle=\int \{(x-2)+2\}(x-2)^3\,dx$

$\displaystyle=\int \{(x-2)^4+2(x-2)^3\}\,dx$

$\displaystyle=\frac{1}{5}(x-2)^5+\frac{1}{2}(x-2)^4+C$ (단, C는 적분상수)

정답   (1) $\dfrac{1}{7}x^7-\dfrac{3}{5}x^5+x^3-x+C$ (2) $\dfrac{1}{4}y^4+y^3+y^2+C$

(3) $2x^3+2x+C$ (4) $\dfrac{1}{5}(x-2)^5+\dfrac{1}{2}(x-2)^4+C$

01-2

(1) $\displaystyle\int \frac{x^3}{x+1}\,dx+\int \frac{1}{x+1}\,dx$

$\displaystyle=\int \frac{x^3+1}{x+1}\,dx$

$\displaystyle=\int \frac{(x+1)(x^2-x+1)}{x+1}\,dx$

$\displaystyle=\int (x^2-x+1)\,dx$

$\displaystyle=\frac{1}{3}x^3-\frac{1}{2}x^2+x+C$ (단, C는 적분상수)

(2) $\displaystyle\int \frac{x^4+1}{x^2+x+1}\,dx+\int \frac{x^2}{x^2+x+1}\,dx$

$\displaystyle=\int \frac{x^4+x^2+1}{x^2+x+1}\,dx$

이때,

$$x^4+x^2+1=(x^2+1)^2-x^2$$
$$=(x^2+x+1)(x^2-x+1)$$

이므로

(주어진 식)$\displaystyle=\int (x^2-x+1)\,dx$

$\displaystyle=\frac{1}{3}x^3-\frac{1}{2}x^2+x+C$

(단, C는 적분상수)

정답   (1) $\dfrac{1}{3}x^3-\dfrac{1}{2}x^2+x+C$

(2) $\dfrac{1}{3}x^3-\dfrac{1}{2}x^2+x+C$

01-3

주어진 등식의 양변을 x에 대하여 미분하면

$$F'(x)=f(x)+xf'(x)-3x^2$$

$F'(x)=f(x)$이므로

$$xf'(x)=3x^2$$

이 식은 x에 대한 항등식이므로 $f'(x)=3x$

$\displaystyle\therefore f(x)=\int f'(x)\,dx=\int 3x\,dx=\frac{3}{2}x^2+C$

(단, C는 적분상수)

$f(1)=10$이므로 $\dfrac{3}{2}+C=10$ $\therefore C=\dfrac{17}{2}$

따라서 $f(x)=\dfrac{3}{2}x^2+\dfrac{17}{2}$이므로

$$f(5)=\frac{3}{2}\times 5^2+\frac{17}{2}=\frac{92}{2}=46$$

정답   46

예제 02   부정적분과 미분   p.235

02-1

$\dfrac{d}{dx}\{f(x)+g(x)\}=2x+1$의 양변을 x에 대하여

적분하면

$$f(x)+g(x)=x^2+x+C_1 \text{ (단, } C_1\text{은 적분상수)}$$

$f(0)=1$, $g(0)=-1$이므로 이 식의 양변에 $x=0$을 대입하면

$$f(0)+g(0)=0=C_1 \quad \therefore C_1=0$$
$$\therefore f(x)+g(x)=x^2+x \qquad \cdots\cdots \ \bigcirc$$

$\dfrac{d}{dx}\{f(x)g(x)\}=3x^2-2x+1$의 양변을 x에 대하여 적분하면

$$f(x)g(x)=x^3-x^2+x+C_2$$
$$\text{(단, } C_2\text{는 적분상수)}$$

이 식의 양변에 $x=0$을 대입하면

$$f(0)g(0)=-1=C_2 \quad \therefore C_2=-1$$
$$\therefore f(x)g(x)=x^3-x^2+x-1$$
$$=(x^2+1)(x-1) \qquad \cdots\cdots \ \bigcirc$$

$\bigcirc$, $\bigcirc$과 $f(0)=1$, $g(0)=-1$을 동시에 만족시켜야 하므로

$$f(x)=x^2+1, \ g(x)=x-1$$

정답 $f(x)=x^2+1, \ g(x)=x-1$

02-2

$(1)\ f(x)=\displaystyle\int f'(x)dx$

$\qquad =\displaystyle\int (3x^2-6x+5)dx$

$\qquad =x^3-3x^2+5x+C \text{ (단, } C\text{는 적분상수)}$

$f(0)=2$에서 $C=2$

$\qquad \therefore f(x)=x^3-3x^2+5x+2$

$\qquad \therefore f(1)=1-3+5+2=5$

$(2)\ f(x)=\displaystyle\int f'(x)dx$

$\qquad =\displaystyle\int \left(-\dfrac{3}{5}x^2-\dfrac{3}{2}x+2\right)dx$

$\qquad =-\dfrac{1}{5}x^3-\dfrac{3}{4}x^2+2x+C \text{ (단, } C\text{는 적분상수)}$

$f(1)=-\dfrac{1}{5}-\dfrac{3}{4}+2+C=0$에서 $C=-\dfrac{21}{20}$

$\qquad \therefore f(x)=-\dfrac{1}{5}x^3-\dfrac{3}{4}x^2+2x-\dfrac{21}{20}$

$\qquad \therefore f(-1)=\dfrac{1}{5}-\dfrac{3}{4}-2-\dfrac{21}{20}=-\dfrac{18}{5}$

정답   (1) 5   (2) $-\dfrac{18}{5}$

02-3

$f(x)=\displaystyle\int f'(x)dx$이므로

$f'(x)=\begin{cases} 3x^2 & (x\leq 1) \\ 2x+1 & (x>1) \end{cases}$ 에서

$$f(x)=\begin{cases} x^3+C_1 & (x\leq 1) \\ x^2+x+C_2 & (x>1) \end{cases}$$
$$\text{(단, } C_1, C_2\text{는 적분상수)}$$

$f(0)=-2$이므로

$$0+C_1=-2 \quad \therefore C_1=-2$$

또한 함수 $f(x)$는 모든 실수에서 미분가능하므로 $x=1$에서 연속입니다.

즉, $\displaystyle\lim_{x\to 1+}f(x)=\lim_{x\to 1-}f(x)=f(1)$이 성립하므로

$$\lim_{x\to 1+}(x^2+x+C_2)=\lim_{x\to 1-}(x^3-2)$$
$$2+C_2=1-2 \quad \therefore C_2=-3$$

따라서 $f(x)=\begin{cases} x^3-2 & (x\leq 1) \\ x^2+x-3 & (x>1) \end{cases}$ 이므로

$$f(2)=4+2-3=3$$

정답   3

예제 03   **부정적분으로 나타내어진 함수**   p.237

03-1

$F(x)$는 $f(x)$의 부정적분이므로

$$F(x)=\int f(x)dx, \ F'(x)=f(x)\text{가 성립합니다.}$$

$xf(x)-F(x)=x^3-4x^2$의 양변을 x에 대하여 미분하면

$$f(x)+xf'(x)-f(x)=3x^2-8x$$
$$xf'(x)=3x^2-8x$$
$$\therefore f'(x)=3x-8$$

이때, $f'(x)$의 부정적분을 구하면

$f(x)=\displaystyle\int f'(x)dx$

$\qquad =\displaystyle\int (3x-8)dx$

$\qquad =\dfrac{3}{2}x^2-8x+C \text{ (단, } C\text{는 적분상수)}$

$f(1)=-\dfrac{25}{2}$ 에서

$f(1)=\dfrac{3}{2}-8+C=-\dfrac{25}{2}$ 이므로 $C=-6$

$\therefore f(x)=\dfrac{3}{2}x^2-8x-6$

정답 $f(x)=\dfrac{3}{2}x^2-8x-6$

03-2

주어진 식의 양변을 x에 대하여 미분하면

$f(x)-2x=f(x)+xf'(x)-6x^2+10x$

$xf'(x)=6x^2-12x$

$\therefore f'(x)=6x-12$

이때, $f'(x)$의 부정적분을 구하면

$f(x)=\displaystyle\int f'(x)dx$

$\qquad =\displaystyle\int (6x-12)dx$

$\qquad =3x^2-12x+C$ (단, C는 적분상수)

$f(1)=7$에서

$\quad f(1)=3-12+C=7 \qquad \therefore C=16$

즉, $f(x)=3x^2-12x+16$이므로

$\quad f(x)=3(x-2)^2+4$

따라서 함수 $f(x)$는 $x=2$일 때 최솟값 4를 가집니다.

정답 4

03-3

$f(x+y)=f(x)+f(y)+2$에 $x=0$, $y=0$을 대입하면

$\quad f(0)=f(0)+f(0)+2$

$\quad \therefore f(0)=-2$ $\qquad\qquad$ ...... ㉠

이때, $f'(0)=2$에서

$\quad f'(0)=\displaystyle\lim_{h\to 0}\dfrac{f(0+h)-f(0)}{h}$

$\qquad\qquad =\displaystyle\lim_{h\to 0}\dfrac{f(h)+2}{h}=2$

$\therefore f'(x)=\displaystyle\lim_{h\to 0}\dfrac{f(x+h)-f(x)}{h}$

$\qquad\quad =\displaystyle\lim_{h\to 0}\dfrac{f(x)+f(h)+2-f(x)}{h}$

$\qquad\quad =\displaystyle\lim_{h\to 0}\dfrac{f(h)+2}{h}=2$

$\therefore f(x)=\displaystyle\int 2\,dx$

$\qquad\quad =2x+C$ (단, C는 적분상수)

㉠에 의하여 $C=-2$

따라서 $f(x)=2x-2$이므로

$\quad f(10)=20-2=18$

정답 18

p.238~239

기본 다지기

07-1 (1) $\dfrac{2}{3}x^3+2xy^2+C$ (2) $3x^2y^2+\dfrac{1}{2}y^4+C$

2 17 **3** ③ **4** $-\dfrac{1}{2}$ **5** ③ **6** ①

7 1 **8** 32 **9** $f(x)=3x^2-2x-1$

10 $f(x)=\dfrac{1}{3}x^3+3x$

07-1

접근 방법 적분에서 적분변수가 아닌 다른 문자는 상수와 같이 취급하므로 주어진 문제에서 적분변수가 무엇인지 파악하는 것이 중요합니다.

상세 풀이 (1) $\displaystyle\int(x+y)^2dx+\int(x-y)^2dx$

$=\displaystyle\int\{(x+y)^2+(x-y)^2\}dx$

$=\displaystyle\int(x^2+2xy+y^2+x^2-2xy+y^2)dx$

$=\displaystyle\int(2x^2+2y^2)dx$

$=\dfrac{2}{3}x^3+2xy^2+C$ (단, C는 적분상수)

(2) $\displaystyle\int(x+y)^3dy-\int(x-y)^3dy$

$=\displaystyle\int\{(x+y)^3-(x-y)^3\}dy$

$=\displaystyle\int(6x^2y+2y^3)dy$

$=3x^2y^2+\dfrac{1}{2}y^4+C$ (단, C는 적분상수)

보충 설명 여러 문자가 포함된 식을 적분할 때에는 어떤 변수에 대한 적분인지 확인한 후, 적분변수가 아닌 변수는 상수처럼 취급하여 계산하면 됩니다. 참고로 같은 함수를 적분하더라도 적분변수에 따라 결과가 달라지는데, 간단한 예를 들면 다음과 같습니다.

$\displaystyle\int xy\,dx=\dfrac{1}{2}x^2y+C_1,\ \int xy\,dy=\dfrac{1}{2}xy^2+C_2$

(단, C_1, C_2는 적분상수)

정답 (1) $\dfrac{2}{3}x^3+2xy^2+C$

(2) $3x^2y^2+\dfrac{1}{2}y^4+C$

07-2

접근 방법 $f(1)g(1)$의 값을 구하는 것이므로 주어진 등식의 양변을 x에 대하여 미분한 후 $f(x)g(x)$를 구합니다.

상세 풀이 $\displaystyle\int\{f(x)g(x)+1\}dx=3x^2+12x+C$

의 양변을 x에 대하여 미분하면

$$f(x)g(x)+1=6x+12$$

따라서 $f(x)g(x)=6x+11$이므로

$$f(1)g(1)=6\times1+11=17$$

보충 설명 $\dfrac{d}{dx}\left\{\displaystyle\int f(x)dx\right\}=f(x)$, 즉 적분한 후 미분하면 적분상수가 생기지 않음을 기억합니다.

정답 17

07-3

접근 방법 $\displaystyle\lim_{h\to0}\dfrac{f(a+h)-f(a)}{h}=f'(a)$ 임을 이용합니다.

상세 풀이 $f(x)=\displaystyle\int(3x+4x^2)dx$의 양변을 x에 대하여 미분하면

$$f'(x)=3x+4x^2$$

이때,

$$\lim_{h\to0}\dfrac{f(1+2h)-f(1)}{h}$$

$$=2\lim_{h\to0}\dfrac{f(1+2h)-f(1)}{2h}$$

$$=2f'(1)$$

이므로

$$2f'(1)=2(3\times1+4\times1^2)$$

$$=14$$

정답 ③

07-4

접근 방법 구간별로 도함수의 부정적분을 각각 구하고, 함수 $f(x)$가 연속이므로 함숫값 $f(1)$이 정의되

어야 하며, $\lim\limits_{x\to1} f(x)$의 값이 존재해야 하므로 $x=1$ 에서 우극한과 좌극한이 서로 같음을 이용합니다.

상세 풀이 $f(x)=\int f'(x)dx$이므로

$$f'(x)=\begin{cases} 2x-1 & (x<1) \\ -x+1 & (x>1) \end{cases} \text{에서}$$

$$f(x)=\begin{cases} x^2-x+C_1 & (x<1) \\ -\dfrac{1}{2}x^2+x+C_2 & (x>1) \end{cases}$$

(단, C_1, C_2는 적분상수)

이때, 함수 $f(x)$가 모든 실수 x에 대하여 연속이 므로 $x=1$에서도 연속입니다.

즉, $\lim\limits_{x\to1+} f(x)=\lim\limits_{x\to1-} f(x)$이므로

$$\lim_{x\to1+}\left(-\dfrac{1}{2}x^2+x+C_2\right)=\lim_{x\to1-}(x^2-x+C_1)$$

$$\dfrac{1}{2}+C_2=C_1$$

$$\therefore C_1=\dfrac{1}{2}+C_2 \quad\quad \cdots\cdots \text{㉠}$$

$$\therefore f(2)-f(0)=(-2+2+C_2)-C_1$$
$$=C_2-C_1$$
$$=-\dfrac{1}{2} \ (\because \text{㉠})$$

보충 설명 함수 $f(x)$가 $x=a$에서 연속이려면
(i) 함숫값 $f(a)$가 존재해야 합니다.
(ii) 극한값 $\lim\limits_{x\to a} f(x)$가 존재해야 합니다. 즉,
$$\lim_{x\to a+} f(x)=\lim_{x\to a-} f(x)$$
(iii) $\lim\limits_{x\to a} f(x)=f(a)$가 성립해야 합니다.

정답 $-\dfrac{1}{2}$

07-5

접근 방법 함수 $f(x)$의 도함수 $f'(x)$가
$$f'(x)=\begin{cases} g(x) & (x\le a) \\ h(x) & (x>a) \end{cases}$$
일 때, 다음을 이용합니다.

(i) $f(x)=\int f'(x)dx=\begin{cases} \int g(x)dx & (x\le a) \\ \int h(x)dx & (x>a) \end{cases}$

(ii) 함수 $f(x)$가 $x=a$에서 미분계수가 존재하므로 연속입니다. 즉,
$$\lim_{x\to a+}\int h(x)dx=\lim_{x\to a-}\int g(x)dx$$

상세 풀이 주어진 그래프에서
$$f'(x)=\begin{cases} -x & (x\le1) \\ x-2 & (x>1) \end{cases}$$
이므로
$$f(x)=\begin{cases} -\dfrac{1}{2}x^2+C_1 & (x\le1) \\ \dfrac{1}{2}x^2-2x+C_2 & (x>1) \end{cases}$$

(단, C_1, C_2는 적분상수)

이때, $f(0)=4$이므로
$$0+C_1=4 \quad \therefore C_1=4$$
또한 함수 $f(x)$는 $x=1$에서 연속이므로
$$\lim_{x\to1+}\left(\dfrac{1}{2}x^2-2x+C_2\right)$$
$$=\lim_{x\to1-}\left(-\dfrac{1}{2}x^2+4\right)$$
$$\dfrac{1}{2}-2+C_2=-\dfrac{1}{2}+4$$
$$\therefore C_2=5$$

따라서 $f(x)=\begin{cases} -\dfrac{1}{2}x^2+4 & (x\le1) \\ \dfrac{1}{2}x^2-2x+5 & (x>1) \end{cases}$ 이므로

$$f(4)=8-8+5=5$$

정답 ③

07-6

접근 방법 곡선 $y=f(x)$ 위의 임의의 점 (x, y)에서 의 접선의 기울기가 $g(x)$이면 $f'(x)=g(x)$이므로
$$f(x)=\int f'(x)dx=\int g(x)dx$$

상세 풀이 $f'(x)=-2x+4$이므로
$$f(x)=\int (-2x+4)dx=-x^2+4x+C$$

(단, C는 적분상수)

곡선 $y=f(x)$가 점 $(2, 1)$을 지나므로

$$f(2)=-2^2+4\times 2+C=1$$
$$\therefore C=-3$$
따라서 $f(x)=-x^2+4x-3$이므로
$$f(1)=-1+4-3=0$$

정답 ①

07-7

접근 방법 도함수 $f'(x)$의 부정적분을 구한 후 주어진 조건을 이용하여 적분상수 C의 값을 구하면 함수 $f(x)$를 알 수 있으므로 $f(-2)$의 값을 구할 수 있습니다.

상세 풀이 $f'(x)=6x^2+12x+5$에서
$$f(x)=\int f'(x)dx$$
$$=\int (6x^2+12x+5)dx$$
$$=2x^3+6x^2+5x+C$$
(단, C는 적분상수)
이때, 함수 $y=f(x)$의 그래프가 직선 $y=-x+1$에 접하므로 접점의 x좌표를 t라고 하면 $f'(t)=-1$에서
$$6t^2+12t+5=-1$$
$$(t+1)^2=0 \quad \therefore t=-1$$
즉, 접점의 좌표가 $(-1, 2)$이므로
$$f(-1)=-2+6-5+C=2$$
$$\therefore C=3$$
따라서 $f(x)=2x^3+6x^2+5x+3$이므로
$$f(-2)=-16+24-10+3=1$$

정답 1

07-8

접근 방법 도함수가 주어져 있으므로 $f'(x)=0$에서 극대일 때와 극소일 때의 x의 값을 구하고, 부정적분을 이용하여 $f(x)$를 구한 후 극댓값과 극솟값의 차를 구하도록 합니다.

상세 풀이 $f'(x)=3x^2-6x-9$에서
$$f(x)=\int f'(x)dx$$
$$=\int (3x^2-6x-9)dx$$
$$=x^3-3x^2-9x+C \,(단, C는 적분상수)$$
이때, $f'(x)=3(x+1)(x-3)$이므로
$f'(x)=0$에서
$$x=-1 \text{ 또는 } x=3$$

x	$\cdots$	-1	$\cdots$	3	$\cdots$
$f'(x)$	+	0	−	0	+
$f(x)$	↗	극대	↘	극소	↗

따라서 $f(x)$는 $x=-1$에서 극댓값을 가지고, $x=3$에서 극솟값을 가지므로
$$M-m=f(-1)-f(3)$$
$$=(5+C)-(-27+C)$$
$$=32$$

보충 설명 미분가능한 함수 $f(x)$의 극대는 $f'(x)=0$을 만족시키는 x의 값의 좌우에서 $f'(x)$의 부호가 양에서 음으로 바뀔 때이고, 극소는 $f'(x)$의 부호가 음에서 양으로 바뀔 때입니다.

정답 32

07-9

접근 방법 01 함수의 극한에서 배웠던
$$\lim_{x\to\infty}\frac{f(x)}{g(x)}=a \,(a\neq 0 \text{인 실수})$$
이고, 두 함수 $f(x)$, $g(x)$가 다항함수이면 $f(x)$, $g(x)$의 차수는 같고, 이때
$$a=\frac{(f(x)\text{의 최고차항의 계수})}{(g(x)\text{의 최고차항의 계수})}$$
임을 이용합니다.

상세 풀이 조건 ㈎ $\lim_{x\to\infty}\dfrac{f'(x)}{x}=6$에서
$f'(x)=6x+a \,(a\text{는 상수})$라고 하면
$$f(x)=\int (6x+a)dx=3x^2+ax+C$$
(단, C는 적분상수)

또한 조건 (나) $\lim\limits_{x \to 1} \dfrac{f(x)}{x-1} = 4$에서 $x \to 1$일 때

(분모)$\to 0$이고 극한값이 존재하므로 (분자)$\to 0$
이어야 합니다.

즉, $\lim\limits_{x \to 1}(3x^2 + ax + C) = 3 + a + C = 0$이므로

$$C = -a - 3$$
$$\therefore f(x) = 3x^2 + ax - a - 3$$
$$= (3x + a + 3)(x - 1)$$
$$\therefore \lim_{x \to 1} \frac{f(x)}{x-1}$$
$$= \lim_{x \to 1} \frac{(3x + a + 3)(x - 1)}{x - 1}$$
$$= \lim_{x \to 1}(3x + a + 3) = a + 6$$

따라서 $a + 6 = 4$이므로 $a = -2, C = -1$

$$\therefore f(x) = 3x^2 - 2x - 1$$

보충 설명 (1) $\dfrac{0}{0}$ 꼴의 극한에서 x에 대한 다항함수

$f(x)$에 대하여

$$\lim_{x \to a} \frac{f(x)}{x - a} = k \ (k는 \ 실수)$$

이면 $f(a) = 0$이므로

$$f(x) = (x - a)g(x) \ (단, \ g(x)는 \ 다항식)$$

로 놓습니다.

(2) $\dfrac{\infty}{\infty}$ 꼴의 극한에서 x에 대한 다항함수 $f(x)$에 대

하여

$$\lim_{x \to \infty} \frac{f(x)}{a_n x^n + a_{n-1} x^{n-1} + \cdots + a_1 x + a_0} = k$$
$$(a_0, a_1, \cdots, a_n, k는 \ 실수)$$

이면 $f(x) = k a_n x^n + a_{n-1}' x^{n-1} + \cdots + a_1' x + a_0'$
$(a_0', a_1', \cdots, a_{n-1}'$은 실수)으로 놓습니다.

정답 $f(x) = 3x^2 - 2x - 1$

07-10

접근 방법 03 미분계수와 도함수의 예제 09에서 배운
것처럼 주어진 등식의 양변에 적당한 값을 대입하여
$f(0)$의 값을 구하고, 도함수의 정의를 이용하여
$f'(x)$를 구합니다.

상세 풀이 $f(x+y) = f(x) + f(y) + xy(x+y)$에

$x = 0, y = 0$을 대입하면

$$f(0) = f(0) + f(0) + 0$$
$$\therefore f(0) = 0$$
$$f'(x) = \lim_{h \to 0} \frac{f(x+h) - f(x)}{h}$$
$$= \lim_{h \to 0} \frac{f(x) + f(h) + xh(x+h) - f(x)}{h}$$
$$= \lim_{h \to 0} \frac{f(h) + xh(x+h)}{h}$$
$$= \lim_{h \to 0} \left\{ \frac{f(h)}{h} + x(x+h) \right\}$$
$$= \lim_{h \to 0} \frac{f(h) - f(0)}{h} + \lim_{h \to 0} x(x+h)$$
$$= f'(0) + x^2$$

이때, $f'(0) = 3$이므로

$$f'(x) = x^2 + 3$$
$$\therefore f(x) = \int f'(x) dx$$
$$= \int (x^2 + 3) dx$$
$$= \frac{1}{3}x^3 + 3x + C \ (단, C는 \ 적분상수)$$

이때, $f(0) = 0$이므로 $C = 0$

$$\therefore f(x) = \frac{1}{3}x^3 + 3x$$

보충 설명 $f(x) = \dfrac{1}{3}x^3 + 3x$에서

$$f(x+y) = \frac{1}{3}(x+y)^3 + 3(x+y)$$
$$f(x) + f(y) + xy(x+y)$$
$$= \left(\frac{1}{3}x^3 + 3x \right) + \left(\frac{1}{3}y^3 + 3y \right) + xy(x+y)$$
$$= \frac{1}{3}(x+y)^3 + 3(x+y)$$

이므로

$$f(x+y) = f(x) + f(y) + xy(x+y)$$

가 성립함을 알 수 있습니다.

정답 $f(x) = \dfrac{1}{3}x^3 + 3x$

p.240~241

07-11

접근 방법 일차함수 $f(x)$를 $f(x)=ax+b\ (a\neq0)$로 놓고 주어진 조건에 대입합니다.

상세 풀이 조건 ㈎에서 $f(x)$는 일차함수이므로 $f(x)=ax+b\ (a,b$는 상수, $a\neq0)$라고 하면
$$f'(x)=a \quad\cdots\cdots ㉠$$
조건 ㈏에서 $g(x)$는 $xf(x)$의 부정적분이므로
$$g(x)=\int xf(x)dx$$
위 식의 양변을 x에 대하여 미분하면
$$g'(x)=xf(x)=ax^2+bx \quad\cdots\cdots ㉡$$
㉠, ㉡을 조건 ㈐의
$f'(x)+g'(x)=4x^2-2x+4$에 대입하면
$$a+ax^2+bx=4x^2-2x+4$$
위의 식이 x에 대한 항등식이므로
$$a=4,\ b=-2$$
따라서 $f(x)=4x-2$이므로
$$f(3)=4\times3-2=10$$

보충 설명 등식들이 x에 대한 항등식이 되기 위한 필요충분조건은 다음과 같습니다.
(1) $ax+b=0 \Longleftrightarrow a=0,\ b=0$
(2) $ax+b=a'x+b' \Longleftrightarrow a=a',\ b=b'$
(3) $ax^2+bx+c=0 \Longleftrightarrow a=0,\ b=0,\ c=0$
(4) $ax^2+bx+c=a'x^2+b'x+c'$
$$\Longleftrightarrow a=a',\ b=b',\ c=c'$$

정답 ⑤

07-12

접근 방법 $f(x)$가 x에 대한 다항식이면 $f'(x)$도 x에 대한 다항식임을 이용합니다.

상세 풀이 $f(x)=\displaystyle\int\frac{x^2-2k}{x-k}dx$의 양변을 x에 대하여 미분하면
$$f'(x)=\frac{x^2-2k}{x-k}$$
이때, $f(x)$가 x에 대한 다항식이면 $f'(x)$도 x에 대한 다항식이므로 x^2-2k가 $x-k$로 나누어 떨어져야 합니다.
$P(x)=x^2-2k$라고 하면 인수정리에 의하여 $P(k)=0$이므로
$$k^2-2k=0,\ k(k-2)=0$$
$$\therefore k=2\ (\because k>0)$$

보충 설명 인수정리
다항식 $f(x)$에 대하여 $f(x)$가 일차식 $x-a$로 나누어떨어지면 $f(a)=0$입니다.

정답 ②

07-13

접근 방법 함수 $f(x)$가 적분 기호 안에 포함되어 있으므로 양변을 미분하여 극값을 찾으면 됩니다.

상세 풀이 $\displaystyle\int\{1-f(x)\}dx=-\frac{1}{4}x^4+\frac{3}{2}x^2+C$
의 양변을 x에 대하여 미분하면
$$1-f(x)=-x^3+3x$$
$$\therefore f(x)=x^3-3x+1$$
$f'(x)=3x^2-3=3(x+1)(x-1)$이므로 $f'(x)=0$에서
$$x=-1\ \text{또는}\ x=1$$

x	$\cdots$	-1	$\cdots$	1	$\cdots$
$f'(x)$	$+$	0	$-$	0	$+$
$f(x)$	↗	극대	↘	극소	↗

따라서 $f(x)$는 $x=-1$에서 극댓값을 가지고, $x=1$에서 극솟값을 가지므로
$$M=f(-1)=(-1)^3-3\times(-1)+1=3$$
$$m=f(1)=1^3-3\times1+1=-1$$
$$\therefore M-m=3-(-1)=4$$

보충 설명 함수 $f(x)$의 극댓값과 극솟값의 차를 구하는 문제이므로 적분상수 C의 값을 모르더라도 구하는 값을 찾을 수 있습니다.

정답 ④

07-14

접근 방법 $f_5(x)=x^5+x+1$에서 $f_4(x), f_3(x),$ $f_2(x), f_1(x)$를 차례대로 구합니다.

상세 풀이 $f_{n+1}(x)=\int f_n(x)dx$에서 양변을 x에 대하여 미분하면
$$f_n(x)=f_{n+1}{}'(x)$$
이므로
$$f_4(x)=f_5{}'(x)=5x^4+1$$
$$f_3(x)=f_4{}'(x)=5\times 4x^3=20x^3$$
$$f_2(x)=f_3{}'(x)=20\times 3x^2=60x^2$$
$$f_1(x)=f_2{}'(x)=60\times 2x=120x$$
$$\therefore \lim_{x\to\infty}\frac{f_1(x)}{5x+10}=\lim_{x\to\infty}\frac{120x}{5x+10}$$
$$=24$$

정답 24

07-15

접근 방법 도함수 $y=f'(x)$의 그래프를 이용하여 $f'(x)$의 함수식을 구하고, 이를 이용하여 함수 $f(x)$의 함수식을 구합니다.

상세 풀이 주어진 그래프에서
$f'(-2)=f'(4)=0$이므로
$$f'(x)=a(x+2)(x-4)\,(a>0)$$
라고 할 수 있습니다.
이때, $f'(0)=-12$이므로
$$-12=-8a \qquad \therefore a=\frac{3}{2}$$
$$\therefore f'(x)=\frac{3}{2}x^2-3x-12$$

$$\therefore f(x)=\int\left(\frac{3}{2}x^2-3x-12\right)dx$$
$$=\frac{1}{2}x^3-\frac{3}{2}x^2-12x+C$$
(단, C는 적분상수)

한편, 도함수 $y=f'(x)$의 그래프는 $x=-2$를 기준으로 $f'(x)$의 값이 양수에서 음수로 바뀌므로 함수 $f(x)$는 $x=-2$에서 극댓값을 가집니다.
이때, $f(-2)=28$이므로
$$-4-6+24+C=28 \qquad \therefore C=14$$
따라서 $f(x)=\frac{1}{2}x^3-\frac{3}{2}x^2-12x+14$이고 함수 $f(x)$는 $x=4$에서 극솟값을 가지므로
$$f(4)=32-24-48+14=-26$$

보충 설명 도함수 $y=f'(x)$의 그래프가 주어졌으므로 증감표를 그리지 않아도 함수 $f(x)$가 어느 점에서 극댓값과 극솟값을 가지는지 쉽게 알 수 있습니다. 즉, 함수 $f(x)$는 $x=-2$를 기준으로 $f'(x)$의 값이 양수에서 음수로 변하므로 $x=-2$에서 극댓값을 가지고, $x=4$를 기준으로 $f'(x)$의 값이 음수에서 양수로 변하므로 $x=4$에서 극솟값을 가집니다.

정답 -26

07-16

접근 방법 삼차식 $P(x)+2$가 $(x-2)^2$으로 나누어떨어지므로
$$P(x)+2=(x-2)^2 g(x)\,(g(x)는 일차식)$$
라 하고, 양변을 x에 대하여 미분하여 $P'(2)$의 값을 구합니다. 마찬가지 방법으로 $P(x)-3$이 x^2으로 나누어떨어짐을 이용하면 $P'(0)$의 값을 구할 수 있습니다.

상세 풀이 $P(x)+2$가 $(x-2)^2$으로 나누어떨어지므로
$$P(x)+2=(x-2)^2 g(x)\,(g(x)는 일차식) \quad \cdots\cdots \text{㉠}$$
라고 할 수 있습니다.

㉠에 $x=2$를 대입하면
$$P(2)+2=0 \quad \therefore P(2)=-2$$
㉠의 양변을 x에 대하여 미분하면
$$P'(x)=2(x-2)g(x)+(x-2)^2g'(x)$$
이므로 $x=2$를 대입하면 $P'(2)=0$
또한 $P(x)-3$이 x^2으로 나누어떨어지므로
$$P(x)-3=x^2h(x)\,(h(x)는\ 일차식) \qquad \cdots\cdots\ \text{㉡}$$
라고 할 수 있습니다.
㉡에 $x=0$을 대입하면
$$P(0)-3=0 \quad \therefore P(0)=3$$
㉡의 양변을 x에 대하여 미분하면
$$P'(x)=2xh(x)+x^2h'(x)$$
이므로 $x=0$을 대입하면
$$P'(0)=0$$
한편, $P(x)$가 삼차식이므로 $P'(x)$는 이차식이고
$$P'(2)=P'(0)=0$$
이므로
$$P'(x)=ax(x-2)\,(a는\ 0이\ 아닌\ 상수)$$
라고 할 수 있습니다.
$$\therefore P(x)=\int ax(x-2)dx$$
$$=a\int(x^2-2x)dx$$
$$=a\left(\frac{1}{3}x^3-x^2\right)+C$$
(단, C는 적분상수)
이때, $P(2)=-2$, $P(0)=3$이므로
$$-\frac{4}{3}a+C=-2,\ C=3$$
$$\therefore a=\frac{15}{4},\ C=3$$
따라서
$$P(x)=\frac{15}{4}\left(\frac{1}{3}x^3-x^2\right)+3$$
$$=\frac{5}{4}x^3-\frac{15}{4}x^2+3$$
이므로 $P(4)=\frac{5}{4}\times4^3-\frac{15}{4}\times4^2+3=23$

보충 설명 다항식 $f(x)$가 $(x-a)^2$으로 나누어떨어집니다.
$\Longleftrightarrow$ 방정식 $f(x)=0$이 $x=a$를 중근으로 가집니다.
$\Longleftrightarrow f(a)=0,\ f'(a)=0$

정답 23

07-17

접근 방법 함수 $f(x)$에 대하여 $F'(x)=f(x)$인 함수 $F(x)$를 $f(x)$의 부정적분이라고 합니다. 즉, 함수 $f(x)$의 한 부정적분을 $F(x)$라고 하면
$$\int f(x)dx=F(x)+C\ (C는\ 적분상수)$$
임을 이용합니다.

상세 풀이 $f(x)-g(x)$의 한 부정적분이 $f'(x)+g'(x)$이므로
$$f'(x)+g'(x)=\int\{f(x)-g(x)\}dx$$
$$=\int f(x)dx-\int g(x)dx$$
$$\therefore g'(x)+\int g(x)dx$$
$$=\int f(x)dx-f'(x)$$
$$=\int(3x^2+4x+5)dx$$
$$\qquad -\frac{d}{dx}(3x^2+4x+5)$$
$$=(x^3+2x^2+5x+C_1)-(6x+4)$$
$$=x^3+2x^2-x+C_1-4 \qquad \cdots\cdots\ \text{㉠}$$
(단, C_1은 적분상수)
㉠에서 x^3의 계수가 1이므로 $g(x)$는 x^2의 계수가 3인 이차함수입니다.
즉, $g(x)=3x^2+ax+b\,(a,\ b는\ 상수)$라고 하면
$$g'(x)+\int g(x)dx$$
$$=\frac{d}{dx}(3x^2+ax+b)+\int(3x^2+ax+b)dx$$
$$=(6x+a)+x^3+\frac{a}{2}x^2+bx+C_2$$

$$= x^3 + \frac{a}{2}x^2 + (b+6)x + (a+C_2) \quad \cdots\cdots ⓛ$$
$$(단, C_2는 \; 적분상수)$$

㉠, ㉡에서

$$x^3 + 2x^2 - x + C_1 - 4$$
$$= x^3 + \frac{a}{2}x^2 + (b+6)x + (a+C_2)$$

따라서 $2 = \dfrac{a}{2}$, $-1 = b+6$이므로

$$a = 4, \; b = -7$$
$$\therefore g(x) = 3x^2 + 4x - 7$$

보충 설명 자연수 n에 대하여 다항함수 $g(x)$의 차수가 n이면 $g'(x)$의 차수는 $n-1$이고, $\displaystyle\int g(x)dx$의 차수는 $n+1$입니다.

정답 $g(x) = 3x^2 + 4x - 7$

07-18

접근 방법 다항함수 $f(x) - x^2$을 적분한 함수가 $g(x)$이므로 함수 $g(x)$ 역시 다항함수입니다.

상세 풀이 $f(x)g(x)$가 사차함수, $f(x)$가 이차함수이므로 $g(x)$는 이차함수이고

$$g(x) = \int \{f(x) - x^2\}dx$$

의 양변을 x에 대하여 미분하면

$$g'(x) = f(x) - x^2$$

이때, $g'(x)$는 일차함수이므로 $f(x) - x^2$도 일차함수이어야 합니다. 즉,

$$f(x) = x^2 + ax + b \; (a, b는 \; 상수)$$

라고 할 수 있으므로

$$g(x) = \int \{f(x) - x^2\}dx$$
$$= \int (ax+b)dx$$
$$= \frac{a}{2}x^2 + bx + C \; (단, C는 \; 적분상수)$$

따라서

$$f(x)g(x) = (x^2 + ax + b)\left(\frac{a}{2}x^2 + bx + C\right)$$
$$= x^4 + 2x^3$$

이므로 양변의 x^4의 계수를 비교하면

$$\frac{a}{2} = 1 \qquad \therefore a = 2$$

x^3의 계수를 비교하면

$$b + \frac{a^2}{2} = 2 \qquad \therefore b = 0$$

x^2의 계수를 비교하면

$$C + ab + \frac{ab}{2} = 0 \qquad \therefore C = 0$$
$$\therefore f(x) = x^2 + 2x, \; g(x) = x^2$$
$$\therefore f(1) + g(1) = 3 + 1 = 4$$

보충 설명 적분과 미분은 서로 역연산 관계에 있으므로 함수 $f(x)$를 적분한 후 미분하면 $f(x)$가 되지만 미분한 후 적분하면 $f(x) + C$ (C는 적분상수)가 됩니다. 즉, 미분과 적분의 계산 순서에 따라 적분상수 C만큼의 차이가 생깁니다. (단, $F(x)$는 $f(x)$의 한 부정적분이고, C는 적분상수)

$$\frac{d}{dx}\left\{\int f(x)dx\right\} = \frac{d}{dx}\{F(x) + C\}$$
$$= F'(x) = f(x)$$
$$\int \left\{\frac{d}{dx}f(x)\right\}dx = \int f'(x)dx = f(x) + C$$

정답 4

07-19

접근 방법 미분가능한 함수 $F(x)$에 대하여 어떤 구간에서 $F'(x) < 0$이면 함수 $F(x)$는 그 구간에서 감소합니다. 즉, $F'(x) < 0$인 구간에서 함수 $F(x)$는 감소함을 이용합니다.

상세 풀이 조건 ㈏에 의하여 함수 $f(x)$는 그 그래프가 y축에 대하여 대칭인 이차함수이므로

$$f(x) = ax^2 + b \; (a, b는 \; 상수, \; a \neq 0)$$

라고 할 수 있고, 조건 ㈎에서 $f(0) = -2$이므로

$$b = -2$$

$$\therefore f(x)=ax^2-2$$
$$\therefore f'(x)=2ax$$

이때, 조건 ㈐에서 $f(f'(x))=f'(f(x))$이므로
$$f(2ax)=f'(ax^2-2)$$
$$a(2ax)^2-2=2a(ax^2-2)$$
$$4a^3x^2-2=2a^2x^2-4a$$

위의 식이 x에 대한 항등식이므로
$$-2=-4a \qquad \therefore a=\frac{1}{2}$$
$$\therefore f(x)=\frac{1}{2}x^2-2$$

한편, $F(x)=\int f(x)dx$이므로 $F'(x)=f(x)$

이때, 함수 $F(x)$는 $F'(x)<0$인 구간, 즉 $f(x)<0$ 을 만족시키는 구간에서 감소하므로
$$\frac{1}{2}x^2-2<0, \ x^2-4<0$$
$$(x+2)(x-2)<0$$
$$\therefore -2<x<2$$

따라서 함수 $F(x)$는 $-2<x<2$에서 감소하므로 감소하는 구간의 길이는 4입니다.

보충 설명 (1) $\dfrac{d}{dx}\left\{\displaystyle\int f(x)dx\right\}=f(x)$

$\underbrace{}_{f(x)}\overset{\text{적분}}{\longrightarrow}F(x)+C\overset{\text{미분}}{\longrightarrow}f(x)$

(2) $\displaystyle\int\left\{\dfrac{d}{dx}f(x)\right\}dx=f(x)+C$ (단, C는 적분상수)

$\underbrace{}_{f(x)+C}\overset{\text{미분}}{\longrightarrow}f'(x)\overset{\text{적분}}{\longrightarrow}f(x)+C$

정답 4

07-**20**

접근 방법 주어진 그래프와 $f'(0)=3$, $f(0)=0$을 이용하여 $f(x)$를 구한 다음 방정식 $f(x)=kx$가 서로 다른 세 실근을 가질 조건을 생각해 봅니다.

상세 풀이 주어진 그래프에서

$f'(-2)=f'(2)=0$이므로
$$f'(x)=a(x+2)(x-2) \ (a<0)$$
라고 할 수 있습니다.

$f'(0)=-4a=3$에서
$$a=-\frac{3}{4}$$

이므로 $f'(x)=-\dfrac{3}{4}(x^2-4)$

한편, $f'(x)$의 부정적분을 구하면
$$f(x)=\int f'(x)dx$$
$$=\int\left\{-\frac{3}{4}(x^2-4)\right\}dx$$
$$=-\frac{1}{4}x^3+3x+C \ \text{(단, }C\text{는 적분상수)}$$

이때, $f(0)=0$이므로 $C=0$
$$\therefore f(x)=-\frac{1}{4}x^3+3x$$

즉, 방정식 $f(x)=kx$가 서로 다른 세 실근을 가지려면
$$-\frac{1}{4}x^3+3x=kx, \ \text{즉 } x\{x^2+4(k-3)\}=0$$

에서 방정식 $x^2+4(k-3)=0$이 $x=0$이 아닌 근을 가져야 하므로
$$k\ne3 \qquad\qquad \cdots\cdots \ \text{㉠}$$

또한 방정식 $x^2+4(k-3)=0$이 서로 다른 두 실근을 가져야 하므로 판별식을 D라고 하면
$$\frac{D}{4}=0-4(k-3)>0$$
$$\therefore k<3 \qquad\qquad \cdots\cdots \ \text{㉡}$$

㉠, ㉡에서 구하는 k의 값의 범위는 $k<3$

보충 설명 도함수 $y=f'(x)$의 그래프가 y축에 대하여 대칭이고 $f(0)=0$이므로 삼차함수 $y=f(x)$의 그래프는 다음 그림과 같이 원점에 대하여 대칭입니다.

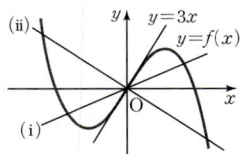

이때, 원점에서의 접선의 기울기는 $f'(0)=3$이므로 곡선 $y=f(x)$와 직선 $y=kx$가 서로 다른 세 점에서 만나려면

(ⅰ) $0\le k<3$이거나 (ⅱ) $k<0$

이어야 하므로 (ⅰ), (ⅱ)에서 $k<3$이어야 합니다.

정답 $k<3$

예제 01 정적분의 계산 p.263

01-1

(1) $\displaystyle\int_{-1}^{2}\frac{3x^3}{x+2}dx+\int_{-1}^{2}\frac{6y^2}{y+2}dy$

$\quad=\displaystyle\int_{-1}^{2}\frac{3x^3}{x+2}dx+\int_{-1}^{2}\frac{6x^2}{x+2}dx$

$\quad=\displaystyle\int_{-1}^{2}\frac{3x^3+6x^2}{x+2}dx=\int_{-1}^{2}\frac{3x^2(x+2)}{x+2}dx$

$\quad=\displaystyle\int_{-1}^{2}3x^2dx=\Big[x^3\Big]_{-1}^{2}$

$\quad=8-(-1)=9$

(2) $\displaystyle\int_{0}^{2}\frac{x^4+x^3}{x+1}dx+\int_{2}^{0}\frac{y^3+1}{y+1}dy$

$\quad=\displaystyle\int_{0}^{2}\frac{x^4+x^3}{x+1}dx+\int_{2}^{0}\frac{x^3+1}{x+1}dx$

$\quad=\displaystyle\int_{0}^{2}\frac{x^4+x^3}{x+1}dx-\int_{0}^{2}\frac{x^3+1}{x+1}dx$

$\quad=\displaystyle\int_{0}^{2}\Big(\frac{x^4+x^3}{x+1}-\frac{x^3+1}{x+1}\Big)dx$

$\quad=\displaystyle\int_{0}^{2}\frac{x^4-1}{x+1}dx$

$\quad=\displaystyle\int_{0}^{2}\frac{(x+1)(x-1)(x^2+1)}{x+1}dx$

$\quad=\displaystyle\int_{0}^{2}(x^3-x^2+x-1)dx$

$\quad=\Big[\dfrac{1}{4}x^4-\dfrac{1}{3}x^3+\dfrac{1}{2}x^2-x\Big]_{0}^{2}$

$\quad=4-\dfrac{8}{3}+2-2=\dfrac{4}{3}$

(3) $\displaystyle\int_{-2}^{2}(3x^2-2)dx+\int_{2}^{4}(3t^2-2)dt$

$\quad=\displaystyle\int_{-2}^{2}(3x^2-2)dx+\int_{2}^{4}(3x^2-2)dx$

$\quad=\displaystyle\int_{-2}^{4}(3x^2-2)dx=\Big[x^3-2x\Big]_{-2}^{4}$

$\quad=(64-8)-(-8+4)=60$

(4) $\displaystyle\int_{2}^{-1}(3x^2-2x+1)dx+\int_{-1}^{1}(3t^2-2t+1)dt$

$\quad=\displaystyle\int_{2}^{-1}(3x^2-2x+1)dx+\int_{-1}^{1}(3x^2-2x+1)dx$

$\quad=\displaystyle\int_{2}^{1}(3x^2-2x+1)dx=\Big[x^3-x^2+x\Big]_{2}^{1}$

$\quad=(1-1+1)-(8-4+2)=-5$

정답 (1) 9 (2) $\dfrac{4}{3}$ (3) 60 (4) -5

01-2

(1) $\displaystyle\int_{0}^{1}(3x^2+2x)dx-\int_{0}^{-1}(3x^2+2x)dx$

$\quad=\displaystyle\int_{0}^{1}(3x^2+2x)dx+\int_{-1}^{0}(3x^2+2x)dx$

$\quad=\displaystyle\int_{-1}^{1}(3x^2+2x)dx=2\int_{0}^{1}3x^2dx$

$\quad=2\Big[x^3\Big]_{0}^{1}=2\times1=2$

(2) $\displaystyle\int_{-2}^{4}\frac{x^2}{x+1}dx+\int_{-2}^{4}\frac{2y}{y+1}dy-\int_{-2}^{4}\frac{2t+1}{t+1}dt$

$\quad=\displaystyle\int_{-2}^{4}\frac{x^2}{x+1}dx+\int_{-2}^{4}\frac{2x}{x+1}dx$

$\qquad\qquad\qquad-\displaystyle\int_{-2}^{4}\frac{2x+1}{x+1}dx$

$\quad=\displaystyle\int_{-2}^{4}\frac{x^2+2x-(2x+1)}{x+1}dx$

$\quad=\displaystyle\int_{-2}^{4}\frac{x^2-1}{x+1}dx=\int_{-2}^{4}\frac{(x+1)(x-1)}{x+1}dx$

$\quad=\displaystyle\int_{-2}^{4}(x-1)dx=\Big[\dfrac{1}{2}x^2-x\Big]_{-2}^{4}$

$\quad=(8-4)-(2+2)=0$

(3) $\displaystyle\int_{0}^{1}9(x^2-1)(x^2+1)(x^4+1)dx$

$\quad=\displaystyle\int_{0}^{1}9(x^4-1)(x^4+1)dx$

$\quad=\displaystyle\int_{0}^{1}9(x^8-1)dx$

$\quad=\displaystyle\int_{0}^{1}(9x^8-9)dx$

$\quad=\Big[x^9-9x\Big]_{0}^{1}=1-9=-8$

(4) $\displaystyle\int_{1}^{2}(t-1)^3(t+2)dt$

$\quad=\displaystyle\int_{1}^{2}(t-1)^3\{(t-1)+3\}dt$

$\quad=\displaystyle\int_{1}^{2}\{(t-1)^4+3(t-1)^3\}dt$

$\quad=\Big[\dfrac{1}{5}(t-1)^5+\dfrac{3}{4}(t-1)^4\Big]_{1}^{2}$

$\quad=\Big\{\dfrac{1}{5}(2-1)^5+\dfrac{3}{4}(2-1)^4\Big\}$

$\qquad\qquad-\Big\{\dfrac{1}{5}(1-1)^5+\dfrac{3}{4}(1-1)^4\Big\}$

$\quad=\dfrac{19}{20}$

(2)에서 정적분

$$\int_{-2}^{4} \frac{x^2}{x+1}dx + \int_{-2}^{4} \frac{2y}{y+1}dy - \int_{-2}^{4} \frac{2t+1}{t+1}dt$$

의 값은 다음 그림의 색칠한 부분을 의미하므로 0임을 알 수 있습니다.

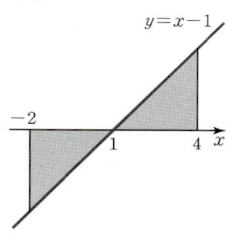

정답 (1) 2 (2) 0 (3) -8 (4) $\dfrac{19}{20}$

01-3

이차방정식 $ax^2+bx+c=0$의 두 실근이 α, β이므로
$$ax^2+bx+c=a(x-\alpha)(x-\beta)$$
로 놓을 수 있습니다.

$$\therefore \int_{\alpha}^{\beta} (ax^2+bx+c)dx$$
$$= \int_{\alpha}^{\beta} a(x-\alpha)(x-\beta)dx$$
$$= a\int_{\alpha}^{\beta} (x-\alpha)\{(x-\alpha)-(\beta-\alpha)\}dx$$
$$= a\int_{\alpha}^{\beta} \{(x-\alpha)^2-(\beta-\alpha)(x-\alpha)\}dx$$
$$= a\left[\frac{1}{3}(x-\alpha)^3 - \frac{1}{2}(\beta-\alpha)(x-\alpha)^2 \right]_{\alpha}^{\beta}$$
$$= a\left\{ \frac{1}{3}(\beta-\alpha)^3 - \frac{1}{2}(\beta-\alpha)^3 \right\}$$
$$= -\frac{a}{6}(\beta-\alpha)^3$$

$\displaystyle\int_{\alpha}^{\beta} a(x-\alpha)(x-\beta)dx$

$$= a\int_{\alpha}^{\beta} \{x^2-(\alpha+\beta)x+\alpha\beta\}dx$$
$$= a\left[\frac{1}{3}x^3 - \frac{1}{2}(\alpha+\beta)x^2 + \alpha\beta x \right]_{\alpha}^{\beta}$$
$$= a\left\{ \frac{1}{3}(\beta^3-\alpha^3) - \frac{1}{2}(\alpha+\beta)(\beta^2-\alpha^2) + \alpha\beta(\beta-\alpha) \right\}$$
$$= \frac{a}{6}(\beta-\alpha)\{2(\beta^2+\alpha\beta+\alpha^2)-3(\alpha+\beta)^2+6\alpha\beta\}$$
$$= -\frac{a}{6}(\beta-\alpha)(\beta^2-2\alpha\beta+\alpha^2)$$

$$= -\frac{a}{6}(\beta-\alpha)(\beta-\alpha)^2$$
$$= -\frac{a}{6}(\beta-\alpha)^3$$

등식

$$\int_{\alpha}^{\beta} a(x-\alpha)(x-\beta)dx = -\frac{a}{6}(\beta-\alpha)^3$$

의 좌변은 $a(x-\alpha)(x-\beta)=0$의 두 근이
$$\alpha(\text{아래끝}),\ \beta(\text{위끝})$$
로 되어 있는 특수한 꼴로서 포물선
$$y=a(x-\alpha)(x-\beta)$$
와 x축으로 둘러싸인 도형의 넓이를 구할 때 나타나는 꼴입니다.

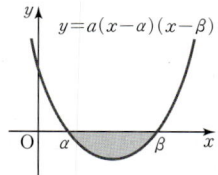

예를 들어,
$$\int_{2}^{4} 3(x-2)(x-4)dx = -\frac{3}{6}(4-2)^3 = -4$$
입니다. 이것은 이차함수 $y=3(x-2)(x-4)$의 그래프와 x축으로 둘러싸인 도형의 넓이가 4라는 것을 의미합니다.
따라서 공식으로 기억해 두면 편리합니다.

정답 풀이 참조

절댓값 기호를 포함한 함수의 정적분의 계산 p.265

02-1

(1) $x^2-x-2=(x+1)(x-2)$이므로

(i) $x \le -1$ 또는 $x \ge 2$일 때
$$|x^2-x-2| = x^2-x-2$$

(ii) $-1 \le x \le 2$일 때
$$|x^2-x-2| = -(x^2-x-2)$$

(i), (ii)에서

$$\int_{-2}^{3} |x^2-x-2|\,dx$$

$$=\int_{-2}^{-1} (x^2-x-2)\,dx$$

$$\qquad +\int_{-1}^{2} \{-(x^2-x-2)\}\,dx$$

$$\qquad\qquad +\int_{2}^{3} (x^2-x-2)\,dx$$

$$=\left[\frac{1}{3}x^3-\frac{1}{2}x^2-2x\right]_{-2}^{-1}$$

$$\qquad -\left[\frac{1}{3}x^3-\frac{1}{2}x^2-2x\right]_{-1}^{2}$$

$$\qquad\qquad +\left[\frac{1}{3}x^3-\frac{1}{2}x^2-2x\right]_{2}^{3}$$

$$=\frac{11}{6}+\frac{27}{6}+\frac{11}{6}=\frac{49}{6}$$

(2) $-1\leq x<0$일 때 $[x]=-1$,

$\quad 0\leq x<1$일 때 $[x]=0$,

$\quad x=1$일 때 $[x]=1$이므로

$$\int_{-1}^{1} [x](x-1)(x+2)\,dx$$

$$=\int_{-1}^{0} \{-(x-1)(x+2)\}\,dx$$

$$\qquad +\int_{0}^{1} \{0\times(x-1)(x+2)\}\,dx$$

$$\qquad\qquad +\int_{1}^{1} \{1\times(x-1)(x+2)\}\,dx$$

$$=-\int_{-1}^{0} (x-1)(x+2)\,dx$$

$$=-\int_{-1}^{0} (x^2+x-2)\,dx$$

$$=-\left[\frac{1}{3}x^3+\frac{1}{2}x^2-2x\right]_{-1}^{0}=\frac{13}{6}$$

정답 (1) $\dfrac{49}{6}$ (2) $\dfrac{13}{6}$

02-**2**

(1) $|x|=\begin{cases} x & (x\geq 0) \\ -x & (x<0)\end{cases}$이므로

$$(1+|x|)^2=\begin{cases} (1+x)^2 & (x\geq 0) \\ (1-x)^2 & (x<0)\end{cases}$$

$$\therefore \int_{-1}^{2} (1+|x|)^2\,dx$$

$$=\int_{-1}^{0} (1-x)^2\,dx+\int_{0}^{2} (1+x)^2\,dx$$

$$=\int_{-1}^{0} (x^2-2x+1)\,dx$$

$$\qquad +\int_{0}^{2} (x^2+2x+1)\,dx$$

$$=\left[\frac{1}{3}x^3-x^2+x\right]_{-1}^{0}+\left[\frac{1}{3}x^3+x^2+x\right]_{0}^{2}$$

$$=-\left(-\frac{1}{3}-1-1\right)+\left(\frac{8}{3}+4+2\right)=11$$

(2) $f(x)=|x^2(x-1)|$이라고 하면 함수 $y=f(x)$의 그래프는 다음 그림과 같습니다.

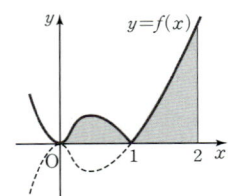

$$\therefore \int_{0}^{2} |x^2(x-1)|\,dx$$

$$=-\int_{0}^{1} x^2(x-1)\,dx+\int_{1}^{2} x^2(x-1)\,dx$$

$$=-\left[\frac{1}{4}x^4-\frac{1}{3}x^3\right]_{0}^{1}+\left[\frac{1}{4}x^4-\frac{1}{3}x^3\right]_{1}^{2}$$

$$=-\left(\frac{1}{4}-\frac{1}{3}\right)$$

$$\qquad +\left\{\frac{1}{4}(2^4-1^4)-\frac{1}{3}(2^3-1^3)\right\}$$

$$=\frac{3}{2}$$

정답 (1) 11 (2) $\dfrac{3}{2}$

02-**3**

$|x-n|=\begin{cases} x-n & (x\geq n) \\ -x+n & (x<n)\end{cases}$이므로

$$f(n)=\int_{0}^{2n} |x-n|\,dx$$

$$=\int_{0}^{n} (-x+n)\,dx+\int_{n}^{2n} (x-n)\,dx$$

$$=\left[-\frac{1}{2}x^2+nx\right]_{0}^{n}+\left[\frac{1}{2}x^2-nx\right]_{n}^{2n}$$

$$=\frac{n^2}{2}+\frac{n^2}{2}=n^2$$

$$\therefore \sum_{k=1}^{10} f(k)=\sum_{k=1}^{10} k^2=\frac{1}{6}\times 10\times 11\times 21=385$$

정답 385

예제 03 구간에 따라 다르게 정의된 함수의 정적분   p.267

03-1

(1) $x=1$을 기준으로 함수 $f(x)$가 달라지므로

$$\int_0^2 f(x)\,dx$$

$$=\int_0^1 f(x)\,dx+\int_1^2 f(x)\,dx$$

$$=\int_0^1 (-x+1)\,dx+\int_1^2 (x-1)^2\,dx$$

$$=\int_0^1 (-x+1)\,dx+\int_1^2 (x^2-2x+1)\,dx$$

$$=\left[-\frac{1}{2}x^2+x\right]_0^1+\left[\frac{1}{3}x^3-x^2+x\right]_1^2$$

$$=\frac{1}{2}+\frac{1}{3}$$

$$=\frac{5}{6}$$

(2) $f(x+1)=\begin{cases} x+2 & (-2\le x<-1) \\ -x & (-1\le x<0) \end{cases}$

이므로

$$xf(x+1)=\begin{cases} x(x+2) & (-2\le x<-1) \\ -x^2 & (-1\le x<0) \end{cases}$$

$$\therefore \int_{-2}^0 xf(x+1)\,dx$$

$$=\int_{-2}^{-1} x(x+2)\,dx+\int_{-1}^0 (-x^2)\,dx$$

$$=\left[\frac{1}{3}x^3+x^2\right]_{-2}^{-1}-\left[\frac{1}{3}x^3\right]_{-1}^0$$

$$=-\frac{2}{3}-\frac{1}{3}=-1$$

다른 풀이 (2) $\int_{-2}^0 xf(x+1)\,dx$

$$=\int_{-1}^1 (x-1)f(x)\,dx$$

$$=\int_{-1}^0 (x-1)(x+1)\,dx$$

$$\qquad\qquad +\int_0^1 (x-1)(-x+1)\,dx$$

$$=\left[\frac{1}{3}x^3-x\right]_{-1}^0-\left[\frac{1}{3}x^3-x^2+x\right]_0^1$$

$$=-\frac{2}{3}-\frac{1}{3}=-1$$

정답 (1) $\dfrac{5}{6}$ (2) -1

03-2

$f(x)=\begin{cases} 4 & (x<0) \\ -2x+4 & (x\ge 0) \end{cases}$ 이므로

$$\int_{-2}^2 xf(x)\,dx$$

$$=\int_{-2}^0 xf(x)\,dx+\int_0^2 xf(x)\,dx$$

$$=\int_{-2}^0 4x\,dx+\int_0^2 (-2x^2+4x)\,dx$$

$$=\left[2x^2\right]_{-2}^0+\left[-\frac{2}{3}x^3+2x^2\right]_0^2$$

$$=-8+\frac{8}{3}=-\frac{16}{3}$$

정답 $-\dfrac{16}{3}$

03-3

함수 $f(x)$가 $f(x)=f(x+2)$를 만족시키므로 $f(x)$는 다음 그림과 같이 주기가 2인 주기함수입니다.

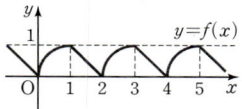

$$\therefore \int_0^{29} f(x)\,dx$$

$$=15\int_0^1 (-x^2+2x)\,dx$$

$$\qquad\qquad +14\int_1^2 (-x+2)\,dx$$

$$=15\left[-\frac{1}{3}x^3+x^2\right]_0^1+14\left[-\frac{1}{2}x^2+2x\right]_1^2$$

$$=15\times\frac{2}{3}+14\times\frac{1}{2}=17$$

정답 17

예제 04 우함수, 기함수에서의 정적분   p.269

04-1

$f(-x)=-f(x)$에서 $f(x)$는 기함수이므로 $x^2f(x)$는 기함수, $xf(x)$는 우함수입니다.

$$\therefore \int_{-1}^{1} (x^2+3x+2)f(x)dx$$

$$= \int_{-1}^{1} x^2 f(x)dx + \int_{-1}^{1} 3xf(x)dx$$
$$+ \int_{-1}^{1} 2f(x)dx$$

$$= 0 + \int_{-1}^{1} 3xf(x)dx + 0$$

$$= 2 \int_{0}^{1} 3xf(x)dx$$

$$= 6 \int_{0}^{1} xf(x)dx$$

$$= 6 \times 3 = 18$$

정답 18

04-2

$x^5, 2x^3, 4x$는 x에 대한 홀수차항이므로

$$\int_{-a}^{a} (x^5+2x^3+4x)dx = 0$$

$$\therefore \int_{-a}^{a} (x^5+2x^3+3x^2+4x+a)dx$$

$$= 2 \int_{0}^{a} (3x^2+a)dx$$

$$= 2 \Big[x^3+ax \Big]_{0}^{a}$$

$$= 2a^3+2a^2$$

즉, $2a^3+2a^2 = (a+1)^2$이므로

$$2a^3+a^2-2a-1 = 0$$
$$a^2(2a+1)-(2a+1) = 0$$
$$(2a+1)(a^2-1) = 0$$
$$(2a+1)(a+1)(a-1) = 0$$

$$\therefore a = -1 \text{ 또는 } a = -\frac{1}{2} \text{ 또는 } a = 1$$

따라서 모든 a의 값의 합은 $-\dfrac{1}{2}$입니다.

정답 $-\dfrac{1}{2}$

04-3

$f(x) = f(-x)$에서 함수 $f(x)$는 우함수이므로

$$\int_{-1}^{0} f(x)dx = \int_{0}^{1} f(x)dx$$

또한 $f(x) = f(x+2)$에서 $f(x)$는 주기함수이므로

$$\int_{0}^{1} f(x)dx = \int_{1}^{2} f(x)dx$$

$$= \int_{2}^{3} f(x)dx$$

$$= \int_{3}^{4} f(x)dx$$

즉, $\displaystyle\int_{0}^{4} f(x)dx = 4\int_{0}^{1} f(x)dx = 4\int_{-1}^{0} f(x)dx$이므로

$$\int_{0}^{4} \{x-f(x)\}dx = \int_{0}^{4} xdx - \int_{0}^{4} f(x)dx$$

$$= \Big[\frac{1}{2}x^2 \Big]_{0}^{4} - 4\int_{-1}^{0} f(x)dx$$

$$= 8 - 4 \times \frac{3}{4} = 5$$

정답 5

예제 05 주기함수의 정적분　　　p.271

05-1

조건 (개)의 $-1 \le x \le 1$에서 정의된 함수 $f(x)$에서

$$f(-x) = 2-2|-x| = 2-2|x| = f(x)$$

이므로 $f(x)$는 우함수입니다.

$$\therefore \int_{-1}^{1} f(x)dx = 2\int_{0}^{1} f(x)dx$$

조건 (내)에서 $f(x)$는 주기가 2인 주기함수이므로

$$\int_{-1}^{9} f(x)dx = \int_{-1}^{1} f(x)dx + \int_{1}^{3} f(x)dx$$
$$+ \int_{3}^{5} f(x)dx + \int_{5}^{7} f(x)dx$$
$$+ \int_{7}^{9} f(x)dx$$

$$= 5 \int_{-1}^{1} f(x)dx$$

$$= 10 \int_{0}^{1} f(x)dx$$

$$= 10 \int_{0}^{1} (2-2x)dx$$

$$= 10 \Big[2x-x^2 \Big]_{0}^{1} = 10 \times 1 = 10$$

정답 10

05-2

조건 ㈎에 의하여

$$f(x)=x^3-4x=x(x-2)(x+2)$$

조건 ㈏에서 함수 $f(x)$는 주기가 4인 주기함수이므로 함수 $y=f(x)$의 그래프는 다음 그림과 같습니다.

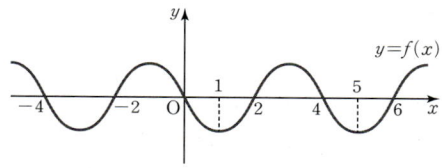

$$\int_1^2 f(x)dx=\int_5^6 f(x)dx=\int_9^{10} f(x)dx$$

$$=\cdots=\int_{1+4k}^{2+4k} f(x)dx$$

(단, k는 정수)

따라서 $2006=2+4\times 501$, $2005=1+4\times 501$이므로

$$\int_1^2 f(x)dx=\int_{2005}^{2006} f(x)dx$$

정답 ③

05-3

$$\int_{-1}^3 f(x)dx=\int_{-1}^0 f(x)dx+\int_0^3 f(x)dx$$

$$=1+7=8$$

이때, $f(x)$가 주기가 2인 주기함수이므로

$$\int_{-1}^3 f(x)dx=\int_{-1}^1 f(x)dx+\int_1^3 f(x)dx$$

$$=2\int_1^3 f(x)dx$$

즉, $2\int_1^3 f(x)dx=8$이므로 $\int_1^3 f(x)dx=4$

$$\therefore \int_1^3 \{2x+f(x)\}dx=\int_1^3 2x\,dx+\int_1^3 f(x)dx$$

$$=\Big[x^2\Big]_1^3+4=8+4=12$$

정답 12

p.272~273

기본 다지기

08- 1 30　　2 ㄱ, ㄷ　3 (1) -4　(2) 41

4 32　　5 7　　6 96　　7 56

8 11　　9 16　　10 13

08-1

접근 방법 피적분함수가 같으면 정적분의 성질을 이용하여 적분 구간을 하나로 합쳐서 계산합니다.

상세 풀이
$$\int_1^4 f(x)dx-\int_2^4 f(x)dx$$

$$+\int_{-3}^1 f(x)dx$$

$$=\int_1^4 f(x)dx+\int_4^2 f(x)dx+\int_{-3}^1 f(x)dx$$

$$=\int_{-3}^1 f(x)dx+\int_1^2 f(x)dx$$

$$=\int_{-3}^2 f(x)dx=\int_{-3}^2 (3x^2+2x)dx$$

$$=\Big[x^3+x^2\Big]_{-3}^2=12-(-18)=30$$

정답 30

08-2

접근 방법 가우스 기호 [ ]와 $\sum$의 정의를 이용하여 각 구간에서의 정적분의 값을 구합니다.

상세 풀이 ㄱ. $\dfrac{1}{2}\leq x\leq 1$일 때

$1\leq x+\dfrac{1}{2}\leq \dfrac{3}{2}$이므로 $\Big[x+\dfrac{1}{2}\Big]=1$

$$\therefore \int_{\frac{1}{2}}^1 \Big[x+\frac{1}{2}\Big]dx=\int_{\frac{1}{2}}^1 1\,dx$$

$$=\Big[x\Big]_{\frac{1}{2}}^1=\frac{1}{2}$$

이때,

$$\int_0^1 x\,dx=\Big[\frac{1}{2}x^2\Big]_0^1=\frac{1}{2}$$

$$\therefore \int_{\frac{1}{2}}^1 \Big[x+\frac{1}{2}\Big]dx=\int_0^1 x\,dx \text{ (참)}$$

ㄴ. $\displaystyle\sum_{k=1}^n \int_{k-1}^k x\,dx$

$$= \int_0^1 x\,dx + \int_1^2 x\,dx + \int_2^3 x\,dx$$
$$+ \cdots + \int_{n-1}^n x\,dx$$
$$= \int_0^n x\,dx = \left[\frac{1}{2}x^2 \right]_0^n = \frac{n^2}{2} \ (거짓)$$

ㄷ. $k-1 \le x < k$일 때 $[x] = k-1$,

$x = k$일 때 $[x] = k$이므로

$$\sum_{k=1}^n \int_{k-1}^k [x]\,dx$$
$$= \int_0^1 [x]\,dx + \int_1^2 [x]\,dx + \int_2^3 [x]\,dx$$
$$+ \cdots + \int_{n-1}^n [x]\,dx$$
$$= \int_0^1 0\,dx + \int_1^2 1\,dx + \int_2^3 2\,dx$$
$$+ \cdots + \int_{n-1}^n (n-1)\,dx$$
$$= 0 + \left[x \right]_1^2 + \left[2x \right]_2^3 + \cdots$$
$$+ \left[(n-1)x \right]_{n-1}^n$$
$$= 0 + 1 + 2 + \cdots + (n-1)$$
$$= \frac{n(n-1)}{2} \ (참)$$

따라서 옳은 것은 ㄱ, ㄷ입니다.

정답 ㄱ, ㄷ

08-3

접근 방법 (1)에서 함수 $f(x)$가 주어져 있으므로 정

적분 $\int_0^1 f(x)\,dx$의 값과 $f(1)$의 값을 구할 수 있

습니다.

(2)에서는 정적분 $\int_0^6 f'(x)\,dx$를 직접 계산한 값과

정적분의 정의를 이용합니다.

상세 풀이 (1) $\displaystyle \int_0^1 f(x)\,dx = \int_0^1 (6x^2 + 2ax)\,dx$
$$= \left[2x^3 + ax^2 \right]_0^1 = 2+a$$

이때, $f(1) = 6 + 2a$이므로

$$2 + a = 6 + 2a$$

$$\therefore \ a = -4$$

(2) $\displaystyle \int_0^6 f'(x)\,dx = \left[f(x) \right]_0^6 = f(6) - f(0)$이므로

$$\int_0^6 4|x-2|\,dx = f(6) - f(0)$$
$$= f(6) - 1 \ (\because f(0) = 1)$$
$$\therefore f(6) = 1 + \int_0^6 4|x-2|\,dx$$
$$= 1 + 4\int_0^2 (2-x)\,dx$$
$$+ 4\int_2^6 (x-2)\,dx$$
$$= 1 + 4\left[2x - \frac{1}{2}x^2 \right]_0^2$$
$$+ 4\left[\frac{1}{2}x^2 - 2x \right]_2^6$$
$$= 1 + 4 \times 2 + 4 \times 8 = 41$$

다른 풀이 (2) 정적분 $\displaystyle \int_0^6 |x-2|\,dx$는 다음 그림에서

어두운 부분의 넓이를 뜻하므로

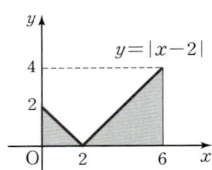

$$\int_0^6 |x-2|\,dx = \frac{1}{2} \times 2^2 + \frac{1}{2} \times 4^2 = 10$$

정답 (1) -4 (2) 41

08-4

접근 방법 주어진 x의 값의 범위에 따라 함수 $f(x)$

를 적분하여 조건을 만족시키는 a^3의 값을 구합니다.

상세 풀이 $x < 0$일 때 $f(x) = -x^5$이므로

$$\int_{-2}^0 f(x)\,dx = \int_{-2}^0 (-x^5)\,dx$$
$$= \left[-\frac{1}{6}x^6 \right]_{-2}^0 = \frac{32}{3}$$

$x \ge 0$일 때 $f(x) = x^2$이고 $a > 0$이므로

$$\int_0^a f(x)\,dx = \int_0^a x^2\,dx$$

$$=\left[\frac{1}{3}x^3\right]_0^a=\frac{1}{3}a^3$$

이때, $\int_{-2}^{0}f(x)dx=\int_{0}^{a}f(x)dx$이므로

$$\frac{32}{3}=\frac{1}{3}a^3$$

$$\therefore a^3=32$$

보충 설명 임의의 실수 a에 대하여 $\int_{a}^{a}f(x)dx=0$ 입니다. 즉, 한 점에서의 정적분의 값은 항상 0이므로 $\int_{a}^{b}f(x)dx=\int_{a}^{c}f(x)dx+\int_{c}^{b}f(x)dx$와 같이 구간을 나누어 적분할 때 경곗값에는 신경 쓰지 않아도 됩니다.

정답 32

08-**5**

접근 방법 함수 $f(x)$가 모든 실수 x에 대하여 $f(x)=f(-x)$를 만족시키면 그 그래프는 y축에 대하여 대칭인 우함수이므로 우함수에 대한 정적분의 성질을 이용합니다.

상세 풀이 $f(x)=f(-x)$에서 함수 $f(x)$는 우함수이므로

$$\int_{0}^{1}f(x)dx=\int_{-1}^{0}f(x)dx=2$$

또한 $\int_{0}^{-2}f(x)dx=-\int_{-2}^{0}f(x)dx=-5$에서

$$\int_{-2}^{0}f(x)dx=\int_{0}^{2}f(x)dx=5$$

$$\therefore \int_{-1}^{2}f(x)dx$$
$$=\int_{-1}^{0}f(x)dx+\int_{0}^{2}f(x)dx$$
$$=2+5=7$$

보충 설명 연속함수 $f(x)$가 우함수이면 $a>0$일 때, $\int_{0}^{a}f(x)dx=\int_{-a}^{0}f(x)dx$가 성립함을 기억합니다.

정답 7

08-**6**

접근 방법 조건 (가)에서 $f(-x)=f(x)$이므로 $f(x)$는 우함수, 즉 그 그래프가 y축에 대하여 대칭인 함수이고, 조건 (나)에서 $f(x)=f(x+4)$이므로 $f(x)$는 주기함수임을 알 수 있습니다. 이 사실을 이용하여 정적분의 값을 구합니다.

상세 풀이 $\int_{0}^{2}f(x)dx=16$에서 함수 $y=f(x)$의 그래프는 y축에 대하여 대칭이므로

$$\int_{-2}^{0}f(x)dx=16$$

또한 함수 $f(x)$는 임의의 실수 x에 대하여 $f(x)=f(x+4)$이므로

$$\int_{-4}^{-2}f(x)dx=16$$

$$\therefore \int_{-4}^{0}f(x)dx$$
$$=\int_{-4}^{-2}f(x)dx+\int_{-2}^{0}f(x)dx=32$$

$$\therefore \int_{-4}^{8}f(x)dx$$
$$=\int_{-4}^{0}f(x)dx+\int_{0}^{4}f(x)dx$$
$$\qquad\qquad+\int_{4}^{8}f(x)dx$$
$$=3\int_{-4}^{0}f(x)dx$$
$$=3\times32=96$$

보충 설명 주기함수의 그래프는 일정한 모양을 반복하므로 다음 그림에서 볼 수 있듯이 구간의 양 끝에 주기 T만큼 더해 줘도 정적분의 값이 같고, 구간의 시작점과 관계없이 한 주기의 정적분의 값은 항상 같게 됩니다.

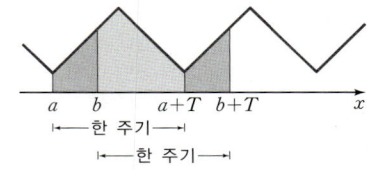

즉, 주기함수 $f(x)$의 주기가 T일 때

(1) 아래끝, 위끝에 주기만큼 더해 줘도 정적분의 값

은 변하지 않습니다.

$$\int_a^b f(x)dx = \int_{a+T}^{b+T} f(x)dx$$

(2) 한 주기의 정적분의 값은 항상 같습니다.

$$\int_a^{a+T} f(x)dx = \int_b^{b+T} f(x)dx$$

정답 96

08-**7**

접근 방법 함수 $f(x)$가 $x=1$에서 연속임을 이용하여 상수 a의 값을 구하고, $x=1$을 경계로 피적분함수가 바뀌므로 주어진 정적분을

$$\int_{-1}^4 f(x)dx = \int_{-1}^1 f(x)dx + \int_1^4 f(x)dx$$

로 변형하여 구합니다.

상세 풀이 함수 $f(x)=\begin{cases} 3x^2-6x+a & (x \leq 1) \\ 2x+4 & (x>1) \end{cases}$

...... ㉠

는 연속함수이므로 $x=1$에서도 연속입니다.
함수 $f(x)$가 $x=1$에서 연속이기 위한 조건은

$$\lim_{x \to 1+} f(x) = \lim_{x \to 1-} f(x)$$

$$\lim_{x \to 1+} (2x+4) = \lim_{x \to 1-} (3x^2-6x+a)$$

$$2+4=3-6+a$$

$$\therefore a=9$$

이를 ㉠에 대입하면

$$f(x)=\begin{cases} 3x^2-6x+9 & (x \leq 1) \\ 2x+4 & (x>1) \end{cases}$$

따라서 함수 $f(x)$는 $x=1$을 기준으로 함수의 식이 다르므로 $x=1$을 기준으로 구간을 나누어 정적분의 값을 계산합니다.

$$\therefore \int_{-1}^4 f(x)dx$$

$$=\int_{-1}^1 f(x)dx + \int_1^4 f(x)dx$$

$$=\int_{-1}^1 (3x^2-6x+9)dx$$

$$\qquad + \int_1^4 (2x+4)dx$$

$$=2\int_0^1 (3x^2+9)dx + \int_1^4 (2x+4)dx$$

$$=2\Big[x^3+9x\Big]_0^1 + \Big[x^2+4x\Big]_1^4$$

$$=2(1+9)+\{(16+16)-(1+4)\}$$

$$=20+27=47$$

$$\therefore b=47$$

$$\therefore a+b=9+47=56$$

보충 설명 $x<a$에서 연속인 함수 $f(x)$와 $x \geq a$에서 연속인 함수 $g(x)$에 대하여 함수

$$y=\begin{cases} f(x) & (x<a) \\ g(x) & (x \geq a) \end{cases}$$

가 모든 실수 x에서 연속이려면 $x=a$에서 연속이어야 합니다. 즉,

$$\lim_{x \to a-} f(x)=g(a)$$

정답 56

08-**8**

접근 방법 함수 $f(x)$가 이차함수이므로 구하는 함수를 $f(x)=ax^2+bx+c\ (a \neq 0)$로 놓습니다.

상세 풀이 이차함수 $f(x)$는 $f(0)=-1$이므로

$$f(x)=ax^2+bx-1\ (a \neq 0)$$

로 놓을 수 있습니다.

(i) $\int_{-1}^1 f(x)dx = \int_0^1 f(x)dx$에서

$$\int_{-1}^0 f(x)dx + \int_0^1 f(x)dx = \int_0^1 f(x)dx$$

$$\therefore \int_{-1}^0 f(x)dx=0$$

즉, $\int_{-1}^0 f(x)dx = \int_{-1}^0 (ax^2+bx-1)dx$

$$=\Big[\frac{a}{3}x^3+\frac{b}{2}x^2-x\Big]_{-1}^0$$

$$=\frac{a}{3}-\frac{b}{2}-1=0 \quad \cdots\cdots ㉠$$

(ii) $\int_{-1}^1 f(x)dx = \int_{-1}^0 f(x)dx$에서

$$\int_{-1}^0 f(x)dx + \int_0^1 f(x)dx$$

$$= \int_{-1}^{0} f(x)dx$$

$$\therefore \int_{0}^{1} f(x)dx=0$$

즉, $\int_{0}^{1} f(x)dx=\int_{0}^{1} (ax^2+bx-1)dx$

$$=\left[\frac{a}{3}x^3+\frac{b}{2}x^2-x \right]_{0}^{1}$$

$$=\frac{a}{3}+\frac{b}{2}-1=0 \quad \cdots\cdots \text{ⓛ}$$

㉠, ㉡을 연립하여 풀면

$a=3, b=0$

따라서 $f(x)=3x^2-1$이므로

$$f(2)=3\times 2^2-1=11$$

보충 설명 이차함수 $y=f(x)$의 그래프가 직선 $x=p$에 대하여 대칭이면

$$\int_{p-a}^{p} f(x)dx=\int_{p}^{p+a} f(x)dx \text{ (단, } a>0)$$

따라서 $\int_{0}^{1} f(x)dx=\int_{-1}^{0} f(x)dx$이므로 이차함수 $f(x)=ax^2+bx-1$에서 $b=0$임을 알 수 있습니다.

정답 11

08-9

접근 방법 $f(x)=x^3$의 그래프를 x축의 방향으로 a만큼, y축의 방향으로 b만큼 평행이동하면 $g(x)=(x-a)^3+b$의 그래프가 됩니다.

상세 풀이 $f(x)=x^3$의 그래프를 x축의 방향으로 a만큼, y축의 방향으로 b만큼 평행이동하면

$$g(x)=(x-a)^3+b$$

이때, $g(0)=-a^3+b=0$에서 $b=a^3$이므로

$$g(x)=(x-a)^3+a^3$$

$$\therefore \int_{a}^{3a} g(x)dx-\int_{0}^{2a} f(x)dx$$

$$=\int_{a}^{3a} \{(x-a)^3+a^3\}dx-\int_{0}^{2a} x^3 dx$$

$$=\left[\frac{1}{4}(x-a)^4+a^3x \right]_{a}^{3a}-\left[\frac{1}{4}x^4 \right]_{0}^{2a}$$

$$=2a^4$$

따라서 $2a^4=32$이므로 $a^4=16$

다른 풀이 $f(x)=x^3$, $g(x)=(x-a)^3+b$에서 그래프의 평행이동에 의하여

$$\int_{p}^{q} g(x)dx=\int_{p-c}^{q-c} g(x+c)dx$$

가 성립함을 이용하면

$$\int_{a}^{3a} g(x)dx=\int_{a}^{3a} \{(x-a)^3+b\}dx$$

$$=\int_{0}^{2a} (x^3+b)dx$$

$$\therefore \int_{0}^{2a} (x^3+b)dx-\int_{0}^{2a} x^3 dx=\int_{0}^{2a} b\,dx$$

$$=2ab=32$$

이때, $b=a^3$이므로 $2ab=2a^4=32$에서 $a^4=16$

보충 설명 $\int_{p}^{q} g(x)dx=\int_{p-c}^{q-c} g(x+c)dx$에서 $g(x)$가 $g(x+c)$로 되려면 x축의 방향으로 $-c$만큼 평행이동해야 하므로 적분 구간도 $-c$만큼 같이 이동하여 q는 $q-c$로, p는 $p-c$로 바뀐 것입니다. 따라서 결과적으로 두 정적분의 값은 서로 같습니다.

정답 16

08-10

접근 방법 절댓값 기호를 포함하고 있는 함수의 정적분은 적분 구간을 나누어 절댓값 기호를 없앱니다. 즉, $0\le x\le 3$과 $3\le x\le 6$에서 함수 $f(x)$의 부호를 조사합니다.

상세 풀이 모든 실수 x에 대하여 $f'(x)>0$이므로 함수 $f(x)$는 증가함수입니다.

또한 $f(3)=0$이므로 $x<3$일 때 $f(x)<0$, $x>3$일 때 $f(x)>0$입니다.

$\int_{0}^{3} |f(x)|dx=2$에서 $-\int_{0}^{3} f(x)dx=2$

$$\therefore \int_{0}^{3} f(x)dx=-2$$

$\int_{3}^{6} |f(x)|dx=15$에서 $\int_{3}^{6} f(x)dx=15$

$$\therefore \int_{0}^{6} f(x)dx=\int_{0}^{3} f(x)dx+\int_{3}^{6} f(x)dx$$

$$=-2+15=13$$

보충 설명 함수 $f(x)$가 어떤 구간에서 미분가능하고 이 구간에서

(1) $f'(x)>0$이면 $f(x)$는 이 구간에서 증가합니다.

(2) $f'(x)<0$이면 $f(x)$는 이 구간에서 감소합니다.

정답 13

실력 다지기   p.274~275

08-11 ④ **12** 8 **13** 84 **14** 4 **15** $\dfrac{5}{6}$

　16 $-A+2B$ **17** 45 **18** 1 **19** 5

　20 17

08-**11**

접근 방법 조건 (나)에서 $\dfrac{f(x)}{x}$, $\dfrac{f(y)}{y}$가 원점을 지나는 직선의 기울기임을 이용하여 구간 $(0,\,1)$에서 $y=f(x)$가 위로 볼록한 함수임을 알아내어 그래프를 그려서 생각합니다.

상세 풀이 조건 (나)에서 $0<x<y<1$인 모든 x, y에 대하여 $0<xf(y)<yf(x)$이므로 각 변을 xy로 나누면

$$0<\frac{f(y)}{y}<\frac{f(x)}{x}$$

$\dfrac{f(y)}{y}=\dfrac{f(y)-f(0)}{y-0}$은 원점과 점 $(y,\,f(y))$를 지나는 직선의 기울기, $\dfrac{f(x)}{x}=\dfrac{f(x)-f(0)}{x-0}$은 원점과 점 $(x,\,f(x))$를 지나는 직선의 기울기를 의미하므로 함수 $y=f(x)$는 구간 $(0,\,1)$에서 위로 볼록한 함수입니다.

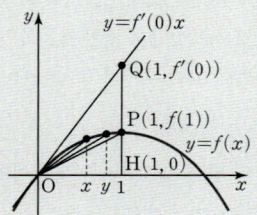

(ⅰ) 위의 그림에서

$$\triangle \mathrm{OPH}<\int_0^1 f(x)dx$$

$$\frac{1}{2}\times 1\times f(1)<\int_0^1 f(x)dx$$

$$f(1)<2\int_0^1 f(x)dx$$

$$\therefore B<C \qquad\qquad \cdots\cdots\ \unicode{x27E0}$$

(ⅱ) 직선 OQ를 점 O에서의 접선이라고 하면 접

선의 기울기가 $f'(0)$이고 접선의 방정식이 $y=f'(0)x$이므로 점 Q의 좌표는

$$(1, f'(0))$$

$$\int_0^1 f(x)dx < \triangle OQH$$

$$\int_0^1 f(x)dx < \frac{1}{2} \times 1 \times f'(0)$$

$$2\int_0^1 f(x)dx < f'(0)$$

$$\therefore C < A \qquad \cdots\cdots \text{㉡}$$

㉠, ㉡에서 $B < C < A$

[다른 풀이] 원점을 지나는 위로 볼록한 함수 $f(x)$를 $f(x)=-x^2+2x$라고 하면 $f'(x)=-2x+2$ 이므로

$$A=f'(0)=2$$

$$B=f(1)=-1+2=1$$

$$C=2\int_0^1 (-x^2+2x)dx$$

$$=2\left[-\frac{1}{3}x^3+x^2\right]_0^1 = \frac{4}{3}$$

$$\therefore B < C < A$$

정답 ④

08-12

[접근 방법] 함수 $y=f(x)$의 그래프를 이용하여 $f'(x)=0$을 만족시키는 x의 값을 구한 후, 그 x의 값을 경계로 적분 구간을 나누어 정적분의 값을 계산합니다.

[상세 풀이] 주어진 그래프에서 삼차함수 $y=f(x)$가 $x=1$, $x=3$에서 극값을 가지므로 $f'(1)=f'(3)=0$입니다. 이때, 함수 $f(x)$의 최고차항의 계수가 양수이므로

$0 \le x \le 1$일 때 $f'(x) \ge 0$

$1 \le x \le 3$일 때 $f'(x) \le 0$

여기서 $f(0)=-3$, $f(1)=1$, $f(3)=-3$이므로

$$\int_0^3 |f'(x)|dx$$

$$=\int_0^1 f'(x)dx - \int_1^3 f'(x)dx$$

$$=\left[f(x)\right]_0^1 - \left[f(x)\right]_1^3$$

$$=f(1)-f(0)-f(3)+f(1)$$

$$=1-(-3)-(-3)+1=8$$

[보충 설명] 다항함수를 미분 또는 적분하더라도 최고차항의 계수의 부호는 변하지 않습니다. 따라서 주어진 그래프에서 $f(x)$의 최고차항의 계수가 양수이므로 $f'(x)$의 최고차항의 계수 또한 양수임을 알 수 있습니다. 따라서 $f'(x) \ge 0$ 또는 $f'(x) \le 0$을 만족시키는 x의 값의 범위를 구할 수 있습니다.

정답 8

08-13

[접근 방법] 주어진 조건에서 $f(x)$가 우함수이고 주기함수라는 사실을 알아내어 정적분의 값을 계산합니다.

[상세 풀이] $f(x)=f(-x)$에서 함수 $f(x)$는 우함수이고, $f(x)=f(2-x)=f(x-2)$이므로 함수 $f(x)$는 주기함수입니다. 즉,

$$\int_1^2 f(x)dx = \int_{-1}^0 f(x)dx = \int_0^1 f(x)dx = 2$$

에서 $\int_0^2 f(x)dx = 2\int_0^1 f(x)dx = 4$이므로

$$\int_0^6 f(x)dx$$

$$=\int_0^2 f(x)dx + \int_2^4 f(x)dx + \int_4^6 f(x)dx$$

$$=3\int_0^2 f(x)dx = 3 \times 4 = 12$$

$$\therefore \int_0^6 \{x^2+f(x)\}dx$$

$$=\int_0^6 x^2 dx + \int_0^6 f(x)dx$$

$$=\left[\frac{1}{3}x^3\right]_0^6 + 12$$

$$=72+12=84$$

[보충 설명] 함수의 대칭성

모든 실수 x에 대하여

(1) $f(a+x)=f(a-x)$ (단, a는 최소의 양수)

$\iff f(x)=f(2a-x)$

$\iff$ 함수 $y=f(x)$의 그래프는 직선 $x=a$에 대하여 대칭이다.

(2) $f(a+x)+f(a-x)=2b$

(단, a는 최소의 양수, b는 실수)

$\iff f(x)+f(2a-x)=2b$

$\iff$ 함수 $y=f(x)$의 그래프는 점 (a, b)에 대하여 대칭이다.

정답 84

08-14

접근 방법 주어진 함수를 전개하여 정적분의 값을 계산하면 k에 대한 식으로 나타낼 수 있습니다. 이 식이 최솟값을 가질 조건을 알아봅니다.

상세 풀이 $\displaystyle\int_0^2 (x-k)^2 f(x)dx$

$\displaystyle=\int_0^2 (x^2-2kx+k^2)f(x)dx$

$\displaystyle=\int_0^2 x^2 f(x)dx-2k\int_0^2 xf(x)dx+k^2\int_0^2 f(x)dx$

$\displaystyle=k^2-8k+\int_0^2 x^2 f(x)dx$

$\displaystyle=(k-4)^2+\int_0^2 x^2 f(x)dx-16$

이때, $\displaystyle\int_0^2 x^2 f(x)dx$의 값은 상수이므로 주어진 정적분의 값은 $k=4$일 때 최소가 됩니다.

보충 설명 이차식의 꼴에서 최솟값 또는 최댓값을 구하거나 최솟값 또는 최댓값을 가지는 경우를 찾을 때에는 이차식을 완전제곱식으로 고치는 것이 가장 좋습니다.

정답 4

08-15

접근 방법 $f(x)$가 일차함수이므로 $f(x)=ax+b\,(a\neq0)$로 놓고 주어진 등식의 좌변과 우변을 각각 계산한 후 (좌변)=(우변)임을 이용하여 p, q의 값을 구합니다.

상세 풀이 $f(x)=ax+b\,(a\neq0)$로 놓으면

$\displaystyle\int_0^1 x^2 f(x)dx=\int_0^1 (ax^3+bx^2)dx$

$\displaystyle=\left[\frac{a}{4}x^4+\frac{b}{3}x^3\right]_0^1$

$\displaystyle=\frac{a}{4}+\frac{b}{3}$ ...... ㉠

$\displaystyle p\int_0^1 f(x)dx+q\int_0^1 xf(x)dx$

$\displaystyle=p\int_0^1 (ax+b)dx+q\int_0^1 (ax^2+bx)dx$

$\displaystyle=p\left[\frac{a}{2}x^2+bx\right]_0^1+q\left[\frac{a}{3}x^3+\frac{b}{2}x^2\right]_0^1$

$\displaystyle=p\left(\frac{a}{2}+b\right)+q\left(\frac{a}{3}+\frac{b}{2}\right)$

$\displaystyle=\left(\frac{p}{2}+\frac{q}{3}\right)a+\left(p+\frac{q}{2}\right)b$ ...... ㉡

따라서 ㉠, ㉡에서

$\dfrac{1}{4}=\dfrac{p}{2}+\dfrac{q}{3},\ \dfrac{1}{3}=p+\dfrac{q}{2}$

위의 두 식을 연립하여 풀면 $p=-\dfrac{1}{6}$, $q=1$이므로

$p+q=-\dfrac{1}{6}+1=\dfrac{5}{6}$

보충 설명 함수 $f(x)$가 n차함수로 주어졌을 때, $f(x)$를 구할 수 있는 다른 방법이 떠오르지 않으면 $f(x)=a_n x^n+a_{n-1}x^{n-1}+a_{n-2}x^{n-2}+\cdots+a_0\,(a_n\neq0)$으로 놓고 주어진 식에 대입하는 것도 좋은 방법입니다.

정답 $\dfrac{5}{6}$

08-16

접근 방법 $|f(x)|$가 주어져 있으므로 $f(x)$의 값이 양수 또는 음수가 되는 x의 값의 범위를 나누어 정적분의 값을 구합니다.

상세 풀이 $f(x)=-x(x+a)(x-a)\,(a>0)$이므로 $y=f(x)$의 그래프는 다음 그림과 같습니다.

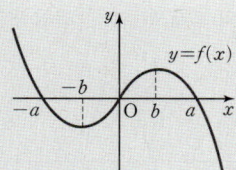

$-b \le x \le 0$일 때 $f(x) \le 0$,

$0 \le x \le a$일 때 $f(x) \ge 0$이므로

$$\int_{-b}^{a} |f(x)|\,dx$$

$$= \int_{-b}^{0} \{-f(x)\}\,dx + \int_{0}^{a} f(x)\,dx$$

여기서 $\int_{-b}^{a} f(x)\,dx = A$,

$\int_{b}^{a+b} f(x-b)\,dx = \int_{0}^{a} f(x)\,dx = B$이므로

$$\int_{-b}^{0} f(x)\,dx = \int_{-b}^{a} f(x)\,dx - \int_{0}^{a} f(x)\,dx$$

$$= A - B$$

$$\therefore \text{(주어진 식)} = -(A-B) + B$$

$$= -A + 2B$$

보충 설명 함수 $y=f(x-b)$의 그래프는 $y=f(x)$의 그래프를 x축의 방향으로 b만큼 평행이동한 것이므로 다음 그림에서 $\int_{b}^{a+b} f(x-b)\,dx = \int_{0}^{a} f(x)\,dx$임을 알 수 있습니다.

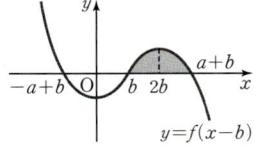

정답 $-A+2B$

08-17

접근 방법 주어진 조건을 이용하여 구간에 따른 $f(x)$의 부호를 알아보고 이로부터 $y=f(x)$의 그래프의 x절편이 0, 2임을 찾아 그래프의 개형을 그려 봅니다.

상세 풀이 조건 (개)에서

$$\int_{0}^{2} |f(x)|\,dx = \int_{0}^{2} \{-f(x)\}\,dx = 4$$이므로

구간 $[0,\ 2]$에서 $f(x) \le 0$

또한 조건 (내)에서

$$\int_{2}^{3} |f(x)|\,dx = \int_{2}^{3} f(x)\,dx$$

이므로 구간 $[2,\ 3]$에서

$$f(x) \ge 0,\ f(0) = 0,\ f(2) = 0$$

따라서 이차함수 $y=f(x)$의 그래프의 개형은 다음 그림과 같습니다.

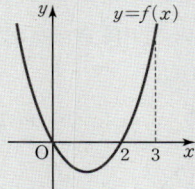

즉, 양수 a에 대하여

$f(x) = ax(x-2) = ax^2 - 2ax$라고 하면

조건 (개)에서

$$\int_{0}^{2} f(x)\,dx = \int_{0}^{2} (ax^2 - 2ax)\,dx$$

$$= \left[\frac{a}{3}x^3 - ax^2 \right]_{0}^{2} = \frac{8}{3}a - 4a$$

$$= -\frac{4}{3}a = -4$$

$$\therefore a = 3$$

따라서 $f(x) = 3x^2 - 6x$이므로

$$f(5) = 3 \times 5^2 - 6 \times 5 = 75 - 30 = 45$$

정답 45

08-18

접근 방법 $0 < k < 2$이므로 피적분함수 $y = |x-k|$를 $0 \le x \le k$, $k \le x \le 2$로 나누어 계산합니다.

상세 풀이 $|x-k| = \begin{cases} -x+k & (0 \le x \le k) \\ x-k & (k \le x \le 2) \end{cases}$

이므로

$$f(k) = \int_{0}^{2} |x-k|\,dx$$

$$= \int_{0}^{k} |x-k|\,dx + \int_{k}^{2} |x-k|\,dx$$

$$=\int_0^k (-x+k)dx+\int_k^2 (x-k)dx$$

$$=\left[-\frac{1}{2}x^2+kx\right]_0^k+\left[\frac{1}{2}x^2-kx\right]_k^2$$

$$=\left(-\frac{1}{2}k^2+k^2\right)+\left(2-2k-\frac{1}{2}k^2+k^2\right)$$

$$=k^2-2k+2$$

$$=(k-1)^2+1\geq 1$$

따라서 구하는 최솟값은 $k=1$일 때 1입니다.

보충 설명 정적분과 넓이의 관계를 이용하면 다음 그림에서 함수 $f(k)$는

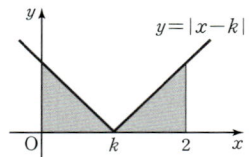

$$f(k)=\frac{1}{2}k^2+\frac{1}{2}(2-k)^2=k^2-2k+2$$

임을 알 수 있습니다.

정답 1

08-**19**

접근 방법 도함수 $y=f'(x)$의 그래프를 이용하여 함수 $f(x)$의 극값을 구하고 $y=f(x)$의 그래프를 그립니다. 이때, 방정식 $f(x)-g(x)=0$의 실근의 개수는 두 함수 $y=f(x)$, $y=g(x)$의 그래프의 교점의 개수와 같음을 이용합니다.

상세 풀이 $\int_{-3}^2 f'(x)dx>0$에서

$$f(2)-f(-3)>0$$

$$\therefore f(2)>f(-3)$$

한편, $f'(x)=0$에서

$$x=-3 \text{ 또는 } x=-1 \text{ 또는 } x=2$$

x	$\cdots$	-3	$\cdots$	-1	$\cdots$	2	$\cdots$
$f'(x)$		$+$	0	$-$	0	$+$	0	$-$
$f(x)$	$\nearrow$	4	$\searrow$	1	$\nearrow$		$\searrow$

즉, $y=f(x)$의 그래프는 다음 그림과 같습니다.

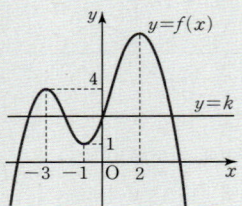

이때, 방정식 $f(x)-k=0$이 서로 다른 네 실근을 가지려면 함수 $y=f(x)$의 그래프와 직선 $y=k$가 서로 다른 네 점에서 만나야 하므로

$$1<k<4$$

따라서 모든 정수 k의 값의 합은

$$2+3=5$$

정답 5

08-**20**

접근 방법 함수 $y=|f(x)|$의 그래프를 그리고 t의 값에 따른 $|f(x)|$의 최댓값 $g(t)$를 구하여 정적분의 값 $\dfrac{q}{p}$를 구합니다.

상세 풀이 $f(x)=x^3-3x-1$에서

$$f'(x)=3x^2-3=3(x+1)(x-1)$$

이므로 $f'(x)=0$을 만족시키는 x의 값은 $x=\pm 1$입니다.

이때, $f(1)=-3$, $f(-1)=1$이므로 함수 $y=|f(x)|$의 그래프를 그리면 다음 그림과 같습니다.

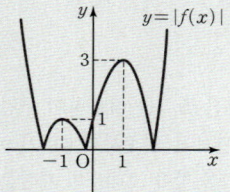

$-1\leq x\leq t$일 때 $|f(x)|$의 최댓값이 $g(t)$이므로

$$g(t)=\begin{cases} 1 & (-1\leq t\leq 0) \\ -t^3+3t+1 & (0\leq t\leq 1) \end{cases}$$

$$\therefore \int_{-1}^{1} g(t)\,dt$$

$$= \int_{-1}^{0} 1\,dt + \int_{0}^{1} (-t^3 + 3t + 1)\,dt$$

$$= \Big[\, t \,\Big]_{-1}^{0} + \Big[\, -\frac{1}{4}t^4 + \frac{3}{2}t^2 + t \,\Big]_{0}^{1}$$

$$= 1 + \frac{9}{4}$$

$$= \frac{13}{4}$$

따라서 $p=4$, $q=13$이므로

$$p+q = 4+13 = 17$$

보충 설명 문제의 조건에서 $t \geq -1$이므로
$-1 \leq t \leq 0$일 때 $g(t) = 1$임을 알 수 있습니다.

정답 17

예제 01 적분 구간이 상수인 정적분을 포함한 함수   p.291

01-**1**

$\int_0^1 f(t)dt = k\,(k는\ 상수)$라고 하면 $f(x)=kx+1$

이므로 정적분 $\int_0^1 f(x)dx$의 값을 구하면

$$\int_0^1 f(x)dx = \int_0^1 (kx+1)dx$$
$$= \left[\frac{k}{2}x^2+x\right]_0^1 = k$$

$\dfrac{k}{2}+1=k \qquad \therefore k=2$

따라서 $f(x)=2x+1$이므로 $f(2)=5$

정답   5

01-**2**

$\int_0^1 (2x-1)f(t)dt$의 적분변수가 t이므로

$$f(x)=3x^2+\int_0^1 (2x-1)f(t)dt$$
$$=3x^2+(2x-1)\int_0^1 f(t)dt$$

이때, $\int_0^1 f(t)dt=k\,(k는\ 상수)$라고 하면

$$f(x)=3x^2+k(2x-1)$$
$$=3x^2+2kx-k$$

이므로 정적분 $\int_0^1 f(x)dx$의 값을 구하면

$$\int_0^1 f(x)dx = \int_0^1 (3x^2+2kx-k)dx$$
$$= \left[x^3+kx^2-kx\right]_0^1 = k$$

$1+k-k=k \qquad \therefore k=1$

따라서 $f(x)=3x^2+2x-1$이므로

$$\int_{-1}^1 f(x)dx = \int_{-1}^1 (3x^2+2x-1)dx$$
$$= \int_{-1}^1 (3x^2-1)dx$$
$$= 2\int_0^1 (3x^2-1)dx$$
$$= 2\left[x^3-x\right]_0^1 = 0$$

정답   0

01-**3**

$f(x)=1+\int_0^1 (x+t)f(t)dt$에서

$$\int_0^1 (x+t)f(t)dt$$
$$= \int_0^1 \{xf(t)+tf(t)\}dt$$
$$= \int_0^1 xf(t)dt+\int_0^1 tf(t)dt$$
$$= x\int_0^1 f(t)dt+\int_0^1 tf(t)dt$$

이때,

$$\int_0^1 f(t)dt=a,\ \int_0^1 tf(t)dt=b \qquad \cdots\cdots\ \bigcirc$$

로 놓으면 $f(x)=ax+b+1$이므로 이를 ㉠의 두 식에 각각 대입하면

$$\int_0^1 (at+b+1)dt = \left[\frac{a}{2}t^2+(b+1)t\right]_0^1 = a$$

$\dfrac{a}{2}+b+1=a$

$\therefore a-2b=2 \qquad\qquad \cdots\cdots\ \bigcirc$

$$\int_0^1 t(at+b+1)dt = \int_0^1 \{at^2+(b+1)t\}dt$$
$$= \left[\frac{a}{3}t^3+\frac{b+1}{2}t^2\right]_0^1 = b$$

$\dfrac{a}{3}+\dfrac{b+1}{2}=b$

$\therefore 2a-3b=-3 \qquad\qquad \cdots\cdots\ \bigcirc$

㉡, ㉢을 연립하여 풀면 $a=-12,\ b=-7$

따라서 $f(x)=-12x-6$이므로

$$f(-1)=-12\times(-1)-6=6$$

정답   6

예제 02 정적분으로 정의된 함수의 극한   p.293

02-**1**

(1) $f(x)=x^3+2x^2+3x+4$라 하고, $f(x)$의 한 부정적분을 $F(x)$라고 하면

$$\int_{1-h}^{1+h} f(x)dx = F(1+h)-F(1-h)$$

$\therefore$ (주어진 식)

$$= \lim_{h \to 0} \frac{F(1+h)-F(1-h)}{h}$$

$$= \lim_{h \to 0} \frac{\{F(1+h)-F(1)\}-\{F(1-h)-F(1)\}}{h}$$

$$= \lim_{h \to 0} \frac{F(1+h)-F(1)}{h}$$

$$\qquad + \lim_{h \to 0} \frac{F(1-h)-F(1)}{-h}$$

$$= F'(1)+F'(1)=2F'(1)$$

$$= 2f(1)=2(1^3+2\times 1^2+3\times 1+4)$$

$$= 20$$

(2) $f(t)=t^2+3t+16$이라 하고, $f(t)$의 한 부정적분을 $F(t)$라고 하면

$$\int_1^x f(t)dt=F(x)-F(1)$$

∴ (주어진 식)

$$= \lim_{x \to 1} \frac{F(x)-F(1)}{x^2-1}$$

$$= \lim_{x \to 1} \left\{ \frac{F(x)-F(1)}{x-1} \times \frac{1}{x+1} \right\}$$

$$= \frac{1}{2}F'(1)=\frac{1}{2}f(1)$$

$$= \frac{1}{2}(1^2+3\times 1+16)$$

$$= 10$$

정답 (1) 20 (2) 10

02-2

$f(t)=|t-4|$라 하고, $f(t)$의 한 부정적분을 $F(t)$라고 하면

$$\int_1^x f(t)dt=F(x)-F(1)$$

∴ (주어진 식)

$$= \lim_{x \to 1} \frac{F(x)-F(1)}{x^2-1}$$

$$= \lim_{x \to 1} \left\{ \frac{F(x)-F(1)}{x-1} \times \frac{1}{x+1} \right\}$$

$$= \frac{1}{2}F'(1)=\frac{1}{2}f(1)$$

$$= \frac{1}{2}\times|1-4|=\frac{3}{2}$$

정답 ③

02-3

$f(x)$의 한 부정적분을 $F(x)$라고 하면

$$\int_1^{x^2} f(t)dt=F(x^2)-F(1)$$

$$\therefore \lim_{x \to 1} \frac{1}{x-1}\int_1^{x^2} f(t)dt$$

$$= \lim_{x \to 1} \frac{F(x^2)-F(1)}{x-1}$$

$$= \lim_{x \to 1} \left\{ \frac{F(x^2)-F(1)}{x^2-1} \times (x+1) \right\}$$

$$= 2F'(1)=2f(1)$$

$$= 2\times 3=6$$

정답 6

예제 03 정적분으로 정의된 함수의 미분(1) p.295

03-1

(1) $g(t)=5t^5+3t^3$이라 하고, $g(t)$의 한 부정적분을 $G(t)$라고 하면

$$\int_x^1 g(t)dt=G(1)-G(x)$$

$$\therefore f(x)=\frac{d}{dx}\{G(1)-G(x)\}$$

$$= -G'(x)=-g(x)$$

$$= -5x^5-3x^3$$

따라서 $f(x)=-5x^5-3x^3$이므로

$$f(-1)=-5\times(-1)^5-3\times(-1)^3=8$$

(2) $\int_a^x f(t)dt=x^3+x-2$ ······ ㉠

㉠의 양변을 x에 대하여 미분하면

$$f(x)=3x^2+1$$

㉠의 양변에 $x=a$를 대입하면

$$\int_a^a f(t)dt=0$$이므로

$$a^3+a-2=0,\ (a-1)(a^2+a+2)=0$$

이때, $a^2+a+2>0$이므로 $a=1$

$$\therefore f(a)=f(1)=3\times1^2+1=4$$

정답 (1) 8 (2) 4

03-**2**

$$\int_1^x(t-1)f(t)dt=x^3-x^2-x+a \qquad \cdots\cdots \text{㉠}$$

㉠의 양변을 x에 대하여 미분하면

$$(x-1)f(x)=3x^2-2x-1$$
$$=(x-1)(3x+1)$$
$$\therefore f(x)=3x+1$$

이때, ㉠의 양변에 $x=1$을 대입하면

$\int_1^1(t-1)f(t)dt=0$이므로

$$1^3-1^2-1+a=0 \quad \therefore a=1$$
$$\therefore f(a)=f(1)=3\times1+1=4$$

정답 4

03-**3**

$$\int_0^x(t+1)f'(t)dt=2x^3-x^2+f(x) \qquad \cdots\cdots \text{㉠}$$

㉠의 양변을 x에 대하여 미분하면

$$(x+1)f'(x)=6x^2-2x+f'(x)$$
$$xf'(x)=6x^2-2x$$
$$\therefore f'(x)=6x-2$$
$$\therefore f(x)=\int(6x-2)dx$$
$$=3x^2-2x+C \ (단, C는 적분상수)$$
$\cdots\cdots$ ㉡

이때, ㉠의 양변에 $x=0$을 대입하면

$\int_0^0(t+1)f'(t)dt=0$이므로

$$f(0)=0$$

㉡에서 $f(0)=C$이므로 $C=0$

$$\therefore f(x)=3x^2-2x$$

정답 $f(x)=3x^2-2x$

예제 04 정적분으로 정의된 함수의 미분 (2)   p.297

04-**1**

주어진 식의 좌변을 정리하면

$$\int_1^x(x-t)f(t)dt$$
$$=x\int_1^xf(t)dt-\int_1^xtf(t)dt$$

이므로

$$x\int_1^xf(t)dt-\int_1^xtf(t)dt=x^3+ax^2-b$$

위의 식의 양변에 $x=1$을 대입하면

$$0=1+a-b \quad \therefore a-b=-1 \qquad \cdots\cdots \text{㉠}$$

또한 주어진 식의 양변을 x에 대하여 미분하면

$$\int_1^xf(t)dt+xf(x)-xf(x)=3x^2+2ax$$
$$\therefore \int_1^xf(t)dt=3x^2+2ax$$

위의 식의 양변에 $x=1$을 대입하면

$$0=3+2a \quad \therefore a=-\frac{3}{2}, b=-\frac{1}{2} \ (\because \text{㉠})$$

따라서 $\int_1^xf(t)dt=3x^2-3x$이므로 양변을 x에 대하여 미분하면

$$f(x)=6x-3$$

정답 $a=-\dfrac{3}{2}, b=-\dfrac{1}{2}, f(x)=6x-3$

04-**2**

(1) 주어진 식의 좌변을 정리하면

$$\int_0^x(x-t)f(t)dt$$
$$=x\int_0^xf(t)dt-\int_0^xtf(t)dt$$

이므로

$$x\int_0^xf(t)dt-\int_0^xtf(t)dt=\frac{3}{4}x^4-2x^2$$

위의 식의 양변을 x에 대하여 미분하면

$$\int_0^xf(t)dt+xf(x)-xf(x)=3x^3-4x$$
$$\therefore \int_0^xf(t)dt=3x^3-4x$$

위의 식의 양변을 x에 대하여 미분하면
$$f(x)=9x^2-4$$
따라서 $f(x)$는 $x=0$일 때 최솟값 -4를 가집니다.

(2) 주어진 식의 좌변을 정리하면
$$\int_0^x (x-t)f'(t)dt$$
$$=x\int_0^x f'(t)dt-\int_0^x tf'(t)dt$$
이므로
$$x\int_0^x f'(t)dt-\int_0^x tf'(t)dt=\frac{2}{3}x^3$$
위의 식의 양변을 x에 대하여 미분하면
$$\int_0^x f'(t)dt+xf'(x)-xf'(x)=2x^2$$
$$\therefore \int_0^x f'(t)dt=2x^2$$
$f'(t)$의 한 부정적분은 $f(t)$이므로
$$\int_0^x f'(t)dt=\Big[f(t)\Big]_0^x$$
$$=f(x)-f(0)=2x^2$$
$$\therefore f(x)=2x^2+f(0)$$
이때, $f(0)=4$이므로
$$f(x)=2x^2+4$$

정답 (1) -4 (2) $f(x)=2x^2+4$

04-3

$g(x)=\int_0^x (x-t)f(t)dt$에서
$$\int_0^x (x-t)f(t)dt$$
$$=x\int_0^x f(t)dt-\int_0^x tf(t)dt$$
이므로
$$g(x)=x\int_0^x f(t)dt-\int_0^x tf(t)dt$$
위의 식의 양변을 x에 대하여 미분하면
$$g'(x)=\int_0^x f(t)dt \qquad \cdots\cdots\ \bigcirc$$
ㄱ. $\bigcirc$의 양변에 $x=0$을 대입하면
$$g'(0)=\int_0^0 f(t)dt=0 \text{ (참)}$$

ㄴ. $g'(-x)=\int_0^{-x} f(t)dt$
$$=-\int_{-x}^0 f(t)dt$$
이때, $f(-x)=f(x)$이므로
$$-\int_{-x}^0 f(t)dt=-\int_0^x f(t)dt$$
$$\therefore g'(-x)=-g'(x)$$
그러므로 $g'(x)$는 기함수입니다. (거짓)

ㄷ. ㄱ에서 $g'(0)=0$이고 $f(x)>0$이면
  (i) $x>0$일 때, $g'(x)=\int_0^x f(t)dt>0$
  (ii) $x<0$일 때
$$g'(x)=\int_0^x f(t)dt=-\int_x^0 f(t)dt<0$$
(i), (ii)에서 미분가능한 함수 $g(x)$에 대하여 $g'(0)=0$이고, $x=0$의 좌우에서 $g'(x)$의 부호가 음에서 양으로 바뀌므로 $g(x)$는 $x=0$일 때 극솟값을 가집니다. (참)

따라서 옳은 것은 ㄱ, ㄷ입니다.

보충 설명 $a<b$일 때, $\int_a^b f(t)dt>0$이면
$$\int_b^a f(t)dt=-\int_a^b f(t)dt<0$$
임에 주의하여야 합니다.

정답 ㄱ, ㄷ

예제 05 정적분으로 정의된 함수의 극대, 극소   p.299

05-1

주어진 식의 양변을 x에 대하여 미분하면
$$f'(x)=\frac{d}{dx}\int_x^{x+1}\Big(t^3-3t^2-4t+\frac{1}{4}\Big)dt$$
$$=\Big\{(x+1)^3-3(x+1)^2-4(x+1)+\frac{1}{4}\Big\}$$
$$-\Big(x^3-3x^2-4x+\frac{1}{4}\Big)$$
$$=3x^2-3x-6$$
$$=3(x+1)(x-2)$$

$f'(x)=0$에서 $x=-1$ 또는 $x=2$
이므로 $f(x)$의 증가와 감소를 표로 나타내면 다음과 같습니다.

x	$\cdots$	-1	$\cdots$	2	$\cdots$
$f'(x)$	$+$	0	$-$	0	$+$
$f(x)$	↗	극대	↘	극소	↗

따라서 $f(x)$는 $x=-1$일 때 극댓값 $f(-1)$,
$x=2$일 때 극솟값 $f(2)$를 가지므로
구하는 극댓값은

$$f(-1)=\int_{-1}^{0}\left(t^3-3t^2-4t+\frac{1}{4}\right)dt$$
$$=\left[\frac{1}{4}t^4-t^3-2t^2+\frac{1}{4}t\right]_{-1}^{0}$$
$$=-\left(\frac{1}{4}+1-2-\frac{1}{4}\right)=1$$

이고, 극솟값은

$$f(2)=\int_{2}^{3}\left(t^3-3t^2-4t+\frac{1}{4}\right)dt$$
$$=\left[\frac{1}{4}t^4-t^3-2t^2+\frac{1}{4}t\right]_{2}^{3}$$
$$=\left(\frac{81}{4}-27-18+\frac{3}{4}\right)-\left(4-8-8+\frac{1}{2}\right)$$
$$=-\frac{25}{2}$$

정답 극댓값 : 1, 극솟값 : $-\dfrac{25}{2}$

05-2

주어진 그림에서
$$f(x)=a(x-1)(x-4)$$
$$=a(x^2-5x+4)\ (단,\ a>0)$$
한편, $g(x)=\displaystyle\int_{x}^{x+1}f(t)dt$의 양변을 x에 대하여 미분하면

$$g'(x)=\frac{d}{dx}\int_{x}^{x+1}f(t)dt$$
$$=f(x+1)-f(x)$$
$$=a\{(x+1)^2-5(x+1)+4\}$$
$$\qquad\qquad -a(x^2-5x+4)$$
$$=2ax-4a$$

$$=2a(x-2)$$
$g'(x)=0$에서 $x=2$
이므로 $g(x)$의 증가와 감소를 표로 나타내면 다음과 같습니다.

x	$\cdots$	2	$\cdots$
$g'(x)$	$-$	0	$+$
$g(x)$	↘	극소	↗

따라서 $g(x)$는 $x=2$일 때 극솟값이면서 최솟값인 $g(2)$를 가집니다.

정답 ③

05-3

주어진 식의 양변을 x에 대하여 미분하면
$$f(x)=4x^3-6x^2+2x+f(x)+xf'(x)$$
이므로 $xf'(x)=-4x^3+6x^2-2x$
$$\therefore\ f'(x)=-4x^2+6x-2$$
$$=-2(2x-1)(x-1)$$

$f'(x)=0$에서 $x=\dfrac{1}{2}$ 또는 $x=1$

이므로 $f(x)$의 증가와 감소를 표로 나타내면 다음과 같습니다.

x	$\cdots$	$\dfrac{1}{2}$	$\cdots$	1	$\cdots$
$f'(x)$	$-$	0	$+$	0	$-$
$f(x)$	↘	극소	↗	극대	↘

따라서 $f(x)$는 $x=\dfrac{1}{2}$일 때 극솟값 $f\left(\dfrac{1}{2}\right)$, $x=1$일
때 극댓값 $f(1)$을 가집니다.
이때, $f(x)$는

$$f(x)=\int f'(x)dx$$
$$=\int (-4x^2+6x-2)dx$$
$$=-\frac{4}{3}x^3+3x^2-2x+C$$

(단, C는 적분상수)

이므로 구하는 극댓값은
$$f(1)=-\frac{4}{3}+3-2+C=-\frac{1}{3}+C$$

이고, 극솟값은

$$f\left(\frac{1}{2}\right)=-\frac{1}{6}+\frac{3}{4}-1+C=-\frac{5}{12}+C$$

$$\therefore M-m=\left(-\frac{1}{3}+C\right)-\left(-\frac{5}{12}+C\right)=\frac{1}{12}$$

정답 $\dfrac{1}{12}$

예제 06 정적분으로 정의된 함수의 그래프   p.301

06-1

$$F(x)=\int_0^x f(t)\,dt \qquad \cdots\cdots \ \text{㉠}$$

(i) ㉠의 양변을 x에 대하여 미분하면

$$F'(x)=f(x)$$

즉, $F(x)$는 $F'(x)=f(x)=0$인 x의 값에서 극값을 가집니다.

이때, 주어진 그래프에서 $f(x)=0$인 x의 값을 차례대로 $\alpha,\ \beta,\ \gamma\,(\alpha<\beta<0<\gamma)$라 하고 함수 $y=f(x)$의 그래프를 이용하여 $F(x)$의 증가와 감소를 표로 나타내면 다음과 같습니다.

x	$\cdots$	α	$\cdots$	β	$\cdots$	γ	$\cdots$
$f(x)$	$-$	0	$+$	0	$-$	0	$+$
$F(x)$	$\searrow$	극소	$\nearrow$	극대	$\searrow$	극소	$\nearrow$

(ii) ㉠의 양변에 $x=0$을 대입하면

$$F(0)=\int_0^0 f(t)\,dt=0$$

이므로 $y=F(x)$의 그래프는 원점을 지납니다.

(i), (ii)에 의하여 함수 $y=F(x)$의 그래프의 개형으로 알맞은 것은 ⑤입니다.

보충 설명 주어진 함수 $y=f(x)$의 그래프에서 $x<0$일 때 $f(x)=0$인 x의 값이 2개이고, $x>0$일 때 $f(x)=0$인 x의 값이 1개인 것을 이용하여 함수 $y=F(x)$의 그래프의 개형을 찾아도 되지만, 위의 풀이와 같이 $F(x)$의 증가와 감소를 표로 나타내어 극대, 극소가 될 때를 찾는 것이 좀 더 정확하게 그래프의 개형을 찾을 수 있습니다.

정답 ⑤

06-2

함수 $y=f(x)$의 그래프를 각각 a, b, c일 때로 나누어 조건을 만족하는 경우를 찾습니다.

$a.$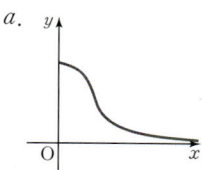
$b.$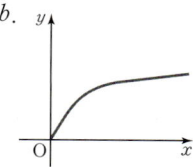

$c.$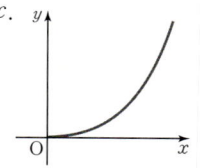

(i) 함수 $y=f(x)$의 그래프가 a일 때

$f(x)$의 도함수 $f'(x)$, 즉 접선의 기울기는 음의 값을 가지면서 0에 가까워지므로 b, c 중 $y=f'(x)$의 그래프가 될 수 있는 것은 없습니다. ($\because b$, c가 양의 값이다.)

(ii) 함수 $y=f(x)$의 그래프가 b일 때

$f(x)$의 도함수 $f'(x)$, 즉 접선의 기울기는 양의 값을 가지면서 0에 가까워지므로 $y=f'(x)$의 그래프가 될 수 있는 것은 a입니다.

한편, $\displaystyle\int_0^x f(t)\,dt$는 함수 $y=f(t)$의 그래프와 t축 및 두 직선 $t=0$, $t=x$로 둘러싸인 부분의 넓이입니다.

즉, 넓이가 점점 증가하면 $\displaystyle\int_0^x f(t)\,dt$의 값도 점점 증가하므로 $y=\displaystyle\int_0^x f(t)\,dt$의 그래프가 될 수 있는 것은 c입니다.

(iii) 함수 $y=f(x)$의 그래프가 c일 때

$f(x)$의 도함수 $f'(x)$, 즉 접선의 기울기는 양의 값을 가지면서 점점 증가하다가 일정해지므로 $y=f'(x)$의 그래프가 될 수 있는 것은 b입니다.

그러나 함수 $y=f(t)$의 그래프와 t축 및 두 직선 $t=0$, $t=x$로 둘러싸인 부분의 넓이는 점점 증가하지만 a가 $y=\displaystyle\int_0^x f(t)\,dt$의 그래프가 된다면

$\displaystyle\int_0^x f(t)dt$의 값은 점점 감소하게 되므로 a는

$y=\displaystyle\int_0^x f(t)dt$의 그래프가 될 수 없습니다.

(i)~(iii)에서 $y=f(x)$의 그래프는 b, $y=f'(x)$의 그래프는 a, $y=\displaystyle\int_0^x f(t)dt$의 그래프는 c로 ②입니다.

정답 ②

p.302~303

기본 다지기

09-1 ⑤   **2** ①   **3** 3

4 (1) $f(x)=3x^2-4x+1$

　　(2) 4

5 (1) 15 (2) 18

6 (1) 극댓값 : 0, 극솟값 : $-\dfrac{9}{2}$

　　(2) 극댓값 : 0, 극솟값 : $-\dfrac{1}{4}$

7 (1) 풀이 참조 (2) $\dfrac{1}{4}$　　**8** (1) 8 (2) $-\dfrac{7}{12}$

9 6　　**10** -13

09- 1

접근 방법 정적분의 계산 결과는 실수이므로 $\displaystyle\int_0^1 f'(t)dt$를 상수 k로 놓으면 주어진 식은 $f(x)=3x^2+k$입니다. 따라서 정적분 $\displaystyle\int_0^1 f'(t)dt$를 계산하여 상수 k의 값을 구한 후, $f(2)$의 값을 구하도록 합니다.

상세 풀이 $f(x)=3x^2+\displaystyle\int_0^1 f'(t)dt$에서

$$\int_0^1 f'(t)dt=k\,(k\text{는 상수}) \qquad \cdots\cdots \text{㉠}$$

로 놓으면

$$f(x)=3x^2+k \qquad \cdots\cdots \text{㉡}$$

이때, ㉡의 양변을 x에 대하여 미분하면

$$f'(x)=6x$$

㉠에 대입하면

$$\int_0^1 6t\,dt=k,\ \Big[\,3t^2\,\Big]_0^1=k$$

$$\therefore k=3$$

따라서 $f(x)=3x^2+3$이므로

$$f(2)=3\times 2^2+3=15$$

정답 ⑤

09- 2

접근 방법 $\displaystyle\int_0^1 (2x-3)f(t)dt$에서 t가 적분변수이므

로 $(2x-3)\int_0^1 f(t)dt$로 나타낼 수 있고 정적분의 계산 결과는 실수이므로 $\int_0^1 f(t)dt$를 상수 k로 놓으면 주어진 식은 $f(x)=9x^2+2kx-3k$입니다. 따라서 정적분 $\int_0^1 f(t)dt$의 값을 계산하여 상수 k의 값을 구한 후, 정적분의 값을 구하도록 합니다.

상세 풀이
$$f(x)=9x^2+\int_0^1 (2x-3)f(t)dt$$
$$=9x^2+(2x-3)\int_0^1 f(t)dt$$
$$\int_0^1 f(t)dt=k \ (k\text{는 상수}) \qquad \cdots\cdots ㉠$$
로 놓으면
$$f(x)=9x^2+k(2x-3)=9x^2+2kx-3k$$
㉠에 대입하면
$$\int_0^1 (9t^2+2kt-3k)dt=k$$
$$\left[3t^3+kt^2-3kt\right]_0^1=k$$
$$3+k-3k=k \qquad \therefore k=1$$
$$\therefore \int_0^1 f(x)dx=\int_0^1 f(t)dt=1$$

보충 설명 정적분에서 변수를 x 대신 다른 문자를 사용해도 값은 변하지 않습니다.
즉, $\int_0^1 f(t)dt=\int_0^1 f(x)dx$입니다.

정답 ①

09-3

접근 방법 미분, 적분을 동시에 포함한 식이므로 미분을 먼저 하고 적분을 하는 경우와 적분을 먼저 하고 미분을 하는 경우의 결과가 달라진다는 사실에 주의하며 계산해 봅니다.

상세 풀이 주어진 등식의 좌변을 정리하면
$$\int_a^x \left\{\frac{d}{dt}f(t)\right\}dt=\int_a^x f'(t)dt$$
$$=f(x)-f(a) \qquad \cdots\cdots ㉠$$
주어진 등식의 우변을 정리하면

$$\frac{d}{dx}\int_a^x f(t)dt=f(x) \qquad \cdots\cdots ㉡$$
㉠=㉡이므로
$$f(x)-f(a)=f(x) \qquad \therefore f(a)=0$$
이때, $f(x)=2x^2-5x-3$에서
$f(a)=2a^2-5a-3=0$이므로
$$(2a+1)(a-3)=0$$
$$\therefore a=3 \ (\because a>0)$$

보충 설명 연속함수 $f(x)$의 한 부정적분을 $F(x)$라고 하면
(1) $\int_a^x \left\{\frac{d}{dt}f(t)\right\}dt=\int_a^x f'(t)dt=\left[f(t)\right]_a^x$
$$=f(x)-f(a)$$
(2) $\frac{d}{dx}\int_a^x f(t)dt=\frac{d}{dx}\{F(x)-F(a)\}$
$$=F'(x)=f(x)$$

정답 3

09-4

접근 방법 적분 구간에 변수 x가 포함되어 있으므로 주어진 등식의 양변을 x에 대하여 미분하면 $f(x)$를 구할 수 있습니다.

상세 풀이 (1) $\int_1^x f(t)dt=x^3-2ax^2+ax$
$$\cdots\cdots ㉠$$
㉠의 양변을 x에 대하여 미분하면
$$f(x)=3x^2-4ax+a$$
이때, ㉠의 양변에 $x=1$을 대입하면
$\int_1^1 f(t)dt=0$이므로
$$0=1-2a+a$$
$$\therefore a=1$$
$$\therefore f(x)=3x^2-4x+1$$
(2) $\int_a^x f(t)dt=x^3-5x^2+5x-4 \qquad \cdots\cdots ㉠$
㉠의 양변을 x에 대하여 미분하면
$$f(x)=3x^2-10x+5$$
이때, ㉠의 양변에 $x=a$를 대입하면

$\int_a^a f(t)dt=0$이므로

$$0=a^3-5a^2+5a-4$$

$$(a-4)(a^2-a+1)=0$$

이때, $a^2-a+1>0$이므로 $a=4$

보충 설명 (1) $f(t)$의 한 부정적분을 $F(t)$라고 하면

$$\int_a^x f(t)dt=F(x)-F(a)$$

위의 식의 양변을 x에 대하여 미분하면

$$\frac{d}{dx}\int_a^x f(t)dt=F'(x)=f(x)$$

(2) $(a-4)(a^2-a+1)=0$에서

$a^2-a+1=0$의 판별식을 D라고 하면

$D=-3<0$이므로 항상 $a^2-a+1>0$입니다.

따라서 주어진 조건을 만족시키는 a의 값은 $a=4$
뿐임을 알 수 있습니다.

정답 (1) $f(x)=3x^2-4x+1$

(2) 4

09-5

접근 방법 정적분을 직접 계산하여 극한값을 구하는
대신 $f(x)$의 한 부정적분을 $F(x)$라 하고 미분계수
의 정의를 이용합니다.

상세 풀이 (1) $f(x)$의 한 부정적분을 $F(x)$라고
하면

$$\int_1^{x^3} f(t)dt=F(x^3)-F(1)$$

$$\therefore \lim_{x\to 1}\frac{1}{x-1}\int_1^{x^3} f(t)dt$$

$$=\lim_{x\to 1}\frac{F(x^3)-F(1)}{x-1}$$

$$=\lim_{x\to 1}\left\{\frac{F(x^3)-F(1)}{x^3-1}\times(x^2+x+1)\right\}$$

$$=3F'(1)=3f(1)$$

$$=3(1+2+1+1)=15$$

(2) $xf(x)$의 한 부정적분을 $F(x)$라고 하면

$$\int_{1-h}^{1+2h} xf(x)dx$$

$$=F(1+2h)-F(1-h)$$

$$\therefore \lim_{h\to 0}\frac{1}{h}\int_{1-h}^{1+2h} xf(x)dx$$

$$=\lim_{h\to 0}\frac{F(1+2h)-F(1-h)}{h}$$

$$=\lim_{h\to 0}\frac{\{F(1+2h)-F(1)\}-\{F(1-h)-F(1)\}}{h}$$

$$=\lim_{h\to 0}\frac{F(1+2h)-F(1)}{2h}\times 2$$

$$+\lim_{h\to 0}\frac{F(1-h)-F(1)}{-h}$$

$$=2F'(1)+F'(1)=3F'(1)$$

$$=3\times\{1\times f(1)\}=3(1+2+3)=18$$

보충 설명 미분가능한 함수 $f(x)$에 대하여

$$f'(a)=\lim_{x\to a}\frac{f(x)-f(a)}{x-a}$$

또는 $f'(a)=\lim_{h\to 0}\dfrac{f(a+h)-f(a)}{h}$

정답 (1) 15 (2) 18

09-6

접근 방법 주어진 식의 양변을 x에 대하여 미분한 후
$f'(x)=0$이 되는 x의 값을 찾아 $f(x)$의 극댓값,
극솟값을 구합니다.

상세 풀이 (1) $f(x)=\int_{-2}^x (t^2+t-2)dt$에서

양변을 x에 대하여 미분하면

$$f'(x)=\frac{d}{dx}\int_{-2}^x (t^2+t-2)dt$$

$$=x^2+x-2$$

$$=(x+2)(x-1)$$

$f'(x)=0$에서 $x=-2$ 또는 $x=1$

이므로 $f(x)$의 증가와 감소를 표로 나타내면
다음과 같습니다.

x	$\cdots$	-2	$\cdots$	1	$\cdots$
$f'(x)$	$+$	0	$-$	0	$+$
$f(x)$	$\nearrow$	극대	$\searrow$	극소	$\nearrow$

따라서 $f(x)$는 $x=-2$일 때 극댓값 $f(-2)$, $x=1$일 때 극솟값 $f(1)$을 가지므로 구하는 극댓값은

$$f(-2)=\int_{-2}^{-2}(t^2+t-2)dt=0$$

이고, 극솟값은

$$f(1)=\int_{-2}^{1}(t^2+t-2)dt$$
$$=\left[\frac{1}{3}t^3+\frac{1}{2}t^2-2t\right]_{-2}^{1}$$
$$=\left(\frac{1}{3}+\frac{1}{2}-2\right)-\left(-\frac{8}{3}+2+4\right)$$
$$=-\frac{9}{2}$$

(2) $f(x)=\int_{0}^{x}t(t+1)(t-1)dt$에서

양변을 x에 대하여 미분하면

$$f'(x)=\frac{d}{dx}\int_{0}^{x}t(t+1)(t-1)dt$$
$$=x(x+1)(x-1)$$

$f'(x)=0$에서 $x=-1$ 또는 $x=0$ 또는 $x=1$ 이므로 $f(x)$의 증가와 감소를 표로 나타내면 다음과 같습니다.

x	$\cdots$	-1	$\cdots$	0	$\cdots$	1	$\cdots$
$f'(x)$	$-$	0	$+$	0	$-$	0	$+$
$f(x)$	$\searrow$	극소	$\nearrow$	극대	$\searrow$	극소	$\nearrow$

따라서 $f(x)$는 $x=-1$, $x=1$일 때 각각 극솟값 $f(-1)$, $f(1)$, $x=0$일 때 극댓값 $f(0)$을 가지므로 구하는 극댓값은

$$f(0)=\int_{0}^{0}t(t+1)(t-1)dt=0$$

이고, 극솟값은

$$f(-1)=\int_{0}^{-1}t(t+1)(t-1)dt$$
$$=-\int_{-1}^{0}(t^3-t)dt$$

$$=-\left[\frac{1}{4}t^4-\frac{1}{2}t^2\right]_{-1}^{0}$$
$$=\frac{1}{4}-\frac{1}{2}=-\frac{1}{4}$$

$$f(1)=\int_{0}^{1}(t^3-t)dt$$
$$=\left[\frac{1}{4}t^4-\frac{1}{2}t^2\right]_{0}^{1}$$
$$=\frac{1}{4}-\frac{1}{2}=-\frac{1}{4}$$

보충 설명 미분가능한 함수 $f(x)$에 대하여 $x=a$의 좌우에서 $f'(x)$의 부호가 양에서 음으로 바뀌면 $f(x)$는 $x=a$에서 극댓값을 가지고, 음에서 양으로 바뀌면 $f(x)$는 $x=a$에서 극솟값을 가집니다.

정답 (1) 극댓값 : 0, 극솟값 : $-\dfrac{9}{2}$

(2) 극댓값 : 0, 극솟값 : $-\dfrac{1}{4}$

09-7

접근 방법 피적분함수 $y=|t-x|$가 $t=x$를 기준으로 $y=-t+x$와 $y=t-x$로 나누어지므로 $x\le 0$, $0\le x\le 1$, $x\ge 1$로 구간을 나누어 함수 $f(x)$를 각각 구합니다.

상세 풀이 (1) $t-x=0$에서 $t=x$이므로

$$|t-x|=\begin{cases} t-x & (t\ge x) \\ -t+x & (t<x) \end{cases}$$

(ⅰ) $x\le 0$일 때, 적분 구간이 $0\le t\le 1$이므로 $x\le 0$이면 $t\ge x$입니다.

$$\therefore f(x)=\int_{0}^{1}|t-x|dt$$
$$=\int_{0}^{1}(t-x)dt$$
$$=\left[\frac{t^2}{2}-xt\right]_{0}^{1}=\frac{1}{2}-x$$

(ⅱ) $0\le x\le 1$일 때, 적분 구간이 $0\le t\le x$인 경우와 $x<t\le 1$인 경우로 나누어 생각해야 하므로

$$f(x)=\int_{0}^{1}|t-x|dt$$

$$= \int_0^x (-t+x)dt$$
$$\qquad + \int_x^1 (t-x)dt$$
$$= \left[-\frac{t^2}{2} + xt \right]_0^x + \left[\frac{t^2}{2} - xt \right]_x^1$$
$$= -\frac{x^2}{2} + x^2 + \left(\frac{1}{2} - x \right)$$
$$\qquad - \left(\frac{x^2}{2} - x^2 \right)$$
$$= x^2 - x + \frac{1}{2}$$

(iii) $x \geq 1$일 때, 적분 구간이 $0 \leq t \leq 1$이므로 $x \geq 1$이면 $t \leq x$입니다.

$$\therefore f(x) = \int_0^1 |t-x| dt$$
$$= \int_0^1 (-t+x)dt$$
$$= \left[-\frac{t^2}{2} + xt \right]_0^1 = x - \frac{1}{2}$$

(2) 함수 $y=f(x)$의 그래프는 오른쪽 그림과 같으므로 함수 $f(x)$의 최솟값은 $\frac{1}{4}$입니다.

보충 설명 $x \leq 0$일 때, 다음 그림과 같이 정적분과 넓이의 관계에서

$$f(x) = \int_0^1 |t-x| dt$$
$$= \frac{1}{2}(1-x)^2$$
$$\qquad - \frac{1}{2}(-x)^2$$
$$= \frac{1}{2} - x$$

또한 $0 \leq x \leq 1$일 때

$$f(x) = \int_0^1 |t-x| dt$$
$$= \frac{1}{2}x^2 + \frac{1}{2}(1-x)^2$$
$$= x^2 - x + \frac{1}{2}$$

마찬가지 방법으로 $x \geq 1$일 때

$$f(x) = \int_0^1 |t-x| dt$$
$$= \frac{1}{2}x^2 - \frac{1}{2}(x-1)^2$$
$$= x - \frac{1}{2}$$

정답 (1) $x \leq 0$일 때, $f(x) = \frac{1}{2} - x$

$\qquad 0 \leq x \leq 1$일 때, $f(x) = x^2 - x + \frac{1}{2}$

$\qquad x \geq 1$일 때, $f(x) = x - \frac{1}{2}$

(2) $\frac{1}{4}$

09-**8**

접근 방법 적분 구간에 변수 x가 포함되어 있으므로 양변을 x에 대하여 미분하여 $f'(x)$를 구한 후, 함수 $f(x)$가 극대, 극소가 될 때의 x의 값을 찾습니다. 또한 $f'(x)$를 이용하여 $f(x)$를 찾아 함수 $f(x)$의 극댓값과 극솟값을 구합니다.

상세 풀이 (1) 주어진 식의 양변을 x에 대하여 미분하면

$$f(x) = 6x^3 - 6x + f(x) + xf'(x)$$
$$\therefore f'(x) = -6x^2 + 6$$
$$\qquad\quad = -6(x+1)(x-1)$$

$f'(x) = 0$에서 $x = -1$ 또는 $x = 1$

이므로 $f(x)$의 증가와 감소를 표로 나타내면 다음과 같습니다.

x	$\cdots$	-1	$\cdots$	1	$\cdots$
$f'(x)$	$-$	0	$+$	0	$-$
$f(x)$	$\searrow$	극소	$\nearrow$	극대	$\searrow$

따라서 $f(x)$는 $x = -1$일 때 극솟값 $f(-1)$, $x = 1$일 때 극댓값 $f(1)$을 가집니다.

이때, $f(x)$는

$$f(x) = \int f'(x)dx$$
$$= \int (-6x^2 + 6)dx$$

$$= -2x^3 + 6x + C$$
$$\text{(단, } C \text{는 적분상수)}$$

이므로 구하는 극댓값은
$$f(1) = -2 + 6 + C = 4 + C$$

이고, 극솟값은
$$f(-1) = 2 - 6 + C = -4 + C$$
$$\therefore M - m = 4 + C - (-4 + C)$$
$$= 8$$

(2) 주어진 식의 양변을 x에 대하여 미분하면
$$f(x) + xf'(x) + 4x^3 + 6x^2 - 4x + 1$$
$$= f(x) + 1$$

이므로 $xf'(x) = -4x^3 - 6x^2 + 4x$
$$\therefore f'(x) = -4x^2 - 6x + 4$$
$$= -2(x+2)(2x-1)$$

$f'(x) = 0$에서 $x = -2$ 또는 $x = \dfrac{1}{2}$

이므로 $f(x)$의 증가와 감소를 표로 나타내면 다음과 같습니다.

x	$\cdots$	-2	$\cdots$	$\dfrac{1}{2}$	$\cdots$
$f'(x)$	$-$	0	$+$	0	$-$
$f(x)$	$\searrow$	극소	$\nearrow$	극대	$\searrow$

따라서 $f(x)$는 $x = -2$일 때 극솟값 $f(-2)$, $x = \dfrac{1}{2}$일 때 극댓값 $f\left(\dfrac{1}{2}\right)$을 가집니다.

이때, $f(x)$는
$$f(x) = \int f'(x)dx$$
$$= \int (-4x^2 - 6x + 4)dx$$
$$= -\frac{4}{3}x^3 - 3x^2 + 4x + C \quad \cdots\cdots \text{㉠}$$
$$\text{(단, } C \text{는 적분상수)}$$

또한 주어진 식의 양변에 $x = 1$을 대입하면
$$f(1) + 1 + 2 - 2 + 1 = 0 \text{에서}$$
$$f(1) = -2$$

㉠에서 $f(1) = -\dfrac{1}{3} + C$이므로
$$-\frac{1}{3} + C = -2$$

$$\therefore C = -\frac{5}{3}$$
$$\therefore f(x) = -\frac{4}{3}x^3 - 3x^2 + 4x - \frac{5}{3}$$

따라서 구하는 극댓값은
$$f\left(\frac{1}{2}\right) = -\frac{4}{3} \times \left(\frac{1}{2}\right)^3 - 3 \times \left(\frac{1}{2}\right)^2$$
$$+ 4 \times \frac{1}{2} - \frac{5}{3}$$
$$= -\frac{7}{12}$$

보충 설명 정적분을 포함한 등식에서 $f(x)$를 구하는 문제는 크게 두 가지 유형으로 볼 수 있습니다.

(ⅰ) 적분 구간에 변수가 있는 정적분을 포함한 등식
　⇨ 양변을 주어진 변수에 대하여 미분합니다.

(ⅱ) 적분 구간이 상수로 주어진 정적분을 포함한 등식
　⇨ 정적분의 값을 상수로 놓고 계산합니다.

정답　(1) 8　(2) $-\dfrac{7}{12}$

09-9

접근 방법 함수 $tf(t) + 2$의 한 부정적분을 $F(t)$, 즉
$$F'(t) = tf(t) + 2$$
로 놓고 미적분의 기본 정리를 이용합니다.

상세 풀이 $tf(t) + 2$의 한 부정적분을 $F(t)$라고 하면
$$\int_2^{x^2} \{tf(t) + 2\}dt = F(x^2) - F(2)$$

이때, 주어진 식에서 $x^2 = p$라고 하면 $x \to \sqrt{2}$일 때 $p \to 2$이므로
$$\lim_{x \to \sqrt{2}} \frac{1}{x^4 - 4} \int_2^{x^2} \{tf(t) + 2\}dt$$
$$= \lim_{p \to 2} \frac{F(p) - F(2)}{p^2 - 4}$$
$$= \lim_{p \to 2} \left\{ \frac{F(p) - F(2)}{p - 2} \times \frac{1}{p + 2} \right\}$$
$$= \frac{1}{4} F'(2) = \frac{1}{4}\{2f(2) + 2\}$$

$$= \frac{f(2)+1}{2} = \frac{(2^2+2\times 2+3)+1}{2} = 6$$

보충 설명 피적분함수가 복잡한 함수더라도 이 문제처럼 피적분함수의 한 부정적분을 $F(t)$라 하고 풀면 됩니다. 예를 들어, 다음의 각 피적분함수의 한 부정적분을 $F(t)$라고 하면

$$\frac{d}{dx}\int_a^x \{t^2 f(t)+t\}dt \underset{\frac{d}{dx}\{F(x)-F(a)\}}{=} x^2 f(x)+x$$

$$\frac{d}{dx}\int_a^x |t(t+1)|dt \underset{\frac{d}{dx}\{F(x)-F(a)\}}{=} |x(x+1)|$$

정답 6

09- **10**

접근 방법 주어진 식의 양변을 x에 대하여 미분하여 $f'(x)$를 구한 후 그 부정적분 $f(x)$를 구합니다. 이때, $\{f(x)\}^2 = f(x) \times f(x)$이므로 곱의 미분법을 이용하여 미분할 수 있습니다.

상세 풀이 $\{f(x)\}^2 - 9 = \displaystyle\int_2^x (4t+8)f(t)dt$

$$\cdots\cdots \text{㉠}$$

㉠의 좌변을 x에 대하여 미분하면

$$\frac{d}{dx}[\{f(x)\}^2 - 9] \underset{\frac{d}{dx}\{f(x)\times f(x)-9\}}{=} 2f(x)f'(x)$$

입니다.
또한 ㉠의 우변을 x에 대하여 미분하면

$$\frac{d}{dx}\int_2^x (4t+8)f(t)dt = (4x+8)f(x)$$

이므로

$$2f(x)f'(x) = 2(2x+4)f(x)$$
$$\therefore f'(x) = 2x+4$$

이때, $f(x)$는

$$f(x) = \int f'(x)dx = \int (2x+4)dx$$
$$= x^2 + 4x + C \ (\text{단, } C\text{는 적분상수})$$

$$\cdots\cdots \text{㉡}$$

㉠의 양변에 $x=2$를 대입하면

$\displaystyle\int_2^2 (4t+8)f(t)dt = 0$이므로 $\{f(2)\}^2 - 9 = 0$에

서 $f(2) = 3 \ (\because f(2) > 0)$
㉡에서 $f(2) = 12 + C$이므로 $C = -9$
즉, $f(x) = x^2 + 4x - 9$이므로
$$f(x) = (x+2)^2 - 13$$
따라서 함수 $f(x)$는 $x = -2$일 때 최솟값 -13을 가집니다.

보충 설명 곱의 미분법

$$\{f(x)g(x)\}' = f'(x)g(x) + f(x)g'(x)$$

정답 -13

09-11

접근 방법 다항식 $f(x)$가 n차식이라고 할 때, $n \geq 2$인 경우와 $n=1$인 경우로 나누어 $f(x)$를 구합니다.

상세 풀이 n이 자연수일 때, 다항식 $f(x)$가 n차식이라고 하면 $f(f(x))$는 n^2차식이고 $\int_0^x f(t)dt$는 $(n+1)$차식입니다.

$$f(f(x)) = \int_0^x f(t)dt - x^2 + 3x + 3 \cdots\cdots \text{⊙}$$

(i) $n \geq 2$일 때, $n^2 = n+1$을 만족시키는 정수 n의 값은 없습니다.

(ii) $n=1$일 때, $f(f(x))$는 일차식이고 $\int_0^x f(t)dt$의 이차항의 계수가 1이면 ⊙의 우변도 일차식이 될 수 있습니다.

(i), (ii)에서 $f(x)$는 일차식이므로 $f(x)=ax+b$ (a, b는 상수)라고 하면 ⊙에서

$$\begin{aligned}(\text{좌변}) &= f(f(x)) = a(ax+b)+b \\ &= a^2 x + ab + b\end{aligned}$$

$$\begin{aligned}(\text{우변}) &= \int_0^x f(t)dt - x^2 + 3x + 3 \\ &= \int_0^x (at+b)dt - x^2 + 3x + 3 \\ &= \left[\frac{1}{2}at^2 + bt \right]_0^x - x^2 + 3x + 3 \\ &= \left(\frac{1}{2}a - 1 \right)x^2 + (b+3)x + 3\end{aligned}$$

$$\therefore a^2 x + ab + b$$
$$= \left(\frac{1}{2}a - 1 \right)x^2 + (b+3)x + 3$$

즉, $0 = \frac{1}{2}a - 1$, $a^2 = b+3$, $ab+b = 3$이므로 이 세 식을 연립하여 풀면

$$a=2, \ b=1$$

따라서 $f(x)=2x+1$이므로 $f(x)$의 계수들의 합은

$$2+1=3$$

정답 ⑤

09-12

접근 방법 함수 $f(x)$가 연속함수이므로 함수 $F(x) = \int_0^x f(t)dt$는 미분가능하며 삼차함수 $f(x)$에 대하여 함수 $F(x)$는 사차함수입니다.

상세 풀이 $F(x) = \int_0^x f(t)dt$이므로

$$F'(x) = f(x)$$

$f(x) = x^3 - 3x + a$에 대하여

$f'(x) = 3x^2 - 3 = 3(x+1)(x-1)$이므로

$f'(x)=0$에서 $x=-1$ 또는 $x=1$

즉, $f(x)$는 $x=-1$ 또는 $x=1$일 때 극값을 가집니다.

이때, $f(x)$는 $F(x)$의 도함수이므로 함수 $F(x)$가 오직 하나의 극값을 가지려면 삼차방정식 $F'(x)=0$, 즉 $f(x)=0$이 한 실근과 두 허근을 가지거나 한 실근과 중근을 가져야 합니다.

따라서 함수 $y=f(x)$의 그래프의 개형이 다음 두 그래프 중 하나와 같아야 합니다.

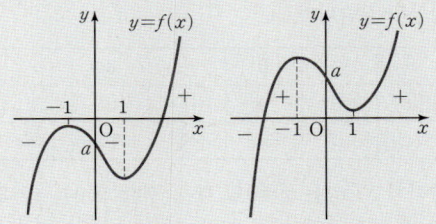

즉, 함수 $F(x)$가 오직 하나의 극값을 가지려면 $f(-1) \leq 0$ 또는 $f(1) \geq 0$이어야 하므로

$f(-1) = 2 + a \leq 0$에서 $a \leq -2$

$f(1) = -2 + a \geq 0$에서 $a \geq 2$

따라서 양수 a의 최솟값은 2입니다.

보충 설명 $F(x)=\displaystyle\int_0^x f(t)dt$이므로

$$F'(x)=f(x),\ F(0)=0$$

$F(x)$가 오직 하나의 극값을 가지므로 $F'(x)$, 즉 $f(x)$의 부호가 오직 한 번 변해야 합니다.

따라서 삼차함수 $y=f(x)$의 그래프가 x축과 오직 한 번 만나거나 x축과 접해야 합니다.

즉, $f(x)=x^3-3x+a$에서

$$f'(x)=3x^2-3=3(x-1)(x+1)$$

이므로 부등식 $f(1)f(-1)\ge0$이 성립해야 합니다.

$$f(1)f(-1)=(-2+a)(2+a)\ge0$$
$$\therefore a\le-2\ \text{또는}\ a\ge2$$

따라서 양수 a의 최솟값은 2입니다.

정답 ②

09-13

접근 방법 주어진 식의 양변을 x에 대하여 미분하여 함수 $S(x)$의 증가와 감소를 표로 나타냅니다.

상세 풀이 $S(x)=\displaystyle\int_1^x f(t)dt$에서 양변을 x에 대하여 미분하면 $S'(x)=f(x)$

최고차항의 계수가 양수인 이차함수 $y=f(x)$의 그래프가 x축과 두 점 $(0,0)$, $(3,0)$에서 만나므로 $f(x)=ax(x-3)\,(a>0)$이라 하면

$f(x)=0$에서 $x=0$ 또는 $x=3$

이때, 함수 $S(x)$의 증가와 감소를 표로 나타내면 다음과 같습니다.

x	$\cdots$	0	$\cdots$	3	$\cdots$
$f(x)$	$+$	0	$-$	0	$+$
$S(x)$	$\nearrow$	극대	$\searrow$	극소	$\nearrow$

따라서 $S(x)$는 $x=0$일 때 극댓값 $S(0)$, $x=3$일 때 극솟값 $S(3)$을 가지므로

극댓값 $M=S(0)=\displaystyle\int_1^0 f(t)dt$

극솟값 $m=S(3)=\displaystyle\int_1^3 f(t)dt$

$$\therefore M-m=\int_1^0 f(t)dt-\int_1^3 f(t)dt$$

$$=\int_1^0 f(t)dt+\int_3^1 f(t)dt$$
$$=\int_3^0 f(t)dt$$
$$=-\int_0^3 f(t)dt$$
$$=-\int_0^3 at(t-3)dt$$
$$=-a\int_0^3 (t^2-3t)dt$$
$$=-a\left[\frac{1}{3}t^3-\frac{3}{2}t^2\right]_0^3$$
$$=-a\left(9-\frac{27}{2}\right)=\frac{9}{2}a$$

$M-m=6$이므로 $\dfrac{9}{2}a=6$

$$\therefore a=\frac{4}{3}$$

따라서 $f(x)=\dfrac{4}{3}x(x-3)$이고

$S(1)=\displaystyle\int_1^1 f(t)dt=0$이므로

$$\lim_{x\to1}\frac{S(x)}{x-1}=\lim_{x\to1}\frac{S(x)-S(1)}{x-1}$$
$$=S'(1)=f(1)$$
$$=\frac{4}{3}\times1\times(-2)=-\frac{8}{3}$$

정답 ①

09-14

접근 방법 $\displaystyle\int_a^b f(x)dx+\int_b^c f(x)dx=\int_a^c f(x)dx$임을 이용하여 식을 정리합니다.

상세 풀이 $f(x)=x+\displaystyle\int_0^1\{f(t)+g(t)\}dt$

$$\cdots\cdots ㉠$$

$g(x)=3x+\displaystyle\int_1^3\{f(t)+g(t)\}dt$

$$\cdots\cdots ㉡$$

㉠+㉡을 하면

$$f(x)+g(x)=4x+\int_0^1\{f(t)+g(t)\}dt$$
$$+\int_1^3\{f(t)+g(t)\}dt$$

$$=4x+\int_0^3\{f(t)+g(t)\}dt$$

$$\int_0^3\{f(t)+g(t)\}dt=k\ (k\text{는 상수}) \quad \cdots\cdots \text{ⓒ}$$

로 놓으면

$$f(x)+g(x)=4x+k$$

위의 식을 ⓒ에 대입하면

$$\int_0^3(4t+k)dt=k,\ \left[2t^2+kt\right]_0^3=k$$

$$18+3k=k \quad \therefore k=-9$$

따라서 $f(x)+g(x)=4x-9$이므로

$$f(1)+g(1)=4-9=-5$$

정답   -5

09- 15

[접근 방법] 절댓값 기호를 포함한 등식이므로 x의 값의 범위를 나누어 절댓값 기호를 없앱니다.

[상세 풀이] (i) $x\geq a$일 때

$|x-a|=x-a$이므로

$$\int_a^x f(t)dt=(x+1)(x-a)$$
$$=x^2+(1-a)x-a$$

위의 식의 양변을 x에 대하여 미분하면

$$f(x)=2x+1-a$$

(ii) $x<a$일 때

$|x-a|=-x+a$이므로

$$\int_a^x f(t)dt=(x+1)(-x+a)$$
$$=-x^2-(1-a)x+a$$

위의 식의 양변을 x에 대하여 미분하면

$$f(x)=-2x-1+a$$

(i), (ii)에서

$$f(x)=\begin{cases} 2x+1-a & (x\geq a) \\ -2x-1+a & (x<a) \end{cases}$$

이때, $f(x)$는 연속함수이므로 $f(x)$는 $x=a$에서도 연속입니다. 즉,

$$\lim_{x\to a+}f(x)=\lim_{x\to a-}f(x)$$

가 성립해야 하므로

$$2a+1-a=-2a-1+a,\ 2a=-2$$
$$\therefore a=-1$$

[보충 설명] 함수 $f(x)$가 $x=a$에서 연속이려면

(i) $f(a)$의 값이 존재하고

(ii) $\lim\limits_{x\to a}f(x)$의 값이 존재하며

(iii) $\lim\limits_{x\to a}f(x)=f(a)$이어야 합니다.

정답   -1

09- 16

[접근 방법] 조건 (내)의 등식은 임의의 실수 x에 대하여 성립하므로 x에 대한 항등식입니다. 따라서 조건 (내)의 등식에 $x=a$와 $x=2$를 각각 대입하면 조건 (개를 이용하여 $f(a)$의 값을 구할 수 있습니다.

[상세 풀이] 조건 (개를 이용하기 위하여 조건 (내의 등식의 양변에 $x=2$를 대입하면

$$\int_0^2 f(t)dt=4\int_0^a f(t)dt$$

$$20=4\int_0^a f(t)dt\ (\because \text{조건 (개)})$$

따라서 $\int_0^a f(t)dt=5$이므로

$$\int_0^x f(t)dt=5x^2\ (\because \text{조건 (내)}) \quad \cdots\cdots \text{⊙}$$

또한 ⊙의 양변에 $x=a$를 대입하면

$$\int_0^a f(t)dt=5a^2$$

$$5a^2=5 \quad \therefore a^2=1$$

$$\therefore a=1\ (\because a>0)$$

이때, ⊙의 양변을 x에 대하여 미분하면

$$f(x)=10x$$

$$\therefore f(a)=f(1)=10$$

[보충 설명] 항등식은 어떤 값을 대입해도 항상 성립하는 식이므로 임의의 값을 대입하여 풀 수 있습니다. 이때, 조건 (개를 이용하려면 $x=2$를, 조건 (내에서 양변의 적분 구간을 같게 하려면 $x=a$를 대입하는 것이 가장 편리합니다.

정답 10

09-17

접근 방법 주어진 두 식과 조건 $f(0)>0$을 이용하여 $f(x)$, $g'(x)$를 각각 구한 후, $g'(x)$의 부정적분을 구합니다.

상세 풀이 $g(x)+\displaystyle\int_1^x f(t)dt=-4x^2+9x+5$

$\qquad\qquad\qquad\qquad\qquad\qquad$ ...... ㉠

㉠의 양변을 x에 대하여 미분하면

$\qquad g'(x)+f(x)=-8x+9$ $\qquad$ ...... ㉡

또한

$\qquad f(x)g'(x)=-20x^2+54x-36$

$\qquad\qquad\qquad =-2(2x-3)(5x-6)$ ...... ㉢

㉡, ㉢과 $f(0)>0$을 동시에 만족시켜야 하므로

$\qquad f(x)=-10x+12,\ g'(x)=2x-3$

이때, $g(x)$는

$\qquad g(x)=\displaystyle\int g'(x)dx=\int (2x-3)dx$

$\qquad\qquad =x^2-3x+C$ (단, C는 적분상수)

$\qquad\qquad\qquad\qquad\qquad\qquad$ ...... ㉣

㉠의 양변에 $x=1$을 대입하면

$\qquad g(1)=-4+9+5=10$

㉣에서 $g(1)=-2+C$이므로 $C=12$

따라서 $g(x)=x^2-3x+12$이므로

$\qquad g(-1)=(-1)^2-3\times(-1)+12=16$

정답 16

09-18

접근 방법 주어진 식의 적분변수가 t이므로 x를 상수로 생각하여 적분 기호 밖으로 빼내어 식을 정리할 수 있습니다. 또한 이 식의 양변을 x에 대하여 미분하여 정적분으로 나타내어지는 함수를 구합니다.

상세 풀이 주어진 식의 좌변을 정리하면

$\qquad \displaystyle\int_0^x (x-t)\{f(t)\}^2 dt$

$\qquad =x\displaystyle\int_0^x \{f(t)\}^2 dt-\int_0^x t\{f(t)\}^2 dt$

이고, 주어진 식의 우변을 정리하면

$6\displaystyle\int_0^1 x^3(t-x)^2 dt$

$=6x^3\displaystyle\int_0^1 (t-x)^2 dt=6x^3\left[\dfrac{1}{3}(t-x)^3\right]_0^1$

$\qquad\qquad\qquad\qquad\qquad\qquad$ ...... ㉠

$=2x^3\{(1-x)^3+x^3\}=6x^5-6x^4+2x^3$

이므로 주어진 식의 양변을 x에 대하여 미분하면

$\qquad \displaystyle\int_0^x \{f(t)\}^2 dt=30x^4-24x^3+6x^2$

따라서 양변에 $x=1$을 대입하면

$\qquad \displaystyle\int_0^1 \{f(t)\}^2 dt=30-24+6=12$

보충 설명 ㉠의 과정에서 a, b는 상수, $a\neq 0$이고 n이 자연수일 때

$\qquad \displaystyle\int (ax+b)^n dx=\dfrac{1}{n+1}(ax+b)^{n+1}\times\dfrac{1}{a}+C$

$\qquad\qquad\qquad\qquad\qquad$ (단, C는 적분상수)

임을 이용합니다.

정답 12

09-19

접근 방법 주어진 식의 양변을 x에 대하여 미분한 후 각 경우에 대하여 미지수의 값을 구한다.

상세 풀이 $f(x)=\displaystyle\int_0^x (t-a)(t-b)dt$의 양변을

x에 대하여 미분하면

$\qquad f'(x)=(x-a)(x-b)$이므로

$\qquad f'(x)=0$에서 $x=a$ 또는 $x=b$

즉, 함수 $f(x)$는 $x=a$ 또는 $x=b$일 때, 극값을 가집니다.

조건 ㉮에서 $f(x)$가 $x=\dfrac{1}{2}$에서 극값을 가지므로

$\qquad a=\dfrac{1}{2}$ 또는 $b=\dfrac{1}{2}$

조건 ㉯에서

$\qquad f(a)-f(b)$

$\qquad =\displaystyle\int_0^a (t-a)(t-b)dt$

$\qquad\qquad -\displaystyle\int_0^b (t-a)(t-b)dt$

$$= \int_0^a (t-a)(t-b)\,dt$$
$$\quad\quad + \int_b^0 (t-a)(t-b)\,dt$$
$$= \int_b^a (t-a)(t-b)\,dt$$
$$= -\frac{(a-b)^3}{6} = \frac{1}{6}$$

$(a-b)^3 = -1$에서 $b-a=1$

$b = \frac{1}{2}$이면 $a = -\frac{1}{2}$

그런데 $a > 0$이므로 모순입니다.

따라서 $a = \frac{1}{2}$이고 $b = \frac{3}{2}$이므로

$$a+b = \frac{1}{2} + \frac{3}{2} = 2$$

보충 설명 08 정적분 개념 넓히기 01-**3**에서

이차방정식 $ax^2 + bx + c = 0$의 두 실근이

$\alpha, \beta \, (\alpha < \beta)$일 때,

$$\int_\alpha^\beta (ax^2 + bx + c)\,dx = -\frac{a}{6}(\beta - \alpha)^3$$

이 성립함을 배웠습니다.

즉, $\displaystyle\int_b^a (t-a)(t-b)\,dt = -\frac{(a-b)^3}{6}$ 입니다.

정답 2

09-**20**

접근 방법 x의 값의 범위에 따라 $g(x)$의 식을 정리합니다.

상세 풀이 (i) $x < 1$일 때

$$g(x) = \int_{-1}^x (t-1)f(t)\,dt$$
$$= \int_{-1}^x \{(t-1)\times(-1)\}\,dt$$
$$= \left[-\frac{t^2}{2} + t \right]_{-1}^x$$
$$= -\frac{x^2}{2} + x + \frac{3}{2}$$

(ii) $x \geq 1$일 때

$$g(x) = \int_{-1}^x (t-1)f(t)\,dt$$

$$= \int_{-1}^1 \{(t-1)\times(-1)\}\,dt$$
$$\quad\quad + \int_1^x \{(t-1)\times(-t+2)\}\,dt$$
$$= \left[-\frac{t^2}{2} + t \right]_{-1}^1 + \left[-\frac{t^3}{3} + \frac{3}{2}t^2 - 2t \right]_1^x$$
$$= -\frac{x^3}{3} + \frac{3}{2}x^2 - 2x + \frac{17}{6}$$

(i), (ii)에서

$$g(x) = \begin{cases} -\dfrac{x^2}{2} + x + \dfrac{3}{2} & (x < 1) \\[2mm] -\dfrac{x^3}{3} + \dfrac{3}{2}x^2 - 2x + \dfrac{17}{6} & (x \geq 1) \end{cases}$$

ㄱ. 구간 $(1, 2)$에서

$$g'(x) = -x^2 + 3x - 2$$
$$= -(x-1)(x-2)$$

$g'(x) > 0$이므로 $g(x)$는 증가합니다. (참)

ㄴ. $g'(x) = \begin{cases} -x+1 & (x < 1) \\ -x^2+3x-2 & (x > 1) \end{cases}$

$\displaystyle\lim_{x \to 1+} g'(x) = \lim_{x \to 1-} g'(x) = 0$이므로 $g(x)$는

$x = 1$에서 미분가능합니다. (참)

ㄷ. $x < 1$일 때, $g'(x) = -x+1$

$x > 1$일 때, $g'(x) = -(x-1)(x-2)$

이고 함수 $y = g'(x)$의 그래프는 [그림 1]과 같습니다.

한편, 방정식 $g(x) = k$가 서로 다른 세 실근을 가지려면 함수 $y = g(x)$의 그래프와 직선 $y = k$가 서로 다른 세 점에서 만나야 합니다.

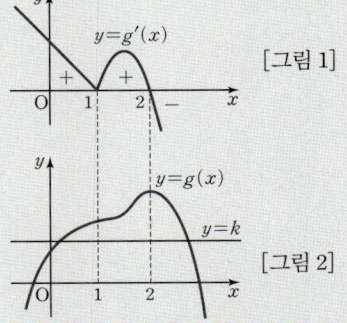

[그림 1]

[그림 2]

함수 $g(x)$는 $x = 2$에서 극댓값만 가지므로 함수 $y = g(x)$의 그래프는 [그림 2]와 같습니

다. 이때, 직선 $y=k$와 서로 다른 세 점에서 만나는 실수 k가 존재하지 않습니다. (거짓) 따라서 옳은 것은 ㄱ, ㄴ입니다.

보충 설명 ㄴ에서 함수 $f(x)$는 $x=1$에서 불연속이지만 피적분함수 $y=(t-1)f(t)$에 대하여

$\lim\limits_{x \to 1-} g'(x) = \lim\limits_{x \to 1-} (-x+1) = 0$,

$\lim\limits_{x \to 1+} g'(x) = \lim\limits_{x \to 1+} (-x^2+3x-2) = 0$이므로

함수 $y=(t-1)f(t)$는 실수 전체의 집합에서 연속입니다.

피적분함수가 연속일 때 정적분으로 정의된 새로운 함수는 미분가능하고 도함수는 바로 피적분함수가 되므로 함수 $g(x)$는 미분가능합니다.

따라서 함수 $g(x)$는 $x=1$에서 미분가능합니다.

Example 에서 다룬 정적분으로 정의된 함수 $F(x)=\int_{-1}^{x}(1-|t|)dt$는 $x=0$에서 미분가능하므로 모든 실수 x에 대하여 미분가능함을 배웠습니다.

정답 ㄱ, ㄴ

01-1

$-1 \le x \le 1$에서 곡선 $y=f(x)$와 x축으로 둘러싸인 도형의 넓이가 $S_1=16$이므로

$$\int_{-1}^{1} f(x)dx = 16$$

또한 $1 \le x \le 2$에서 곡선 $y=f(x)$와 x축으로 둘러싸인 도형의 넓이가 $S_2 = \dfrac{5}{2}$이므로

$$\int_{1}^{2} \{-f(x)\}dx = \frac{5}{2}$$

$$\therefore \int_{1}^{2} f(x)dx = -\frac{5}{2}$$

(1) $\left| \displaystyle\int_{-1}^{2} f(x)dx \right| = \left| \displaystyle\int_{-1}^{1} f(x)dx + \displaystyle\int_{1}^{2} f(x)dx \right|$

$$= \left| 16 + \left(-\frac{5}{2}\right) \right| = \frac{27}{2}$$

(2) $-1 \le x \le 1$일 때 $|f(x)| = f(x)$,

    $1 \le x \le 2$일 때 $|f(x)| = -f(x)$

    이므로

$$\int_{-1}^{2} \{|f(x)| + f(x)\}dx$$

$$= \int_{-1}^{1} \{f(x) + f(x)\}dx$$

$$+ \int_{1}^{2} \{-f(x) + f(x)\}dx$$

$$= 2\int_{-1}^{1} f(x)dx$$

$$= 2 \times 16 = 32$$

다른 풀이 (2) $\displaystyle\int_{-1}^{2} f(x)dx = \frac{27}{2}$,

$$\int_{-1}^{2} |f(x)|dx = \frac{37}{2}$$

이므로

$$\int_{-1}^{2} \{|f(x)| + f(x)\}dx$$

$$= \int_{-1}^{2} |f(x)|dx + \int_{-1}^{2} f(x)dx$$

$$= \frac{37}{2} + \frac{27}{2}$$

$$= 32$$

정답 (1) $\dfrac{27}{2}$ (2) 32

01-2

포물선 $y=f(x)$와 y축 및 두 직선 $x=4$, $y=4$로 둘러싸인 도형의 넓이가 10이므로

$$\int_{0}^{4} \{4 - f(x)\}dx = 10$$

또한 x축, y축 및 두 직선 $x=4$, $y=4$로 둘러싸인 정사각형의 넓이가 16이므로

$$\int_{0}^{4} f(x)dx + \int_{0}^{4} \{4 - f(x)\}dx = 16$$

$$\therefore \int_{0}^{4} f(x)dx = 6$$

이때, 포물선 $y=f(x)$는 직선 $x=2$에 대하여 대칭이므로

$$\int_{0}^{2} f(x)dx = \frac{1}{2}\int_{0}^{4} f(x)dx = \frac{1}{2} \times 6 = 3$$

$$\therefore \int_{0}^{2} \{2 - f(x)\}dx = \int_{0}^{2} 2dx - \int_{0}^{2} f(x)dx$$

$$= 4 - 3 = 1$$

정답 1

01-3

곡선 $y=f(x)$와 직선 $y=3$으로 둘러싸인 두 도형 A, B의 넓이가 각각 7, 2이므로

$$\int_{1}^{6} \{f(x) - 3\}dx$$

$$= \int_{1}^{4} \{f(x) - 3\}dx + \int_{4}^{6} \{f(x) - 3\}dx$$

$$= \int_{1}^{4} \{f(x) - 3\}dx - \int_{4}^{6} \{3 - f(x)\}dx$$

$$= 7 - 2 = 5$$

한편, 곡선 $y=f(x-2)$는 곡선 $y=f(x)$를 x축의 방향으로 2만큼 평행이동한 것이므로

$$\int_{3}^{6} f(x-2)dx = \int_{1}^{4} f(x)dx$$

$$= \int_{1}^{4} \{f(x) - 3\}dx + \int_{1}^{4} 3dx$$

$$= 7 + 9 = 16$$

$$\therefore \text{(주어진 식)} = 5 + 16 = 21$$

보충 설명 함수 $y=f(x)$의 그래프를 x축의 방향으로 m만큼, y축의 방향으로 n만큼 평행이동하면 함수 $y=f(x-m)+n$의 그래프와 일치합니다.

정답 21

예제 02 곡선과 x축 사이의 넓이　p.319

02-**1**

(1) 포물선 $y=-x^2-5x-6$
과 x축의 교점의 x좌표는
$-x^2-5x-6=0$에서
$-(x+3)(x+2)=0$
$\therefore x=-3$ 또는 $x=-2$

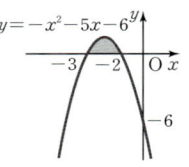

이때, 구간 $[-3,\ -2]$에서 $y\geq0$이므로 구하는
넓이를 S라고 하면
$$S=\int_{-3}^{-2}(-x^2-5x-6)dx$$
$$=\left[-\frac{1}{3}x^3-\frac{5}{2}x^2-6x\right]_{-3}^{-2}$$
$$=\frac{1}{6}$$

(2) 곡선 $y=x^3-x^2-2x$와
x축의 교점의 x좌표는
$x^3-x^2-2x=0$에서
$x(x+1)(x-2)=0$
$\therefore\ x=-1$ 또는 $x=0$
또는 $x=2$

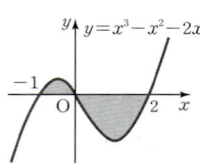

이때, 구간 $[-1,\ 0]$에서 $y\geq0$, 구간 $[0,\ 2]$에서
$y\leq0$이므로 구하는 넓이를 S라고 하면
$$S=\int_{-1}^{0}(x^3-x^2-2x)dx$$
$$-\int_{0}^{2}(x^3-x^2-2x)dx$$
$$=\left[\frac{1}{4}x^4-\frac{1}{3}x^3-x^2\right]_{-1}^{0}$$
$$-\left[\frac{1}{4}x^4-\frac{1}{3}x^3-x^2\right]_{0}^{2}$$
$$=\frac{5}{12}+\frac{8}{3}=\frac{37}{12}$$

(3) 곡선
$y=x^4-x^3-2x^2$과
x축의 교점의 x좌표는
$x^4-x^3-2x^2=0$에서
$x^2(x+1)(x-2)=0$
$\therefore\ x=-1$ 또는 $x=0$ 또는 $x=2$

이때, 구간 $[-1,\ 0]$에서 $y\leq0$, 구간 $[0,\ 2]$에서
$y\leq0$이므로 구하는 넓이를 S라고 하면

$$S=-\int_{-1}^{2}(x^4-x^3-2x^2)dx$$
$$=-\left[\frac{1}{5}x^5-\frac{1}{4}x^4-\frac{2}{3}x^3\right]_{-1}^{2}$$
$$=\frac{44}{15}+\frac{13}{60}=\frac{189}{60}=\frac{63}{20}$$

(4) 곡선 $y=x(|x|-2)$와 x축의 교점의 x좌표는
$x(|x|-2)=0$에서
$$x(|x|-2)=\begin{cases}x(x-2) & (x\geq0)\\-x(x+2) & (x<0)\end{cases}$$
이므로 $x\geq0$일 때, $x=0$ 또는 $x=2$
$x<0$일 때, $x=-2$

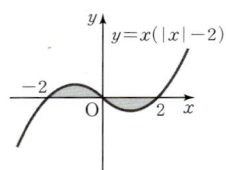

이때, 구간 $[-2,\ 0]$에서 $y\geq0$, 구간 $[0,\ 2]$에서
$y\leq0$이므로 구하는 넓이를 S라고 하면
$$S=\int_{-2}^{0}\{-x(x+2)\}dx$$
$$+\int_{0}^{2}\{-x(x-2)\}dx$$
$$=\int_{-2}^{0}(-x^2-2x)dx$$
$$+\int_{0}^{2}(-x^2+2x)dx$$
$$=\left[-\frac{1}{3}x^3-x^2\right]_{-2}^{0}+\left[-\frac{1}{3}x^3+x^2\right]_{0}^{2}$$
$$=\frac{4}{3}+\frac{4}{3}=\frac{8}{3}$$

정답 (1) $\dfrac{1}{6}$　(2) $\dfrac{37}{12}$　(3) $\dfrac{63}{20}$　(4) $\dfrac{8}{3}$

02-**2**

(1) 오른쪽 그림에서 어두운 부
분의 넓이는
$$\int_{-2}^{0}(-4x^3)dx$$
$$+\int_{0}^{a}4x^3dx$$

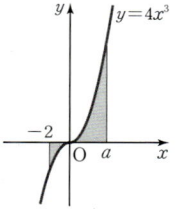

$$=\left[-x^4\right]_{-2}^0+\left[x^4\right]_0^a=16+a^4$$

따라서 $16+a^4=97$이므로

$$a^4=81 \quad \therefore a=3 \ (\because a>0)$$

(2) 오른쪽 그림에서 어두운
부분의 넓이는

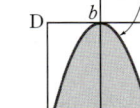

$$-\int_a^0 x(x-a)^2 dx$$
$$=\int_0^a (x^3-2ax^2+a^2x)dx$$
$$=\left[\frac{1}{4}x^4-\frac{2a}{3}x^3+\frac{a^2}{2}x^2\right]_0^a=\frac{a^4}{12}$$

따라서 $\dfrac{a^4}{12}=108$이므로

$$a^4=1296 \quad \therefore a=-6 \ (\because a<0)$$

정답 (1) 3 (2) -6

02-3

두 꼭짓점 A, B의 x좌표를 각각 $-a$, $a\,(a>0)$, 두 꼭짓점 C, D의 y좌표를 $b\,(b>0)$라고 하면

$$S_2=2ab$$

이때, 점 $(0,\,b)$는 주어진 포물선의 꼭짓점이므로

$$y=kx^2+b\,(k<0)$$

라고 할 수 있고, 이 포물선이 점 $(a,\,0)$을 지나므로

$$0=ka^2+b \quad \therefore k=-\frac{b}{a^2}$$

따라서 주어진 포물선의
방정식은

$$y=-\frac{b}{a^2}x^2+b$$

이므로

$$S_1$$
$$=\int_{-a}^a\left(-\frac{b}{a^2}x^2+b\right)dx$$
$$=2\int_0^a\left(-\frac{b}{a^2}x^2+b\right)dx$$
$$=2\left[-\frac{b}{3a^2}x^3+bx\right]_0^a=\frac{4}{3}ab$$

$$\therefore \frac{S_1}{S_2}=\frac{\dfrac{4}{3}ab}{2ab}=\frac{2}{3}$$

정답 $\dfrac{2}{3}$

예제 03 곡선과 직선 사이의 넓이   p.321

03-1

$f(x)=x^3-3x^2+x+4$로 놓으면

$f'(x)=3x^2-6x+1$이므로 곡선 위의 점 $(0,\,4)$에서의 접선의 기울기는

$$f'(0)=1$$

따라서 곡선 $y=x^3-3x^2+x+4$ 위의 점 $(0,\,4)$에서의 접선의 방정식은

$$y-4=x \quad \therefore y=x+4$$

곡선 $y=x^3-3x^2+x+4$와 직선 $y=x+4$의 교점의 x좌표는 $x^3-3x^2+x+4=x+4$에서

$$x^3-3x^2=0$$
$$x^2(x-3)=0$$
$$\therefore x=0 \ \text{또는} \ x=3$$

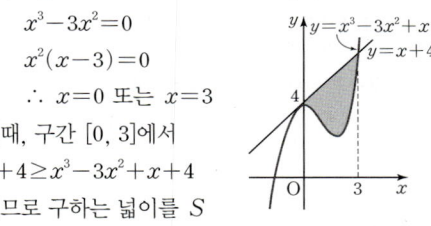

이때, 구간 $[0,\,3]$에서

$$x+4\geq x^3-3x^2+x+4$$

이므로 구하는 넓이를 S
라고 하면

$$S=\int_0^3\{(x+4)-(x^3-3x^2+x+4)\}dx$$
$$=\int_0^3(-x^3+3x^2)dx$$
$$=\left[-\frac{1}{4}x^4+x^3\right]_0^3=\frac{27}{4}$$

정답 $\dfrac{27}{4}$

03-2

(1) 포물선 $y=x^2$과 직선
$y=ax$의 교점의 x좌
표는 $x^2=ax$에서

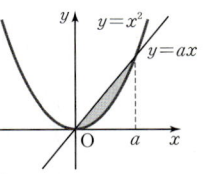

$$x^2-ax=0$$
$$x(x-a)=0$$
$$\therefore x=0 \ \text{또는} \ x=a$$

이때, $a>0$이므로 구간 $[0, a]$에서 $ax \geq x^2$이고 두 그래프로 둘러싸인 도형의 넓이가 36이므로

$$\int_0^a (ax-x^2)dx = \left[\frac{a}{2}x^2 - \frac{1}{3}x^3 \right]_0^a$$
$$= \frac{a^3}{6} = 36$$

$a^3 = 6^3$ $\therefore a=6$

(2) 포물선 $y=x^2+2k$와 직선 $y=(k+2)x$의 교점의 x좌표는

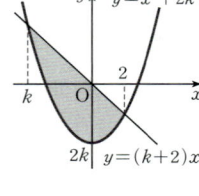

$x^2+2k=(k+2)x$에서
$x^2-(k+2)x+2k=0$
$(x-k)(x-2)=0$
$\therefore x=k$ 또는 $x=2$

이때, $k<0$이므로 구간 $[k, 2]$에서 $(k+2)x \geq x^2+2k$이고 두 그래프로 둘러싸인 도형의 넓이가 36이므로

$$\int_k^2 \{(k+2)x-(x^2+2k)\}dx$$
$$= \left[\frac{k+2}{2}x^2 - \frac{1}{3}x^3 - 2kx \right]_k^2 = \frac{(2-k)^3}{6} = 36$$

$(2-k)^3 = 6^3$ $\therefore k=-4$

정답 (1) 6 (2) -4

03-3

$f(x)=4-x^2$으로 놓으면 $f'(x)=-2x$이므로 곡선 위의 점 $(t, 4-t^2)$에서의 접선의 기울기는

$$f'(t)=-2t$$

따라서 곡선 $y=4-x^2$ 위의 점 $(t, 4-t^2)$에서의 접선의 방정식은

$$y-(4-t^2)=-2t(x-t)$$
$$\therefore y=-2tx+t^2+4$$

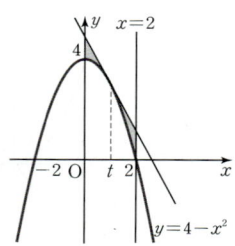

이때, 구간 $[0, 2]$에서 $-2tx+t^2+4 \geq 4-x^2$이므로 구하는 도형의 넓이는

$$\int_0^2 \{(-2tx+t^2+4)-(4-x^2)\}dx$$
$$= \int_0^2 (x^2-2tx+t^2)dx = \left[\frac{1}{3}x^3 - tx^2 + t^2x \right]_0^2$$
$$= \frac{8}{3} - 4t + 2t^2 = 2(t-1)^2 + \frac{2}{3}$$

$0<t<2$이므로 구하는 넓이의 최솟값은 $\frac{2}{3}$입니다.

정답 $\frac{2}{3}$

예제 04 두 곡선 사이의 넓이   p.323

04-1

두 곡선의 교점의 x좌표는 $x^2-2x=x^3-2x^2$에서
$x^3-3x^2+2x=0$, $x(x-1)(x-2)=0$
$\therefore x=0$ 또는 $x=1$ 또는 $x=2$

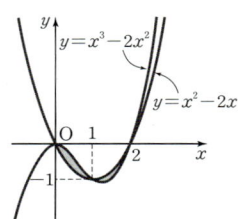

이때, 구간 $[0, 1]$에서 $x^3-2x^2 \geq x^2-2x$이고 구간 $[1, 2]$에서 $x^2-2x \geq x^3-2x^2$이므로 구하는 넓이를 S라고 하면

$$S=\int_0^1 \{(x^3-2x^2)-(x^2-2x)\}dx$$
$$+ \int_1^2 \{(x^2-2x)-(x^3-2x^2)\}dx$$
$$= \int_0^1 (x^3-3x^2+2x)dx$$
$$- \int_1^2 (x^3-3x^2+2x)dx$$
$$= \left[\frac{1}{4}x^4 - x^3 + x^2 \right]_0^1 - \left[\frac{1}{4}x^4 - x^3 + x^2 \right]_1^2$$
$$= \frac{1}{4} + \frac{1}{4} = \frac{1}{2}$$

정답 $\frac{1}{2}$

04-2

주어진 그림에서 삼차함수 $y=f(x)$의 그래프와 포물선 $y=g(x)$의 교점의 x좌표가 0, 3이고, $x=3$일 때 두 곡선 $y=f(x)$, $y=g(x)$는 접합니다.

삼차함수 $f(x)$의 최고차항의 계수가 1이므로

$$f(x)-g(x)=x(x-3)^2$$

따라서 색칠한 부분의 넓이는

$$\int_0^3 \{f(x)-g(x)\}dx$$
$$=\int_0^3 x(x-3)^2 dx$$
$$=\int_0^3 (x^3-6x^2+9x)dx$$
$$=\left[\frac{1}{4}x^4-2x^3+\frac{9}{2}x^2\right]_0^3=\frac{27}{4}$$

정답 $\dfrac{27}{4}$

04-3

함수 $f(x)=|x(x-a)(x-b)(x-c)|$의 그래프를 y축의 방향으로 4만큼 평행이동하면

$$g(x)=|x(x-a)(x-b)(x-c)|+4$$

두 함수 $y=f(x)$, $y=g(x)$의 그래프 및 두 직선 $x=-2$, $x=4$로 둘러싸인 도형의 넓이를 S라고 하면

$$S=\int_{-2}^4 \{g(x)-f(x)\}dx=\int_{-2}^4 4\,dx$$
$$=\left[4x\right]_{-2}^4=24$$

정답 24

예제 05 두 도형의 넓이가 같을 조건   p.325

05-1

$y=x^2-4x+k=(x-2)^2+k-4$이므로 곡선 $y=x^2-4x+k$는 직선 $x=2$에 대하여 대칭입니다.

따라서 $A:B=2:1$이므로 오른쪽 그림에서 빗금 친 도형의 넓이는 B와 같습니다.

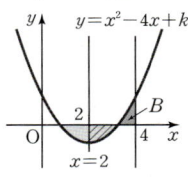

$$\therefore \int_2^4 (x^2-4x+k)dx$$
$$=\left[\frac{1}{3}x^3-2x^2+kx\right]_2^4$$
$$=2k-\frac{16}{3}=0$$
$$\therefore k=\frac{8}{3}$$

정답 $\dfrac{8}{3}$

05-2

(1) 곡선 $y=x^3-(a+2)x^2+2ax$와 x축의 교점의 x좌표는 $x^3-(a+2)x^2+2ax=0$에서

$$x(x-a)(x-2)=0$$
$$\therefore x=0 \text{ 또는 } x=a \text{ 또는 } x=2$$

이때, $0<a<2$이므로 구간 $[0, a]$에서 $y\geq 0$, 구간 $[a, 2]$에서 $y\leq 0$입니다.

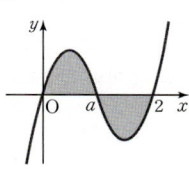

두 구간에서의 도형의 넓이가 서로 같으므로

$$\int_0^2 \{x^3-(a+2)x^2+2ax\}dx$$
$$=\left[\frac{1}{4}x^4-\frac{a+2}{3}x^3+ax^2\right]_0^2$$
$$=4-\frac{8(a+2)}{3}+4a=0$$
$$4a-4=0 \quad \therefore a=1$$

(2) 곡선 $y=x(x-a)(x-a-1)$과 x축의 교점의 x좌표는 $x(x-a)(x-a-1)=0$에서

$$\therefore x=0 \text{ 또는 } x=a \text{ 또는 } x=a+1$$

이때, $a>0$이므로 구간 $[0, a]$에서 $y\geq 0$, 구간 $[a, a+1]$에서 $y\leq 0$입니다.

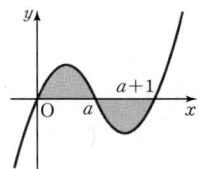

두 구간에서의 도형의 넓이가 서로 같으므로

$$\int_0^{a+1} \{x^3-(2a+1)x^2+(a^2+a)x\}dx$$

$$=\left[\frac{1}{4}x^4-\frac{2a+1}{3}x^3+\frac{a^2+a}{2}x^2\right]_0^{a+1}$$

$$=\frac{(a+1)^4}{4}-\frac{(2a+1)(a+1)^3}{3}$$
$$+\frac{(a^2+a)(a+1)^2}{2}$$

$$=0$$

$$\frac{(a+1)^3(a-1)}{12}=0$$

$$\therefore a=1\ (\because a>0)$$

정답 (1) 1 (2) 1

05-3

포물선 $y=ax(1-x)$가 두 곡선 $y=x^4-x^3$,
$y=-x^4+x$로 둘러싸인 도형의 넓이를 이등분하므
로 두 곡선으로 둘러싸인 도형의 넓이의 $\frac{1}{2}$은 곡선
$y=-x^4+x$와 포물선 $y=ax(1-x)$로 둘러싸인 도
형의 넓이와 같습니다. 즉,

$$\frac{1}{2}\int_0^1\{(-x^4+x)-(x^4-x^3)\}dx$$

$$=\int_0^1\{(-x^4+x)-(ax-ax^2)\}dx$$

$$\frac{1}{2}\left[-\frac{2}{5}x^5+\frac{1}{4}x^4+\frac{1}{2}x^2\right]_0^1$$

$$=\left[-\frac{1}{5}x^5+\frac{a}{3}x^3+\frac{1-a}{2}x^2\right]_0^1$$

$$\frac{7}{40}=-\frac{1}{5}+\frac{3-a}{6}\qquad\therefore a=\frac{3}{4}$$

정답 $\frac{3}{4}$

예제 06 속도와 위치 및 거리　　　　　p.331

06-1

(1) 출발 후 $t=2$부터 $t=4$까지의 속도 $v(t)=0$이
므로 점 P는 2초 동안 멈추어 있었습니다.

(2) 주어진 그래프에서 $\int_0^9 v(t)dt=0$이므로 $t=9$일
때 점 P의 위치는 원점입니다. 즉, 점 P는 출발한

지 9초 후에 다시 출발점으로 돌아옵니다.

(3) 점 P가 출발 후 9초 동안 움직인 거리는
$\int_0^9|v(t)|dt$이고, 이는 주어진 그래프와 t축으
로 둘러싸인 세 도형의 넓이의 합과 같습니다.
즉, 9초 동안 움직인 거리는

$$\frac{1}{2}\times2\times2+\frac{1}{2}\times2\times2+\frac{1}{2}\times(1+3)\times2=8$$

보충 설명 어떤 물리량 사이의 관계를 그래프로 나타
내는 경우가 많습니다. 함수가 그래프로 주어지면
(1) 그래프의 넓이가 나타내는 물리량
(2) 그래프의 기울기가 나타내는 물리량
이 무엇인지를 파악하는 것이 중요합니다. 이때, x축
과 y축이 나타내는 물리량 사이의 관계를 파악하여
알고 있는 물리 공식과 연관시켜 생각합니다.

(1) 그래프의 넓이가 나타내는 물리량 : 적분의 개념
　다음 그래프에서 x축은 시간, y축은 속도를 나타
　냅니다.

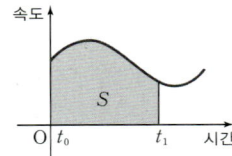

⇨ 알고 있는 물리 공식 : (속도)×(시간)=(거리)
　이때, 넓이 S는 시각이 t_0에서 t_1까지 변할 때 물
　체가 움직인 거리임을 알 수 있습니다.
　이것은 정적분을 이용하여 구할 수 있습니다.

(2) 그래프의 기울기가 나타내는 물리량 : 미분의 개념
　다음 그래프에서 x축은 시간, y축은 속도를 나타
　냅니다.

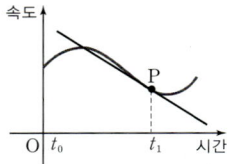

⇨ 알고 있는 물리 공식
　: $\dfrac{(속도의\ 변화량)}{(걸린\ 시간)}=(평균가속도)$
　이때, 순간가속도는 매우 짧은 시간 동안의 평균

가속도이므로 위의 그림에서 점 P에서의 접선의 기울기는 시각 t_1에서의 순간가속도임을 알 수 있습니다.

이것은 미분을 이용하여 구할 수 있습니다.

정답 (1) 2초 (2) 9초 (3) 8

06-2

주어진 그래프에서 $v(t)$는

$$v(t) = \begin{cases} t & (0 \leq t \leq 2) \\ 2 & (2 \leq t \leq 4) \\ -2t+10 & (4 \leq t \leq 6) \end{cases}$$

이고, 시각 t에서의 이 물체의 위치 $x(t)$는

$$x(t) = -2 + \int_0^t v(t)dt$$

입니다.

ㄱ. $t=2$일 때 이 물체의 위치는

$$x(2) = -2 + \int_0^2 t\,dt$$
$$= -2 + \left[\frac{1}{2}t^2 \right]_0^2 = 0$$

즉, $t=2$일 때 물체는 원점을 지납니다. (참)

ㄴ. $t=5$일 때 $v(5)=0$이고, 이때 $v(t)$의 부호가 양에서 음으로 바뀌므로 물체는 움직이는 방향을 바꿉니다. (참)

ㄷ. 물체가 6초 동안 움직인 거리는

$$\int_0^6 |v(t)|\,dt$$
$$= \int_0^2 t\,dt + \int_2^4 2\,dt + \int_4^5 (-2t+10)\,dt$$
$$\qquad\qquad\qquad - \int_5^6 (-2t+10)\,dt$$
$$= 2+4+1+1 = 8 \text{ (거짓)}$$

따라서 옳은 것은 ㄱ, ㄴ입니다.

정답 ㄱ, ㄴ

06-3

'가' 지점에서 '나' 지점까지의 거리를 s라고 하면

ㄱ. (평균속도)$=\dfrac{\text{(위치의 변화량)}}{\text{(걸린 시간)}}$이므로

자동차 A의 평균속도는 $\dfrac{s}{40}$,

자동차 C의 평균속도는 $\dfrac{s}{40}$입니다.

즉, 두 자동차 A, C의 평균속도는 같습니다.

(참)

ㄴ. 자동차 C의 속도를 나타내는 그래프에서 이동 중에 $v=0$이었던 적이 없으므로 달리는 도중 멈춘 적은 없습니다. (거짓)

ㄷ. 세 자동차의 그래프와 t축으로 둘러싸인 도형의 넓이는 모두

$$\int_0^t |v|\,dt = \int_0^t v\,dt$$

이고, 이는 위치의 변화량을 나타냅니다.

이때, 세 자동차 모두 '가' 지점에서 출발하여 '나' 지점에 도착하였으므로 위치의 변화량이 모두 같습니다. 즉, 도형의 넓이 또한 모두 같습니다. (참)

따라서 옳은 것은 ㄱ, ㄷ입니다.

정답 ㄱ, ㄷ

예제 07 속도와 거리의 활용 p.333

07-1

(1) 1초 후 물체의 지면으로의 높이는

$$5 + \int_0^1 (98-9.8t)\,dt$$
$$= 5 + \left[98t - 4.9t^2 \right]_0^1$$
$$= 98.1 \text{ (m)}$$

(2) 물체가 최고점에 도달하였을 때의 속도는 0이므로 그때의 시각은

$$98 - 9.8t = 0 \qquad \therefore t = 10 \text{(초)}$$

따라서 10초 후 물체의 지면으로부터의 높이는

$$5 + \int_0^{10} (98-9.8t)\,dt$$
$$= 5 + \left[98t - 4.9t^2 \right]_0^{10}$$
$$= 495 \text{ (m)}$$

(3) 던진 지 15초 후까지 물체가 움직인 거리는

$$\int_0^{15} |98-9.8t|\,dt$$

$$=\int_0^{10} (98-9.8t)\,dt+\int_{10}^{15} (9.8t-98)\,dt$$

$$=\Big[98t-4.9t^2\Big]_0^{10}+\Big[4.9t^2-98t\Big]_{10}^{15}$$

$$=612.5\,(\mathrm{m})$$

정답 (1) 98.1 m (2) 495 m (3) 612.5 m

07-2

물체가 최고점에 도달할 때의 속도는 0이므로 그때의 시각은

$$a-10t=0 \qquad \therefore\ t=\frac{a}{10}\,(초)$$

이때, $\dfrac{a}{10}$ 초 후 물체의 지면으로부터의 높이는

$$\int_0^{\frac{a}{10}} (a-10t)\,dt=\Big[at-5t^2\Big]_0^{\frac{a}{10}}$$

$$=\frac{a^2}{20}$$

즉, $\dfrac{a}{10}$ 초 후 물체의 지면으로부터의 높이가 500 m 이상이어야 하므로

$$\frac{a^2}{20}\geq 500,\ a^2\geq 10000$$

$$\therefore\ a\geq 100 \ (\because\ a>0)$$

따라서 100 m/s 이상의 속력으로 쏘아야 합니다.

정답 100 m/s

07-3

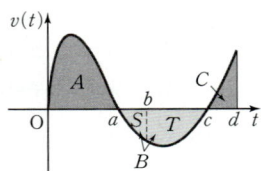

위의 그림과 같이 세 구간 $[0,\ a]$, $[a,\ c]$, $[c,\ d]$에서 곡선 $y=v(t)$와 t축으로 둘러싸인 세 도형의 넓이

를 각각 A, B, C라고 하면

$$\int_0^a |v(t)|\,dt=A,\quad \int_a^c |v(t)|\,dt=B,$$

$$\int_c^d |v(t)|\,dt=C$$

이때,

$$\int_0^a |v(t)|\,dt=\int_0^d |v(t)|\,dt$$

$$=\int_a^c |v(t)|\,dt+\int_c^d |v(t)|\,dt$$

이므로

$$A=B+C \qquad\qquad\qquad \cdots\cdots\ \text{㉠}$$

ㄱ. 점 P는

$0\leq t\leq a$일 때 A만큼의 거리를 수직선의 양의 방향으로 움직이고

$a\leq t\leq c$일 때 B만큼의 거리를 수직선의 음의 방향으로 움직이며

$c\leq t\leq d$일 때 C만큼의 거리를 수직선의 양의 방향으로 움직입니다.

이때, ㉠에서 $A>B$이므로 점 P는 출발 후 원점을 다시 지나지 않습니다. (거짓)

ㄴ. $\displaystyle\int_0^a v(t)\,dt=A,\ \int_a^c v(t)\,dt=-B$이므로

$$\int_0^c v(t)\,dt=\int_0^a v(t)\,dt+\int_a^c v(t)\,dt$$

$$=A-B$$

이때, $\displaystyle\int_c^d v(t)\,dt=C$이고 ㉠에서

$A-B=C$이므로

$$\int_0^c v(t)\,dt=\int_c^d v(t)\,dt \ (참)$$

ㄷ. $\displaystyle\int_a^b |v(t)|\,dt=S,\ \int_b^c |v(t)|\,dt=T$라고 하면

$$\int_0^b v(t)\,dt=A-S,$$

$$\int_b^d |v(t)|\,dt=T+C$$

이때, $S+T=B$, $A=B+C$이므로

$$A-S=A-(B-T)$$

$$=C+T$$

$$\therefore\ \int_0^b v(t)\,dt=\int_b^d |v(t)|\,dt \ (참)$$

따라서 옳은 것은 ㄴ, ㄷ입니다.

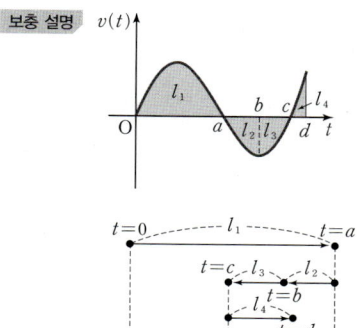

시각 t에 따른 속도 $v(t)$의 그래프가 주어진 경우, 곡선 $y=v(t)$와 t축으로 둘러싸인 도형의 넓이는 이동거리를 나타냅니다. 이때, t축의 위쪽에 있는 도형의 넓이는 물체가 양의 방향으로 움직인 거리이고, t축의 아래쪽에 있는 도형의 넓이는 물체가 음의 방향으로 움직인 거리입니다.

정답　ㄴ, ㄷ

기본 다지기　　　　　　　　　　　p.334~335

10-1 $\dfrac{16}{3}$　**2** 8　**3** $-\dfrac{1}{3}$　**4** 36　**5** 8

　　 6 40　**7** $\dfrac{4}{9}$　**8** $\dfrac{\sqrt{2}}{2}$　**9** 275 m

　　 10 300 m

10-**1**

접근 방법 곡선의 개형을 그려서 곡선과 x축 및 y축으로 둘러싸인 도형의 위치를 확인한 후 두 도형의 넓이가 서로 같음을 이용합니다.

상세 풀이 주어진 곡선이 x축과 만나는 점의 x좌표는 $-x^2+ax+16-4a=0$에서

$$x^2-ax-16+4a=0$$
$$(x-4)(x+4-a)=0$$
$$\therefore x=4 \text{ 또는 } x=a-4$$

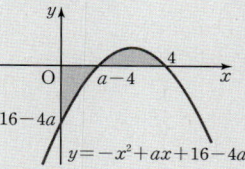

이때, $4<a<8$에서 $0<a-4<4$이므로 구간 $[0,\ a-4]$에서 $y\leq0$, 구간 $[a-4,\ 4]$에서 $y\geq0$입니다.

여기서 두 구간에서의 넓이가 서로 같으므로

$$\int_0^4 (-x^2+ax+16-4a)\,dx$$
$$=\left[-\frac{1}{3}x^3+\frac{a}{2}x^2+(16-4a)x \right]_0^4$$
$$=\frac{128}{3}-8a$$
$$=0$$
$$\therefore a=\frac{16}{3}$$

보충 설명 넓이는 항상 양수이지만 정적분의 값은 음수일 수도 있다는 사실을 잊지 않도록 합니다.

정답　$\dfrac{16}{3}$

10-2

접근 방법 주어진 그래프에서 S_1, S_2, S_3을 정적분을 이용하여 나타낸 후 $S_2 = S_1 + S_3$을 만족시키는 a의 값을 찾아봅니다.

상세 풀이 주어진 곡선과 x축의 두 교점의 x좌표를 각각 α, β $(0 < \alpha < \beta < 2)$라고 하면

$$\int_0^2 (x^2 - 2x + a)dx$$
$$= \int_0^\alpha (x^2 - 2x + a)dx$$
$$\quad + \int_\alpha^\beta (x^2 - 2x + a)dx$$
$$\quad + \int_\beta^2 (x^2 - 2x + a)dx$$
$$= S_1 + (-S_2) + S_3 = 0$$

이때,

$$\int_0^2 (x^2 - 2x + a)dx = \left[\frac{1}{3}x^3 - x^2 + ax \right]_0^2$$
$$= -\frac{4}{3} + 2a$$

이므로 $-\frac{4}{3} + 2a = 0$ $\therefore a = \frac{2}{3}$

$$\therefore 12a = 12 \times \frac{2}{3} = 8$$

보충 설명 $S_2 = S_1 + S_3$에서 S_2에 해당하는 정적분의 값은 음수이므로 구간 $[0, 2]$에서의 정적분의 값은 0이 된다는 것을 알 수 있습니다.

정답 8

이때, 구간 $[-1, 0]$에서 $y \geq 0$이고 구간 $[0, 1]$에서 $y \leq 0$이므로 곡선 $y = x^3 - x$와 x축으로 둘러싸인 도형의 넓이 S_1은

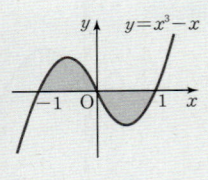

$$S_1 = \int_{-1}^0 (x^3 - x)dx - \int_0^1 (x^3 - x)dx$$
$$= \left[\frac{1}{4}x^4 - \frac{1}{2}x^2 \right]_{-1}^0 - \left[\frac{1}{4}x^4 - \frac{1}{2}x^2 \right]_0^1$$
$$= \frac{1}{2}$$

또한 곡선 $y = x^2 - x$와 x축의 교점의 x좌표는 $x^2 - x = 0$에서

$$x(x-1) = 0$$
$$\therefore x = 0 \text{ 또는 } x = 1$$

이때, 구간 $[0, 1]$에서 $y \leq 0$이므로 곡선 $y = x^2 - x$와 x축으로 둘러싸인 도형의 넓이 S_2는

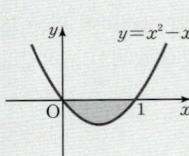

$$S_2 = -\int_0^1 (x^2 - x)dx$$
$$= -\left[\frac{1}{3}x^3 - \frac{1}{2}x^2 \right]_0^1 = \frac{1}{6}$$
$$\therefore S_2 - S_1 = \frac{1}{6} - \frac{1}{2} = -\frac{1}{3}$$

보충 설명 곡선 $y = x^2 - x$와 x축의 교점의 좌표는 $(0, 0)$, $(1, 0)$이므로 곡선 $y = x^2 - x$와 x축으로 둘러싸인 도형의 넓이 S_2는

$$S_2 = \frac{|1|}{6}(1-0)^3 = \frac{1}{6} \quad \leftarrow S = \frac{|a|}{6}(\beta - \alpha)^3$$

과 같이 구할 수도 있습니다.

정답 $-\frac{1}{3}$

10-3

접근 방법 주어진 두 곡선과 x축의 교점의 x좌표를 구한 후 정적분을 이용하여 S_1, S_2를 구합니다.

상세 풀이 곡선 $y = x^3 - x$와 x축의 교점의 x좌표는 $x^3 - x = 0$에서

$$x(x+1)(x-1) = 0$$
$$\therefore x = -1 \text{ 또는 } x = 0 \text{ 또는 } x = 1$$

10-4

접근 방법 곡선 $y = x^2 + ax + b$와 직선 $y = 5$의 교점의 x좌표는 방정식 $x^2 + ax + b = 5$의 두 실근과 같습니다.

이차방정식 $x^2+ax+b=5$의 두 실근을 α, $\beta\,(\alpha<\beta)$라고 하면

$$\alpha+\beta=-a,\ \alpha\beta=b-5 \qquad \cdots\cdots\ \text{㉠}$$

또한 곡선 $y=x^2+ax+b$와 직선 $y=5$의 두 교점 사이의 거리가 6이므로

$$\beta-\alpha=6 \qquad \cdots\cdots\ \text{㉡}$$

이때,

$$(\alpha+\beta)^2-4\alpha\beta=(\alpha-\beta)^2$$

이므로 ㉠, ㉡에서

$$(-a)^2-4(b-5)=(-6)^2$$
$$a^2-4b+20=36$$
$$\therefore a^2-4b=16 \qquad \cdots\cdots\ \text{㉢}$$

따라서 구하는 도형의 넓이는

$$\int_{\alpha}^{\beta}\{5-(x^2+ax+b)\}dx$$
$$=-\int_{\alpha}^{\beta}(x^2+ax+b-5)dx$$
$$=-\left[\frac{1}{3}x^3+\frac{a}{2}x^2+(b-5)x\right]_{\alpha}^{\beta}$$
$$=-\left\{\frac{1}{3}(\beta^3-\alpha^3)+\frac{a}{2}(\beta^2-\alpha^2)\right.$$
$$\left.+(b-5)(\beta-\alpha)\right\}$$
$$=-\frac{\beta-\alpha}{6}\{2(\beta^2+\alpha\beta+\alpha^2)+3a(\beta+\alpha)$$
$$+6(b-5)\}$$
$$=-\frac{\beta-\alpha}{6}\{2(\alpha+\beta)^2-2\alpha\beta+3a(\alpha+\beta)$$
$$+6(b-5)\}$$
$$=-\frac{6}{6}\{2\times(-a)^2-2\times(b-5)$$
$$+3a\times(-a)+6(b-5)\}$$
$$(\because\ \text{㉠},\ \text{㉡})$$
$$=-(2a^2-2b+10-3a^2+6b-30)$$
$$=a^2-4b+20$$
$$=16+20\ (\because\ \text{㉢})$$
$$=36$$

평행이동을 하더라도 도형의 넓이는 변하지 않습니다. 따라서 곡선 $y=x^2+ax+b$와 직선 $y=5$의 두 교점을 잇는 선분의 중점이 원점이 되도록 평행이동하면 다음 그림과 같으므로

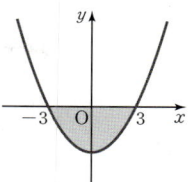

구하는 도형의 넓이 S는

$$S=\frac{|1|}{6}\{3-(-3)\}^3=36 \ \leftarrow S=\frac{|a|}{6}(\beta-\alpha)^3$$

정답 36

10-5

$S_1+S_2=32$임을 이용하여 a, b 사이의 관계식을 찾습니다.

$S_1+S_2=-\int_{-a}^{0}x^3dx+\int_{0}^{b}x^3dx$
$$=-\left[\frac{1}{4}x^4\right]_{-a}^{0}+\left[\frac{1}{4}x^4\right]_{0}^{b}$$
$$=\frac{1}{4}(a^4+b^4)=32$$

즉, $a^4+b^4=128$이고 $a>0$, $b>0$이므로 산술평균과 기하평균의 관계에 의하여

$$a^4+b^4\geq 2\sqrt{a^4b^4}=2a^2b^2$$
$$128\geq 2a^2b^2,\ a^2b^2\leq 64$$
$$\therefore ab\leq 8\ (\text{단, 등호는 } a=b \text{일 때 성립한다.})$$

따라서 ab의 최댓값은 8입니다.

산술평균과 기하평균의 관계

$a>0$, $b>0$일 때

$$\frac{a+b}{2}\geq\sqrt{ab}\ (\text{단, 등호는 } a=b \text{일 때 성립한다.})$$

정답 8

10-6

$\displaystyle\int_{0}^{2018}f(x)dx=\int_{3}^{2018}f(x)dx$에서 $\displaystyle\int_{0}^{3}f(x)dx=0$임을 이용하여 이차함수 $f(x)$를 구합니다.

상세 풀이 이차함수 $f(x)$는 최고차항의 계수가 1이고 $f(3)=0$이므로
$$f(x)=(x-3)(x-a) \ (a는\ 상수) \ \cdots\cdots\ \bigcirc$$
로 놓을 수 있습니다.

이때, $\displaystyle\int_0^{2018} f(x)dx=\int_3^{2018} f(x)dx$에서
$$\int_0^3 f(x)dx=0$$
이므로 $\bigcirc$을 대입하면
$$\int_0^3 (x-3)(x-a)dx$$
$$=\int_0^3 \{x^2-(a+3)x+3a\}dx$$
$$=\left[\frac{1}{3}x^3-\frac{a+3}{2}x^2+3ax\right]_0^3$$
$$=9-\frac{9}{2}a-\frac{27}{2}+9a=0$$
$$\therefore a=1$$
따라서 $f(x)=(x-3)(x-1)=x^2-4x+3$이므로
$$S=\int_1^3 |(x^2-4x+3)|dx \ \cdots\cdots\ \bigcirc\!\!\!\!\bigcirc$$
$$=-\int_1^3 (x^2-4x+3)dx$$
$$=-\left[\frac{1}{3}x^3-2x^2+3x\right]_1^3=\frac{4}{3}$$
$$\therefore 30S=30\times\frac{4}{3}=40$$

보충 설명 포물선 $y=ax^2+bx+c$와 x축의 서로 다른 두 교점의 x좌표가 α, β $(\alpha<\beta)$일 때, 포물선과 x축으로 둘러싸인 도형의 넓이 S는
$$S=\frac{|a|}{6}(\beta-\alpha)^3$$
입니다. 따라서 $\bigcirc\!\!\!\!\bigcirc$에서 구하는 넓이 S는
$$S=\frac{|1|}{6}(3-1)^3=\frac{8}{6}=\frac{4}{3}$$

정답 40

10-7

접근 방법 두 곡선 $y=f(x)$, $y=g(x)$가 직선 $y=x$에 대하여 대칭임을 이용합니다.

상세 풀이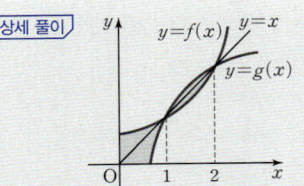

함수 $y=f(x)$의 그래프와 그 역함수 $y=g(x)$의 그래프는 직선 $y=x$에 대하여 대칭입니다. 즉, 두 함수의 그래프의 교점의 좌표가 $(1,\ 1)$, $(2,\ 2)$이므로
$f(1)=1$에서 $a+b=1$
$f(2)=2$에서 $4a+b=2$
위의 두 식을 연립하여 풀면 $a=\dfrac{1}{3}$, $b=\dfrac{2}{3}$
$$\therefore f(x)=\frac{1}{3}x^2+\frac{2}{3}$$
두 곡선 $y=f(x)$, $y=g(x)$ 및 x축, y축으로 둘러싸인 도형의 넓이는 곡선 $y=f(x)$와 직선 $y=x$ 및 y축으로 둘러싸인 도형의 넓이의 2배입니다.

따라서 $A=2\displaystyle\int_0^1 \{f(x)-x\}dx$,
$B=2\displaystyle\int_1^2 \{x-f(x)\}dx$이므로
$$A-B$$
$$=2\int_0^1 \{f(x)-x\}dx-2\int_1^2 \{x-f(x)\}dx$$
$$=2\int_0^1 \{f(x)-x\}dx+2\int_1^2 \{f(x)-x\}dx$$
$$=2\int_0^2 \{f(x)-x\}dx$$
$$=2\int_0^2 \left(\frac{1}{3}x^2+\frac{2}{3}-x\right)dx$$
$$=2\left[\frac{1}{9}x^3+\frac{2}{3}x-\frac{1}{2}x^2\right]_0^2=\frac{4}{9}$$

보충 설명 함수 $f(x)$의 역함수를 $g(x)$라고 하면 두 함수 $y=f(x)$, $y=g(x)$의 그래프는 직선 $y=x$에 대하여 대칭이므로 두 곡선 $y=f(x)$, $y=g(x)$로 둘러싸인 도형의 넓이 S는 곡선 $y=f(x)$와 직선 $y=x$로 둘러싸인 도형의 넓이의 2배입니다. 즉,
$$S=\int_\alpha^\beta |f(x)-g(x)|dx$$

$$=2\int_{\alpha}^{\beta}|f(x)-x|\,dx$$

$$(\text{단, } f(\alpha)=g(\alpha),\ f(\beta)=g(\beta))$$

정답 $\dfrac{4}{9}$

보충 설명 미분가능한 함수 $f(x)$에 대하여
$f'(a)=0$이고, $x=a$의 좌우에서
(1) $f'(x)$의 부호가 양에서 음으로 바뀌면 $f(x)$는
$\quad x=a$에서 극대입니다.
(2) $f'(x)$의 부호가 음에서 양으로 바뀌면 $f(x)$는
$\quad x=a$에서 극소입니다.

정답 $\dfrac{\sqrt{2}}{2}$

10-8

접근 방법 곡선 $y=x^2$과 직선 $y=ax$의 교점의 x좌표를 구한 후 정적분을 이용하여 $S(a)$를 구합니다. 그 다음 $S'(a)=0$을 만족시키는 a의 값을 찾아 $S(a)$가 최소가 되도록 하는 a의 값을 구합니다.

상세 풀이 곡선 $y=x^2$과 직선 $y=ax$의 교점의 x 좌표는 $x^2=ax$에서
$$x^2-ax=0,\ x(x-a)=0$$
$$\therefore\ x=0 \text{ 또는 } x=a$$
이때, $0<a<1$이므로
구간 $[0,\,a]$에서
$ax\geq x^2$, 구간 $[a,\,1]$
에서 $x^2\geq ax$입니다.
여기서 두 구간에서의
넓이의 합 $S(a)$는

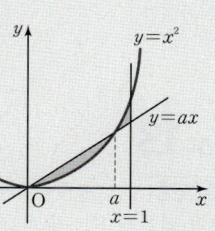

$$S(a)=\int_0^a (ax-x^2)\,dx+\int_a^1 (x^2-ax)\,dx$$
$$=\left[\frac{a}{2}x^2-\frac{1}{3}x^3\right]_0^a+\left[\frac{1}{3}x^3-\frac{a}{2}x^2\right]_a^1$$
$$=\frac{1}{3}a^3-\frac{1}{2}a+\frac{1}{3}$$
$$\therefore\ S'(a)=a^2-\frac{1}{2}$$

$S'(a)=0$에서 $a=\dfrac{\sqrt{2}}{2}$ $(\because\ 0<a<1)$

a	(0)	$\cdots$	$\dfrac{\sqrt{2}}{2}$	$\cdots$	(1)
$S'(a)$		$-$	0	$+$	
$S(a)$		$\searrow$	극소	$\nearrow$	

따라서 $S(a)$는 $a=\dfrac{\sqrt{2}}{2}$일 때 최솟값을 가집니다.

10-9

접근 방법 속도에 대한 함수 $v(t)$를 t에 대하여 적분하여 열기구의 높이를 구합니다.

상세 풀이 $t=0$일 때의 높이가 0 m이므로 $t=35$일 때의 열기구의 높이는
$$\int_0^{35} v(t)\,dt=\int_0^{20} t\,dt+\int_{20}^{35}(60-2t)\,dt$$
$$=\left[\frac{1}{2}t^2\right]_0^{20}+\left[60t-t^2\right]_{20}^{35}$$
$$=200+75$$
$$=275\,(\text{m})$$

정답 275 m

10-10

접근 방법 열차가 정지할 때의 속도는 0이므로 이를 이용하여 열차가 완전히 정지할 때까지 걸린 시간을 구한 후 정적분을 이용하여 달린 거리를 구합니다.

상세 풀이 열차가 정지할 때의 속도는 0이므로 그때의 시각은
$$40-\frac{8}{3}t=0 \qquad \therefore\ t=15\,(\text{초})$$
따라서 브레이크를 작동한 지 15초 후에 정지하므로 완전히 정지할 때까지 열차가 달린 거리는
$$\int_0^{15}\left|40-\frac{8}{3}t\right|\,dt=\int_0^{15}\left(40-\frac{8}{3}t\right)dt$$
$$=\left[40t-\frac{4}{3}t^2\right]_0^{15}$$
$$=300\,(\text{m})$$

정답 300 m

p.336~337

실력 다지기

10-11 ③ 12 $\dfrac{3}{5}$ 13 $2\sqrt[3]{4}-4$ 14 $\dfrac{7}{6}$

15 $\dfrac{8}{3}$ 16 $\dfrac{4}{3}$ 17 15 km 18 11

19 54 20 10

10-11

접근 방법 곡선 $y=x^4+ax^2+b$와 직선 $y=b$가 $x=0$에서 접하고 $x=-2$, $x=2$에서 만나므로 $(x^4+ax^2+b)-b$는 x^2, $x+2$, $x-2$를 인수로 가집니다.

상세 풀이 주어진 조건에 의하여 방정식 $x^4+ax^2+b=b$는 중근 $x=0$과 서로 다른 두 실근 $x=-2$, $x=2$를 가집니다.
이때, $f(x)=x^4+ax^2+b$라고 하면
$$f(x)-b=x^2(x+2)(x-2)$$
$$=x^4-4x^2$$
따라서 구하는 도형의 넓이는
$$\int_{-2}^{2}\{b-f(x)\}dx$$
$$=-\int_{-2}^{2}\{f(x)-b\}dx$$
$$=-\int_{-2}^{2}(x^4-4x^2)dx$$
$$=-2\int_{0}^{2}(x^4-4x^2)dx$$
$$=-2\left[\dfrac{1}{5}x^5-\dfrac{4}{3}x^3\right]_{0}^{2}=\dfrac{128}{15}$$

보충 설명 사차함수 $y=f(x)$의 그래프가 $x=a$에서 x축에 접합니다.
$$\iff f(a)=f'(a)=0$$
$$\iff f(x)=k(x-a)^2g(x) \ (단, g(x)는 이차식)$$

정답 ③

10-12

접근 방법 주어진 함수의 그래프를 그려 그래프와 x축으로 둘러싼 도형을 확인한 후 정적분을 이용하여 a, b 사이의 관계식을 구합니다.

상세 풀이 주어진 곡선과 x축의 교점의 x좌표는 $x^2(x-a)(x-b)=0$에서
$$x=0 \ 또는 \ x=a \ 또는 \ x=b$$

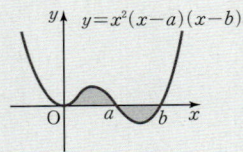

이때, 두 도형의 넓이가 서로 같으므로
$$\int_{0}^{b}x^2(x-a)(x-b)dx$$
$$=\int_{0}^{b}\{x^4-(a+b)x^3+abx^2\}dx$$
$$=\left[\dfrac{1}{5}x^5-\dfrac{a+b}{4}x^4+\dfrac{ab}{3}x^3\right]_{0}^{b}$$
$$=\dfrac{1}{12}ab^4-\dfrac{1}{20}b^5=0$$
따라서 $5a=3b$이므로
$$\dfrac{a}{b}=\dfrac{3}{5}$$

정답 $\dfrac{3}{5}$

10-13

접근 방법 곡선 $y=x^2-4x$와 x축으로 둘러싸인 도형의 넓이를 S_1, 곡선 $y=x^2-4x$와 직선 $y=ax$로 둘러싸인 도형의 넓이를 S_2라고 하면 $S_1=2S_2$가 성립합니다.

상세 풀이 곡선 $y=x^2-4x$와 x축의 교점의 x좌표는 $x^2-4x=0$에서
$$x(x-4)=0$$
$$\therefore \ x=0 \ 또는 \ x=4$$
곡선 $y=x^2-4x$와 x축으로 둘러싸인 도형의 넓이를 S_1이라고 하면
$$S_1=-\int_{0}^{4}(x^2-4x)dx$$
$$=-\left[\dfrac{1}{3}x^3-2x^2\right]_{0}^{4}=\dfrac{32}{3}$$
한편, 곡선 $y=x^2-4x$와 직선 $y=ax$의 교점의 x좌표는 $x^2-4x=ax$에서

$$x^2 - ax - 4x = 0, \ x(x-a-4) = 0$$
$$\therefore \ x = 0 \ \text{또는} \ x = a+4$$

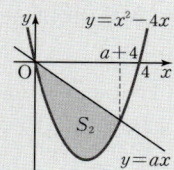

곡선 $y = x^2 - 4x$와 직선 $y = ax$로 둘러싸인 도형
의 넓이를 S_2라고 하면

$$S_2 = \int_0^{a+4} \{ax - (x^2 - 4x)\}dx$$
$$= \left[-\frac{1}{3}x^3 + \frac{a+4}{2}x^2 \right]_0^{a+4}$$
$$= \frac{(a+4)^3}{6}$$

여기서 $S_1 = 2S_2$이므로

$$\frac{32}{3} = 2 \times \frac{(a+4)^3}{6}, \ (a+4)^3 = 32$$
$$\therefore \ a = 2\sqrt[3]{4} - 4$$

보충 설명 곡선 $y = x^2 - 4x$와 x축의 교점의 좌표는
$(0, 0)$, $(4, 0)$이므로 곡선 $y = x^2 - 4x$와 x축으로
둘러싸인 도형의 넓이 S_1은

$$S_1 = \frac{|1|}{6}(4-0)^3 = \frac{32}{3} \quad \leftarrow S = \frac{|a|}{6}(\beta - \alpha)^3$$

와 같이 구할 수도 있습니다.

정답 $2\sqrt[3]{4} - 4$

10-**14**

접근 방법 삼차함수 $y = f(x)$의 그래프와 직선
$y = g(x)$의 교점의 x좌표가 주어졌으므로 이를 이
용하여 곡선과 직선 사이의 넓이를 정적분으로 나타
낼 수 있습니다.

상세 풀이 삼차함수 $y = f(x)$의 그래프와 직선
$y = g(x)$의 교점의 x좌표가 0, 3, 4이므로
$$f(x) - g(x) = ax(x-3)(x-4) \ (a > 0)$$
로 놓을 수 있습니다.

이때, 구간 $[0, 3]$에서 함수 $y = f(x)$의 그래프와

직선 $y = g(x)$로 둘러싸인 도형의 넓이가 $\dfrac{45}{2}$이
므로

$$\int_0^3 \{f(x) - g(x)\}dx$$
$$= \int_0^3 a(x^3 - 7x^2 + 12x)dx$$
$$= a\left[\frac{1}{4}x^4 - \frac{7}{3}x^3 + 6x^2 \right]_0^3$$
$$= \frac{45a}{4} = \frac{45}{2}$$
$$\therefore \ a = 2$$

따라서 구간 $[3, 4]$에서 함수 $y = f(x)$의 그래프
와 직선 $y = g(x)$로 둘러싸인 도형의 넓이는

$$\int_3^4 \{g(x) - f(x)\}dx$$
$$= -\int_3^4 2(x^3 - 7x^2 + 12x)dx$$
$$= -2\left[\frac{1}{4}x^4 - \frac{7}{3}x^3 + 6x^2 \right]_3^4 = \frac{7}{6}$$

보충 설명 위의 문제에서 구간 $[0, 3]$에서 곡선
$y = f(x)$가 직선 $y = g(x)$보다 위쪽에 있으므로 양
수인 $\displaystyle\int_0^3 \{f(x) - g(x)\}dx$의 값이 넓이가 됩니다.

정답 $\dfrac{7}{6}$

10-**15**

접근 방법 정사각형의 넓이가 1이므로 S_1, S_2, S_3의
값은 각각 $\dfrac{1}{6}$, $\dfrac{2}{6}$, $\dfrac{3}{6}$입니다.

이때, 곡선과 x축 사이의 넓이를 구하는 것이 편리하
므로 S_1, S_3을 정적분을 이용하여 구합니다.

상세 풀이 곡선 $y = ax^3$과 x축 및 직선 $x = 1$로
둘러싸인 도형의 넓이가 S_1이므로
$$S_1 = \int_0^1 ax^3 dx = \left[\frac{a}{4}x^4 \right]_0^1 = \frac{a}{4}$$
한편, 곡선 $y = bx^2$과 직선 $y = 1$의 교점의 x좌표
는 $bx^2 = 1$에서
$$x = \frac{1}{\sqrt{b}} \ (\because \ x > 0)$$

이므로 곡선 $y=bx^2$과 y축 및 직선 $y=1$로 둘러싸인 도형의 넓이 S_3은

$$S_3=\frac{1}{\sqrt{b}}\times1-\int_0^{\frac{1}{\sqrt{b}}}bx^2dx$$
$$=\frac{1}{\sqrt{b}}-\left[\frac{b}{3}x^3\right]_0^{\frac{1}{\sqrt{b}}}$$
$$=\frac{1}{\sqrt{b}}-\frac{1}{3\sqrt{b}}=\frac{2}{3\sqrt{b}}$$

여기서 □OPQR의 넓이가 1이고,
$$S_1:S_2:S_3=1:2:3$$
이므로
$$S_1=\frac{a}{4}=\frac{1}{6}에서 a=\frac{2}{3}$$
$$S_3=\frac{2}{3\sqrt{b}}=\frac{1}{2}에서 b=\frac{16}{9}$$
$$\therefore \frac{b}{a}=\frac{16}{9}\times\frac{3}{2}=\frac{8}{3}$$

보충 설명 0이 아닌 실수 k에 대하여
$$a:c:e=b:d:f$$
$$\Longleftrightarrow \frac{a}{b}=\frac{c}{d}=\frac{e}{f}=k$$
$$\Longleftrightarrow a=bk, c=dk, e=fk$$

정답 $\dfrac{8}{3}$

10-16

접근 방법 두 곡선이 점 P에서 같은 직선에 동시에 접하므로 두 곡선은 점 P를 지나고 점 P에서의 접선의 기울기가 서로 같습니다.

상세 풀이 두 곡선 $y=f(x)$, $y=g(x)$가 점 $P(-1, k)$에서 같은 직선에 동시에 접하므로
(i) 두 곡선 모두 점 $P(-1, k)$를 지납니다. 즉,
$$-1-a+b=a-b+1$$
$$\therefore a-b+1=0 \qquad \cdots\cdots \text{㉠}$$
(ii) 점 $P(-1, k)$에서의 접선의 기울기가 서로 같습니다. 즉, 두 곡선에 대하여
$$f'(x)=3x^2+a, g'(x)=2ax+b$$
이므로 $3+a=-2a+b$
$$\therefore 3a-b+3=0 \qquad \cdots\cdots \text{㉡}$$

㉠, ㉡을 연립하여 풀면 $a=-1, b=0$
즉, 주어진 두 곡선은 $f(x)=x^3-x$,
$g(x)=-x^2+1$이고 두 곡선의 교점의 x좌표는
$x^3-x=-x^2+1$에서
$$x^3+x^2-x-1=0, (x-1)(x+1)^2=0$$
$$\therefore x=-1 \text{ 또는 } x=1$$

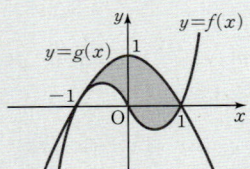

따라서 구하는 넓이는
$$\int_{-1}^1\{(-x^2+1)-(x^3-x)\}dx$$
$$=2\int_0^1(-x^2+1)dx$$
$$=2\left[-\frac{1}{3}x^3+x\right]_0^1=\frac{4}{3}$$

보충 설명 $f(x)=x^3-x$는 기함수이므로
$$\int_{-1}^1(x^3-x)dx=0$$
이고, $g(x)=-x^2+1$은 우함수이므로
$$\int_{-1}^1(-x^2+1)dx=2\int_0^1(-x^2+1)dx$$
입니다.

정답 $\dfrac{4}{3}$

10-17

접근 방법 열차가 출발 후 3 km를 달릴 때까지의 시각을 구하고, 그 시각 이후의 속력이 일정함을 이용합니다.

상세 풀이 고속 열차가 출발하여 3 km를 달릴 때까지 걸리는 시간을 t_0분이라고 하면
$$3=\int_0^{t_0}\left(\frac{3}{4}t^2+\frac{1}{2}t\right)dt$$
$$=\left[\frac{1}{4}t^3+\frac{1}{4}t^2\right]_0^{t_0}$$

$$= \frac{1}{4}t_0^3 + \frac{1}{4}t_0^2$$

$$t_0^3 + t_0^2 - 12 = 0$$

$$(t_0 - 2)(t_0^2 + 3t_0 + 6) = 0$$

$$\therefore t_0 = 2 \ (\because t_0\text{은 실수})$$

이때, $v(2) = \frac{3}{4} \times 2^2 + \frac{1}{2} \times 2 = 4$이므로 출발한 지 2분 후부터는 속력이 $4\,\text{km/min}$으로 일정합니다. 따라서 열차가 출발 후 5분 동안 달린 거리는 $3\,\text{km}$를 달린 후 $4\,\text{km/min}$의 속력으로 3분 동안 더 달린 거리이므로

$$3 + 4 \times 3 = 15\,(\text{km})$$

보충 설명 위의 문제에서 열차가 출발한 지 2분 후부터는 속력이 일정하므로 시각-속도 그래프에서 t축에 평행한 직선이 되어 열차가 달린 거리는 직사각형의 넓이와 같습니다.

정답 15 km

10-18

접근 방법 10초 동안 두 점이 움직인 거리를 구하고 두 점이 움직이는 동안 만날 조건을 이용하여 만나는 횟수를 구합니다.

상세 풀이 두 점 P, Q가 출발 후 10초 동안 움직인 거리를 각각 l_P, l_Q라고 하면

$$l_P = \int_0^{10} (4t + 2)\,dt$$

$$= \left[2t^2 + 2t \right]_0^{10} = 220\,(\text{cm})$$

$$l_Q = \int_0^{10} (2t + 3)\,dt$$

$$= \left[t^2 + 3t \right]_0^{10} = 130\,(\text{cm})$$

여기서 두 점은 움직인 거리의 합이 원의 둘레의 길이, 즉 $10\pi\,\text{cm}$의 배수일 때 서로 만납니다. 따라서 10초 동안 두 점이 움직인 거리의 합이 $350\,\text{cm}$이고, $10\pi = 31.4$이므로

$$350 \div 31.4 = 11.\times\times\times$$

따라서 두 점 P, Q가 만나는 횟수는 11입니다.

정답 11

10-19

접근 방법 직선 l의 방정식을 $y = ax + b$로 놓은 후 사다리꼴 OABC의 넓이가 곡선 $y = f(x)$와 x축으로 둘러싸인 도형의 넓이와 서로 같다는 조건을 이용하여 직선 l이 항상 지나는 점 D의 좌표를 구합니다.

상세 풀이

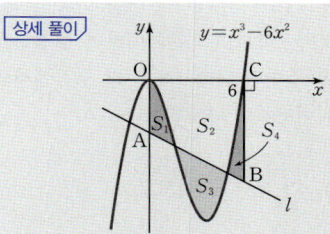

위의 그림과 같이 각 도형의 넓이를 S_1, S_2, S_3, S_4라고 하면 사다리꼴 OABC의 넓이가 곡선 $y = f(x)$와 x축으로 둘러싸인 도형의 넓이와 같으므로

$$S_1 + S_2 + S_4 = S_2 + S_3$$

$$\therefore S_1 + S_4 = S_3 \qquad \cdots\cdots \text{㉠}$$

이때, 직선 l의 방정식을 $y = ax + b$라고 하면 ㉠에 의하여

$$\int_0^6 (x^3 - 6x^2 - ax - b)\,dx$$

$$= \left[\frac{1}{4}x^4 - 2x^3 - \frac{a}{2}x^2 - bx \right]_0^6$$

$$= -108 - 18a - 6b = 0$$

$$\therefore b = -3a - 18$$

직선 l의 방정식은 $y = ax - 3a - 18$, 즉 $y = a(x - 3) - 18$이므로 직선 l은 항상 점 $(3, -18)$을 지납니다. 따라서 점 D의 좌표는 $(3, -18)$이므로 △ODC의 넓이는

$$\frac{1}{2} \times 6 \times 18 = 54$$

보충 설명 위의 문제에서 $S_1 + S_4 = S_3$, 즉 구간 $[0, 6]$에서 곡선 $y = f(x)$와 직선 l로 둘러싸인 도형 중 직선 l의 위쪽에 있는 두 도형의 넓이의 합과 직선 l의 아래쪽에 있는 도형의 넓이가 서로 같으므로

곡선 $y=f(x)$와 직선 l로 둘러싸인 부분의 정적분의 값은 0입니다.

정답 54

10-**20**

접근 방법 $v(t)$가 $v(6-t)=v(6+t)$를 만족시키므로 곡선 $y=v(t)$는 직선 $t=6$에 대하여 대칭임을 이용합니다. 또한 주어진 그래프에서 각 구간에서의 넓이를 정적분을 이용하여 나타냅니다.

상세 풀이 $s(a)=\displaystyle\int_0^a v(t)dt$이므로

$$s(4)-s(2)=\int_0^4 v(t)dt-\int_0^2 v(t)dt$$
$$=\int_2^4 v(t)dt$$
$$\therefore \int_2^4 v(t)dt=-3$$

마찬가지 방법으로

$$s(6)-s(4)=\int_0^6 v(t)dt-\int_0^4 v(t)dt$$
$$=\int_4^6 v(t)dt$$
$$\therefore \int_4^6 v(t)dt=2$$

이때, $v(t)$가 $v(6-t)=v(6+t)$를 만족시키므로 곡선 $y=v(t)$는 직선 $t=6$에 대하여 대칭입니다.

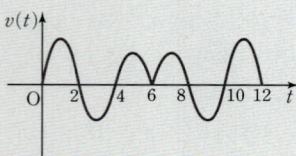

따라서 위의 그림에서 점 P가 시각 $t=2$에서 $t=10$까지 움직인 거리는 시각 $t=2$에서 $t=6$까지 움직인 거리의 2배와 같으므로

$$\int_2^{10} |v(t)|dt$$
$$=2\int_2^6 |v(t)|dt$$

$$=2\left\{\int_2^4 |v(t)|dt+\int_4^6 |v(t)|dt\right\}$$
$$=2\left\{-\int_2^4 v(t)dt+\int_4^6 v(t)dt\right\}$$
$$=2\times(3+2)=10$$

보충 설명 함수 $y=f(x)$에 대하여
$$f(x)=f(2a-x) \text{ 또는 } f(a-x)=f(a+x)$$
가 성립하면 $y=f(x)$의 그래프는 직선 $x=a$에 대하여 대칭입니다.

정답 10